変容する国際移住のリアリティ

「編入モード」の社会学

編著代表・渡戸一郎

編著・塩原良和
長谷部美佳
明石純一
宣元錫

ハーベスト社

変容する国際移住のリアリティ：目次

はじめに──本書のねらいと各章の概要………………… 渡戸一郎　*ix*

序章　変容する国際移住と「編入モード」の社会学………… 渡戸一郎　*1*
 第1節　東アジアにおける国際移住と移民・難民政策の動向 ……………… *2*
 第2節　移民の適応過程と「編入モード」…………………………………… *7*
 第3節　「編入モード」の社会学に向けて ………………………………… *11*

Part I　家族・女性

第1章　東アジアの国際結婚移住………………………… 武田里子　*22*
   ──在台・在韓日本人結婚移住女性の比較研究から
 第1節　はじめに ……………………………………………………………… *22*
 第2節　近代国民国家形成と国際結婚 ……………………………………… *24*
 第3節　東アジアにおける結婚移住現象 …………………………………… *26*
 第4節　韓国と台湾に暮らす日本人結婚移住者 …………………………… *28*
 第5節　2人のライフヒストリー …………………………………………… *37*
 第6節　まとめ ……………………………………………………………… *41*

第2章　離婚経験をもつ移住女性の起業………………… 林　徳仁　*45*
   ──東京在住の韓国人女性を事例として
 第1節　はじめに ……………………………………………………………… *45*
 第2節　移住女性と国際結婚と離婚の統計 ………………………………… *46*
 第3節　先行研究 ……………………………………………………………… *47*
 第4節　調査の概要 …………………………………………………………… *49*
 第5節　移住女性3人の事例 ………………………………………………… *51*
 第6節　調査結果の分析 ……………………………………………………… *53*
 第7節　まとめ ……………………………………………………………… *58*

第3章　就学前児童支援と移住女性へのエンパワーメント……　塩原良和　*61*
　　　　——シドニーの日本人永住者によるプレイグループ活動の発展
　　第1節　プレイグループと移住者 …………………………………… *61*
　　第2節　日本人コミュニティ・プレイグループの発展 …………… *63*
　　第3節　早期介入プレイグループと日本人移民 …………………… *65*
　　第4節　日本人プレイグループ活動の実際 ………………………… *68*
　　第5節　移住女性へのエンパワーメントとして …………………… *71*
　　第6節　「限定された」エンパワーメントをこえて……………… *72*

Part II　教育

第4章　学齢難民の社会統合と言語習得………………………… 松本浩欣　*78*
　　　　——西オーストラリア州の中等教育学校における取り組み
　　第1節　学校教育と難民 ……………………………………………… *78*
　　第2節　オーストラリアにおける難民の受入と Intensive English Centre の概略… *78*
　　第3節　2つの IEC における実践 …………………………………… *80*
　　第4節　IEC 実践の考察 ……………………………………………… *87*
　　第5節　居場所、人の流れ、主体的な貢献、それらを支える教育 …… *92*

第5章　日本在住ベトナム難民第二世代の編入モードについて… 長谷部美佳　*95*
　　　　——1.5世代の教育達成と支援者の役割に注目して
　　第1節　問題意識 ……………………………………………………… *95*
　　第2節　先行研究 ……………………………………………………… *97*
　　第3節　調査概要 ……………………………………………………… *100*
　　第4節　調査結果 ……………………………………………………… *103*
　　第5節　考察 …………………………………………………………… *108*
　　第6節　結論 …………………………………………………………… *111*

Part III 地域社会

第6章 「編入モード」から見る
日系ブラジル人の位置と第二世代の課題 .... 渡戸一郎 114
――リーマンショック後の外国人集住地域の事例を通して

- 第1節 はじめに――日系人帰国支援事業とブラジル経済の変動のはざまで 114
- 第2節 移民の適応過程と「編入モード」............ 115
- 第3節 日本におけるブラジル人人口の推移 116
- 第4節 リーマンショック後の日本政府の対策対応 119
- 第5節 ブラジル人集住都市の対応 120
- 第6節 外国人集住都市の事例研究――浜松市・磐田市 121
- 第7節 「編入モード」からの考察 127
- 第8節 むすびに代えて 132
  ――中期的展望からの日系ブラジル人第二世代の位置と課題

第7章 外国人集住地区における
日系ブラジル人第二世代の文化変容 .... 山本直子 137
――「選択的文化変容」の観点から

- 第1節 はじめに 137
- 第2節 移民第二世代の社会適応――「分節同化理論」............ 138
- 第3節 研究の方法 141
- 第4節 在日日系ブラジル人を取り巻く社会的環境 142
- 第5節 X地区の若者たち 149
- 第6節 まとめ 156

第8章 未完の多文化共生プラン .... 能勢桂介 160
――煩悶するローカル・ガバナンス

- 第1節 はじめに 160
- 第2節 地域政策の構造的限界 163
- 第3節 地域力が問われる準集住地域――政策推進の困難 165

第 4 節　多文化共生プランの諸問題 ……………………………………… *169*
第 5 節　問題を引きおこすもの——地方分権、協働の政策的文脈 ……*174*
第 6 節　おわりに ……………………………………………………………… *178*

Part IV　政策形成

第 9 章　日本の人口減少と移民政策……………………………… 明石純一 *184*
　第 1 節　はじめに——人口減少と移民政策 ………………………………… *184*
　第 2 節　日本の移民政策をめぐる諸議論——外国人労働者政策を中心に ……… *186*
　第 3 節　近年の政策展開から看取できること ……………………………… *189*
　第 4 節　近年の政策提言と政府の沈黙 ……………………………………… *194*
　第 5 節　おわりに …………………………………………………………… *200*

第 10 章　移住民支援と統合政策の制度化 ……………………… 宣　元錫 *204*
　　　　　——韓国の結婚移住女性と多文化家族支援を中心に
　第 1 節　本章の課題 ………………………………………………………… *204*
　第 2 節　「統合政策」の法制化以前の移住民支援 …………………………… *205*
　第 3 節　結婚移住女性と多文化家族支援事業の制度化 …………………… *208*
　第 4 節　多文化家族支援事業の現場 ………………………………………… *210*
　第 5 節　移住民支援に見られる「統合」と「分離」……………………… *215*

Part V　多文化受容性

第 11 章　多文化受容性に関する日韓比較調査研究
　　　　……………………… 宣元錫・武田里子・山本直子・竹ノ下弘久 *220*
　第 1 節　調査の背景と目的 ………………………………………………… *220*
　第 2 節　因子分析結果 ……………………………………………………… *226*
　第 3 節　日韓の因子構造と性別・世代効果 ……………………………… *232*
　第 4 節　多文化受容性意識に対する脅威認知の影響と対人信頼感の効果 … *242*

第5節　日本と韓国における多文化受容性と今後の課題 …………………… *254*

第12章　日本と韓国のナショナル・アイデンティティと
　　　　ゼノフォビア…………………………………………… 原田慎太郎　*259*
　　　　──**日韓多文化受容性調査データの実証的研究から**
　第1節　ナショナル・アイデンティティとゼノフォビア ………………… *260*
　第2節　データと分析方法 ………………………………………………… *262*
　第3節　日本の因子分析結果 ……………………………………………… *265*
　第4節　韓国の因子分析結果 ……………………………………………… *266*
　第5節　回帰分析の分析結果 ……………………………………………… *268*
　第6節　おわりに …………………………………………………………… *276*

資料1：多文化受容性調査票（日本語版）………………………………… *280*
資料2：多文化受容性調査単純集計結果 ………………………………… *288*

あとがき ………………………………………………………………………… *303*

索引 ……………………………………………………………………………… *307*

カバーデザイン：南部良太

はじめに
——本書のねらいと各章の概要

本書のねらい

　近年、人口減少時代を迎えて、日本でも「移民」導入政策の必要性が議論されるようになってきた。「移民は受け入れない」というのがこれまでの日本政府の基本姿勢だが、今後急減していく生産年齢人口を補うためにはローテーション型の外国人労働のみでは、近い将来、生産力が低下していくことが懸念されている。さらに、東アジアの近隣諸国においても少子高齢化が進行し、従来のような短期の就労プログラムでは募集しても応募者が集らなくなる可能性も予想される。一方、日本社会にはいまだ人口の2％弱とはいえ在留外国人が増加し、永住・定住・日本人の配偶者等の資格をもつ「定住外国人」がその過半を占めるようになっており、実質的に「移民」と呼んでよい存在になっていると考えられる。いったいこれらの人びととはどのように日本社会に受け入れられているのであろうか。

　本書は、アレハンドロ・ポルテスたちが米国で1990年代に提起した移民の「編入モード（mode of incorporation）」の枠組みを用いて、東アジアにおける変容する国際移住の流れのうち、日本・韓国・台湾への越境移動の諸側面を位置づけあるいは解釈するとともに、それらの点に関連させて各国の移民政策の現状を問い直すことを目的としている。また、「移民国家」のオーストラリアも比較参照事例として取り上げている。さらに、本書は、韓国と日本で同時に行った「多文化受容性」調査の分析結果を収録しているが（Part Ⅴ）、ここからは移民・難民の受け入れをめぐる両国におけるホスト側の社会意識の差異と共通性が確認できよう。

　ところで「編入（incorporation）」とよく似た概念に「統合（integration）」がある。「統合」概念がどちらかと言えば国家による「上からの権力の作為や介入」といった性格を帯びるのに対して、「編入」は移住する主体の性格や異なる国家社会への参入過程の文脈をより多次元的・複層的に捉えようと

するところに積極的な意義を見出し得る。また、「統合」がホスト国家社会から移住主体に向けた一方向の介入のプロセスであるとすれば、「編入」はホスト社会と移住主体の双方が相互作用を通じてともに変容していく過程であるとも言えよう。本書はこのような意味での「編入」を用い、「編入モード」の国際比較にも迫るものである。

なお、本書は、平成24年度～26年度科学研究費助成事業（基盤研究（B）海外学術調査）「東アジアにおける移民の編入モードと移民政策の動態的研究」（研究代表者：渡戸一郎、研究課題番号：24402034）の成果に基づいている。

本書の構成と各章の概要

さて、本書は序章と5つのPart、すなわち「家族・女性」「教育」「地域社会」「政策形成」「多文化受容性」から構成される。序章「変容する国際移住と「編入モード」の社会学」（渡戸一郎）は本書の総論である。歴史的な観点を踏まえながら、とくに1980年代以降の東アジアの韓国・台湾・日本における国際移住と移民・難民政策の動向を概観した上で、「編入モード」の概念構成と応用可能性、および「編入モード」の社会学に向けた課題を論じている。

Part Ⅰ「家族・女性」は、日本人と韓国人の結婚移住女性に関する3つの論考からなる。周知のように、1980年代後半以降、東南アジアから北東アジアへ向かう女性の移動が注目されるようになった。第1章「東アジアの国際結婚移住」（武田里子）は、そうした動向の中でどちらかと言えば見落とされてきた台湾と韓国における日本人結婚移住女性に着目し、編入モードとライフコース研究の視角から、両者における共通面と差異の比較研究を試みる。斡旋業者が介在する国際結婚は法令改正などの要因によって大きく変動するが、この越境移動は同時に国際移動する女性自身のライフステージからも一定の制約を受ける。武田はまた、日本人結婚移住女性の会が台湾ではニューカマー日本人とのつながりを作り出しているのに対し、韓国ではそうなっていない理由を探り、①台湾と韓国におけるエスニシティの多様性の違いと、②対日感情の違いが編入モードを構成する大きな要素となっているのではないかと指摘している。さらに、結婚移住者の子どもたちの未来を一国

内に限定して考えることが現実的でなくなる中、「越境経験をもつ海外で暮らす日本人と、日本で暮らす定住外国人とがつながることで、より自由に未来を構想できるようになる。そのつなぎ手は第二世代の子どもたち」ではないかと提起している。

90年代以降、こうした国際結婚の存在感が増す一方で、実は離婚率も高い現実がある。第2章「離婚経験をもつ移住女性の起業」(林徳仁)では、離婚経験をもち、かつ起業したニューカマー韓国人女性たちの存在に着目し、彼女たちの聞き取り調査を通じて、移住女性が経済的自立をどのように獲得してきたかを探る。その結果、彼女たちの起業の動機や内容からは、韓国とのつながりを利用したビジネスや、出身国のルーツを活用したエスニック・ビジネスが多いことが指摘され、ここに女性移民の編入モードにおける結婚移民から企業家移民への転換の条件の一端が示される。

第3章「就学前児童支援と移住女性へのエンパワーメント」(塩原良和)は、シドニーにおける日本人結婚移住女性たち（永住者）によるボランタリーな活動（プレイグループ活動）の事例研究を通じて、移民の「公正な編入のあり方」とは何かを問うている。具体的には、移住者の子どもへの就学前支援が親たちにとってもつ意味を検討し、そこでは移住女性を既存の社会秩序の枠内に位置づけつつエンパワーメントすることが図られているが、実質的には彼女たちの「社会参加」が移住女性をめぐる性別役割分業とマイノリティ－マジョリティ国民間の社会的不公正の再生産という意図せざる結果になっていないか、慎重に吟味していく必要性が指摘される。

Part II「教育」は2つの論考からなる。第4章「学齢難民の社会統合と言語習得」(松本浩欣)では、西オーストラリア州パースに所在する2つの中等教育学校を事例に、難民にとっての学校教育の意味と意義を考察する。オーストラリアにおける移民・難民に対する英語教育は、その文化的背景の尊重以前に国民になるための前提条件と位置づけられている。つまり英語という特定の言語を基底に据えた上での多様性の承認という構造になっており、言語教育はまさに当該社会への適応教育そのものである。しかしそうした中でも、学校による教育現場の差異は存在する。松本は2つの学校のIEC (Intensive English Centre)のフィールドワークを通して、オーストラリアの

ネオリベラル多文化主義の論理を浮き彫りにすると同時に、「異質な他者」たちが集う「居場所」づくりの意義を強調している。

つづく第5章「日本在住ベトナム難民第2世代の編入モードについて」(長谷部美佳)は、「編入モード」の視点から、1.5世代の教育達成と支援者の役割に注目する。先行研究ではインドシナ難民第二世代の教育達成上の困難として、①学習言語習得の難しさ、②家庭内での親子のコミュニケーションの困難、③親の教育に対する情報あるいは文化資本の欠如が挙げられており、また支援者の役割は「承認」と「学習の意味づけ」にあると指摘される。そのうえで長谷部はベトナム人コミュニティ調査を3県4都市で行い、親の経済状況、文化資本、親のアスピレーションのすべてが乏しい現実とともに、日本社会とのつながりが主に支援団体とキリスト教会に限定されていると述べる。そして1.5世代の教育達成の促進のためには、家族内では得られない、ホスト社会の人びとから認められたという実感が重要なこと、また支援者の役割として、①ロールモデルの提示や継承語の重要性を伝えることで、当事者たちのアイデンティティの確立を促すこと、②日本の教育達成に必要な力を育成することが重要だと強調している。

Part Ⅲ「地域社会」は、外国人集住地域および「準」集住地域の変容に関する3つの論考からなる。第6章「「編入モード」から見る日系ブラジル人の位置と第二世代の課題」(渡戸一郎)は、リーマンショック後の在日ブラジル人の変化を静岡県浜松市・磐田市の事例を通して探り、「編入モード」の観点から位置づけを試みると同時に、第二世代をめぐる課題を提起している。経済危機にあっても帰国せず日本に留まった日系ブラジル人には、永住者が増えるなど「定住化」の度合がいっそう深まりつつあるものの、全体としては非正規労働者の地位を脱することが困難な状態が続いている。渡戸はこのような位置に彼らが置かれるようになった編入の文脈的要因として、①移動の歴史的背景、②受入国の政策とイデオロギー、③ホスト社会を形成する民族・人種関係のパターン、④エスニック・コミュニティの特性を指摘するとともに、日系ブラジル人、とりわけその第二世代を「定住移民」として位置づけていく必要性とその政策課題を提示している。

第7章「外国人集住地区における日系ブラジル人第二世代の文化変容」(山

本直子)は、外国人集住地域という社会的文脈における日系ブラジル人第二世代の若者の社会適応をめぐる様相を捉えることを通じて、ポルテスらの「編入モード」をもとに、強制的同化主義や移民排斥主義に代わる「選択的文化変容」の可能性を探っている。この地域に暮らす当該若者たちとその母親の事例調査からは、行政支援や地域活動など、外国人のための社会統合の取り組みが集中して実施され、小規模ながらもエスニック・コミュニティが形成されるなど、ブラジル人にとって住みやすい地域となっているが、外国人児童への最先端の取り組みと言われる学校の場合でも同化圧力の下での不均衡な関係性が存在しており、そのような関係性のうえに立つ共存が「問題のない状態」とされる現実が明らかにされる。しかし若者たちの聞き取り調査からは、エスニックスクールだけはなく、行政による多文化共生のための取り組みを制度として積極的に取り込んだ公立学校が、第二世代やその家族の自尊心を高め、ポジティブな進路選択につながっている側面もあることが見出された。また、SNSやインターネットを介した本国ブラジルの親族や友人たちとの日常的なつながりが、第二世代のエスニックアイデンティティの形成・維持のための重要な役割を果たしていることも指摘されている。

　これに対して、第8章「未完の多文化共生プラン」(能勢桂介)は、移民労働者の「準」集住地域における政策推進に焦点を当て、自治体の多文化共生プランの問題点を浮き彫りにしている。能勢は、自治体の財政難と中央－地方関係を貫徹するセクショナリズムが外国人支援活動団体との「協働」にさまざまな問題をもたらし、とくに高学歴で専門スキルをもつ女性支援者に低賃金労働を受容させる結果を招いているという。「協働は低賃金で市民に問題解決を担わせるレトリック」となっており、「支援者は問題の本質を把握できない」がゆえに、「ローカルシティズンシップの諸力がナショナルレベルのシティズンシップ(社会権保障や移民政策)の変革につながっていかない一つの要因となっている」。移民政策は地域社会の現実把握に基づいて「下から」構想・構築されるべきだと言うとき、実は自治体政策に内包されている問題構造にこそ光を当てるべきだという示唆がここから提示されている。

　Part IV「政策形成」には日本と韓国の移民政策に関する2つの論考を並べた。第9章「日本の人口減少と移民政策」(明石純一)は、近年の外国人受

入に関する政策展開と関連する諸提言、さらに国会などでの議論を参照することで、日本の移民政策の現況を俯瞰的に描き出そうとする。具体的には、近年の①EPAスキームによる看護師・介護福祉士候補生の受入、②第三国定住難民プログラム、③高度人材ポイント制は、一定の条件下で外国人が日本に定住することを可能とする、あるいは定住を前提とする仕組みであるが、3つともその意図、制度的特徴、結果から見て、日本の移民政策が転換点を迎えているとは言えないものである。その背景として、多様なアクターから政策提言がなされても、それらに対する政府や関係省庁の応答性が低く、また、国会内の政策論議においても移民政策をめぐる政党間および政党内での利害が交錯し、合意形成が進んでいないことが指摘される。結論的には、政府が移民政策に関して「政治的沈黙」を貫くなか、移民政策における主要アクター間の合意形成の困難さが改めて確認される。そして「日本の移民政策の将来の形を展望するうえでは、人口減少による経済社会的影響が今後いっそう顕在化した際に生じうる政治的な反応と、その政策レベルでの反映を吟味しなければならず、今しばしの時の経過を待つことになる」というグルーミィな展望を描いている。

　一方、第10章「移住民支援と統合政策の制度化」（宣元錫）は、2000年代後半に移民政策に本格的に取り組み始めた韓国における移住民支援の現場の調査から、韓国の移民政策の一端の現状評価を試みている。移住民支援は、ホスト社会の移住民受入の受容態度として移住民がホスト社会に定住・定着する過程の重要な社会環境要因であるが、韓国では結婚移住女性の急増を契機に移住民支援の制度化が進展した。宣はここで、政府の管理下に進められた多文化家族支援事業の現場を調査し、結婚移住女性とその家族を対象に行われている支援事業を次のように位置づける。第一に、この政策は移住民にまつわる問題と課題が韓国社会に公的に提起され、ひろく国民の関心を喚起し、多文化家族に対する多様な施策が実行されるようになった点で評価できる。しかし第二に、こうした施策は「トップダウン方式」の「官主導の多文化政策」として推進されたため、事業を受託した市民セクターの自主性と独自性が弱化するという問題を生んだ。さらに第三に、こうした施策は結果的に移住民を韓国人と「分離」し、教育や支援の対象として「他者化」することが危惧される。それは、隣国の日本において、多文化共生が社会の仕組み

と人びとの意識を変えるべきという主張とは裏腹に、「日本人と外国人」の二分法からなかなか脱却できない現状とも重なると、宣は述べる。

Part V「多文化受容性」は2章からなり、移民が日本と韓国においていかなる編入過程を経てそれぞれの社会に包摂あるいは排除されているのかを探ることを目的に実施された、「多文化受容性に関する日韓比較調査」の分析結果を提示する。この調査は、韓国で2010年から3回にわたって多文化受容性の全国調査が取り組まれていることを踏まえ、私たちの研究チームが日本との比較調査の可能性を検討したうえで実施したものである。調査は、韓国での先行調査を基本的な枠組みとしながらも、日本の状況を加味して調査票を作成し直し、2014年7月にインターネットを通じて各国600人を対象に行った。

第11章「多文化受容性に関する日韓比較調査研究」では宣元錫が調査の概要（第1節）を説明したあと、武田里子が因子分析の結果（第2節）と日韓因子構造と性別・世代効果（第3節）について考察する。因子構造は日韓でおおむね共通しているものの、「差別的固定観念」と「国民アイデンティティ」では顕著な差異が見られる。武田はその要因を編入モードの視点から仮説的に指摘し、さらに世代と性別が多文化受容性意識に影響を与えていることを見出している。さらに、山本直子が多文化受容性意識に対する脅威認知の影響と対人信頼感の効果について検討した結果、社会関係資本仮説も脅威認知仮説も一定程度支持された（第4節）。すなわち、日韓両国で「対人信頼感」が包摂的な社会統合に結びつく可能性のある意識を促進する効果をもつという意味で、社会関係資本仮説が一定程度支持されると同時に、治安や文化に対する脅威は排他的な意識を持つことを促進したり、寛容な意識を抑制したりする効果をもつことが示される。最後に、竹ノ下弘久が若干の総括を試み（第5節）、日韓両国においては多文化受容性の意識とその形成要因という点で類似の状況にあること、とくに両国でも集団的脅威が多文化受容性のコインの裏側でもある排外主義を助長していることが再確認される。そして改めて、社会関係資本（その指標としての「一般的他者信頼」）が排外主義に向き合うためのヒントとして重要であると強調されている。

第12章「日本と韓国のナショナル・アイデンティティとゼノフォビア」

(原田慎太郎)では、上記の日韓多文化受容性調査データから、先行研究を整理したうえで、ナショナル・アイデンティティとゼノフォビア(外国人嫌悪)の関係を探っている。具体的には、ゼノフォビアの変数として「外国人増加に対する意識」を、ナショナル・アイデンティティの変数として「日本人／韓国人であるために重要な要素」を用い、前者を従属変数、後者を独立変数として、ゼノフォビアを形成する要素を個別に分析し、その関係性をも分析している。まず、ナショナル・アイデンティティの因子分析の結果、日本では「民族的なもの」と「市民的なもの」の２つが抽出されたが、韓国では３つの因子が抽出され、そのうち２つの因子が「民族的なもの」に包括でき、結果として「民族的なもの」と「市民的なもの」の２つに大別できた。また、ナショナル・アイデンティティが「民族的なもの」と「市民的なもの」のどちらでもゼノフォビアに結びつく場合(田辺型)と、「民族的もの」であればゼノフォビアと結びつくが、「市民的なもの」であればほとんど結びつかない場合(ヒエルム型)が混在しており、前者は日本、後者は韓国で見出された。

　なお、本書の巻末には、「多文化受容性」調査の調査票と単純集計値を収録した。

　最後に、本書の基になった科研の調査研究においてお世話になった皆様に感謝申し上げるとともに、学術書の出版事情が厳しいなか、本書の刊行を快くお引き受けいただいたハーベスト社の小林達也氏に深く謝意を表する次第である。

2017年春

編者を代表して
渡戸一郎

序章　変容する国際移住と「編入モード」の社会学

渡戸一郎

　冷戦体制の崩壊、経済のグローバル化、政治体制の民主化の進展などを背景に、1990年代以降、地球規模で人の移動（global migration）が活発化するとともに、移民・難民政策がその重要性を高めている。本書は、国際移住の主体である移民・難民の受入と定着・定住の実態を「編入モード（mode of incorporation）」概念にもとづいて分析しつつ、各国の移民・難民政策の比較研究をめざす。とりわけ東アジアの主要な受入国である日本・韓国・台湾への移民や難民の移動と編入の動態を、「移住システム」概念に依拠して分析しながら、そうした移民・難民の流入が受入先社会の「編入モード」と移民政策にどのような影響を与えているかを明らかにしたい。その際、「移民国家」オーストラリアにおける移民や難民の編入過程を比較対照事例として取り上げることで、一定の示唆を得ることを意図した。

　本書が主要な舞台とする「東アジア」は、世界的に見てもっとも経済成長が著しい地域のひとつである。東アジアは「東南アジア」と「北東アジア」[1]を包括する地域であり、前者にはASEAN（マレーシア、インドネシア、シンガポール、タイ、ブルネイ、フィリピン、ベトナム、ミャンマー、ラオス、カンボジアの10カ国）、後者には日本、韓国、中国、台湾、香港等が含まれる。ASEAN10か国と東アジア5か国・地域（中国・台湾・韓国・北朝鮮・モンゴル）及び日本の東アジア経済圏は人口22億人余、GDP18.2兆ドルの規模であり、欧米の大経済圏と匹敵している（西川　2014: 256）。しかし、1人当たりGDPでは、ASEAN内部の経済格差の大きさが際立ち（表0.1）、中国国内でも沿海部と内陸部の経済格差が拡大している。そうした中で、東アジアにおいて貿易・直接投資など相互的な経済関係がより緊密に深まるとともに、人

---

[1]　国際連合の分類には「北東アジア」という地域はないがモンゴル、シベリア、極東ロシアを含む場合もある。

の越境移動＝国際移住が増大している（Rohman and Ullah eds., 2012）。

表0.1 ASEANと東アジア5か国・地域における1人当たりGDP（2011年）
単位：実質（米ドル）

ブルネイ	30,472	ミャンマー	869	日　本	45,903
カンボジア	900	フィリピン	2,370	中　国	5,430
インドネシア	3,495	シンガポール	46,241	韓　国	22,424
ラオス	1,320	タイ	4,972	台　湾	20,142
マレーシア	9,656	ベトナム	1,411	香　港	34,457

出所：外務省アジア太平洋局地域政策課「目で見るASEAN」、2014年11月
注：台湾：行政院計総処。ブルネイとミャンマーは2010年値。

第1節　東アジアにおける国際移住と移民・難民政策の動向

　日本・韓国・台湾への越境移動者としては、外国人労働者（高度人材と非熟練労働者）、留学生、結婚移住者（とりわけ女性）、非正規移民、難民などが注目されるが、はじめにこれらの国・地域における近年の国際移住と移民・難民政策の動向を概観しておこう。

1.　韓国

　韓国では、外国人労働者移入政策として、2004年に国内労働市場の補完としての「雇用許可制度」（中小企業が受け入れる非専門職人材）を導入し、15か国と2国間覚書（MOU）を締結している（ベトナム、フィリピン、タイ、モンゴル、インドネシア、スリランカ、中国、ウズベキスタン、パキスタン、カンボジア、ネパール、ミャンマー、キルギス、バングラデシュ、東チモール）（宣　2013）。これらの人びとは製造業、農畜産業、漁業、建設業、サービス業で就労しているが、市場テストを介することにより返って韓国国内で求人が困難な、低賃金で労働環境の劣悪な事業所（いわゆる3K業種）に集中する傾向がある。滞在可能期間は3年だが、最大10年まで延長可能となった（労働政策研究・研修機構　2015）。

　また、2000年代に入って中国朝鮮族の人びとが増加していたが、韓国政府は2007年、「訪問就業制度」を制定し、中国朝鮮族を中心とする「在外同胞」の入国の簡素化と就業可能業種の拡大を図った（滞在3年、延長2年）。

2013年1月現在、在韓朝鮮族移住者は約46万7千人となっており、これは実に中国における朝鮮族全体の約4分の1に達している。この間、韓国人男性と朝鮮族女性との結婚も増加したが、2012年には「F-4ビザ」（在外同胞査証）取得により、子どもの呼び寄せが急増したと報告されている（金 2014）。

　一方、保守系の李明博政権は2009年、非熟練労働者受入クォーターを大幅に縮小するとともに、2010年、高度人材向けのポイント制度（居住・永住資格の付与などを優遇）を導入した。宣元錫はここに見られる変化を「移民政策のマネジメント化」と捉えている（宣 2010）。

　韓国における外国人労働者は2013年9月現在、664,886人に達し、在韓外国人総数1,584,524人の42.0％を占めるようになった（労働政策研究・研修機構 2015）が、こうした外国人増加の過程で韓国政府は2007年、「在韓外国人処遇基本法」を制定し、翌年、それに基づく「第一次外国人対策基本計画（2008〜2012）」を策定する。同年には「多文化家族支援法」も制定したが、これは2000年代に急増した結婚移住女性を韓国家族ならびに韓国社会に統合することに主眼がある。「第一次外国人対策基本計画」では事業予算の74％が結婚移民者・多文化家族の定着・教育支援に充てられており、「多文化家族のみが韓国社会が積極的に統合すべき対象に位置づけられ、規制されるべき人々の境界線が引かれた」（李 2014）との批判を受けた。そこで政府は「第二次外国人政策基本計画（2013〜2017）」で、「秩序と安全、移民者の責任と寄与を強調する均衡ある政策」を掲げ、①国家と企業に必要な海外の人的資源の確保、②健全な国家構成員の育成のための社会統合基盤の強化、③結婚移民者の経済的自立強化への支援、④秩序違反外国人に対する実効的在留管理という形で、政策目標の再構築を図った。また、2013年度の外国人政策計画（同年5月）では「創造経済型移民政策の推進」を掲げて、韓国に対する貢献度をもっとも重視する姿勢を前面に出している。すなわち、経済的国益と韓国的価値へのコミットメントを軸とする移民政策を明確に志向しているのである。李はこれを、「移民政策が政府主導のトップダウンへと変わっていくにつれて、「経済的合理性」の見地から推進される傾向が強まった。その結果、韓国における移民政策では、移民の文化的多様性や権利擁護より、国家・市場の必要性に基づく移民の重層的線引きが進められ

ている」と評価している（李 2014）。

　なお、韓国政府は2013年7月、アジアで初めてとなる難民法を制定し、今後の政策展開が注目されている。同法には生活費、住居費、ヘルスケア、教育、雇用など難民の待遇を細部まで含めている。また、通翻訳、法的支援、ジェンダーへの配慮、難民申請の取り扱いに特化した機関を設置するとしたが、その後、難民支援センターが近隣住民の反対に遭いながらも開設された。さらに難民法には、日本に続き「第三国定住」の受入も盛り込まれている（バーバー 2014）。

2. 日本

　日本には「移民政策」はない、あるのは「外国人政策」だけだ、とよく指摘される。確かに、「永住」を目的する者の入国の規定は日本の入管法に欠落している。しかし、日本では1990年代以降、就労資格ではなく、身分として日本人の血統を継承する者としての日系人を、活動制限のない「定住」資格で広く受け入れてきた（明石 2010）。これは外国人労働者の「サイドドア」からの導入と言われたが、出身国の経済状況の悪化を背景に日系南米人が急増し、とりわけブラジル人の場合、2006〜08年に30万人を超えるボリュームを示すに至る。

　しかしその多くが派遣などの非熟練不安定労働者であったため、2008年秋のリーマンショックを契機に大量失業するという事態を迎える。日本政府はこれを受け、2009年1月内閣府に定住外国人施策推進室を設置し、同年4月に「定住外国人支援に関する対策の推進について」をまとめて、まずは自発的帰国の支援プログラム（2009〜2010年3月）を打ち出した。これを利用して2万人以上が帰国したが、他方で日本に留まり、永住資格を取得する人も増えていく。そこで同推進室は2010年8月、「日系定住外国人施策に関する基本指針」を策定し、翌年3月にはこの「基本指針」をより具体化するために、次のような「日系定住外国人施策に関する行動計画」を策定した。

　すなわち、①日本語で生活できるために必要な施策：日本語教育の標準的なカリキュラム案のデータベース化、②子どもを大切に育てていくために必要な施策：帰国・外国人児童生徒受入促進事業、在留期間更新等の際の就学促進のためのリーフレットの配布、不就学の子どもの公立学校への円滑な転

入を促進する「虹の架け橋教室」事業、③安心して働くために必要な施策：日系人就労準備研修（日本語能力等に配慮した職業訓練）、多言語での就労相談、④社会の中で困ったときのために必要な施策：国の制度に関する情報の多言語化の推進、である。

これらは、応急的性格が色濃いものの、日本政府による体系的な移民政策構築への萌芽と評価しうるかもしれない（なお、日本でも90年代以降、いわゆる「国際結婚」が増加したが、韓国のような結婚移民に対する社会統合政策は欠如したままである）。しかし、日系人の大量帰国後の政府による非熟練外国人労働者の受入は「サイドドア」からの技能実習生にシフトしており、韓国のような「フロントドア」からの受入政策は不在のままに留まっている（他方で、高度人材に対するポイント制の導入と規制緩和もこの間、同時に進められている）。

ところで、日本におけるもうひとつの政策転換として、2012年7月にスタートした「在留管理制度」と「住民基本台帳の外国人住民への適用」が挙げられる。これにより自治体の窓口で行われていた外国人登録制度は廃止され、在留期間3か月以上の中長期在留者には在留カードを、特別永住者にはその証明書を入管局が交付することになった。また、自治体では中長期滞在者、特別永住者等に住民票が作成され、複数国籍世帯については世帯全員が記載された住民票の写しの発行等が可能となった。この制度改定により、長年在日外国人や支援団体等が求めてきた「外国人は住民です」が実現したようにも見える。しかし、入管局で在留資格の変更や在留期間の更新等の許可を受けた場合、法務大臣がその旨、当該自治体に通知するなど、合法的に滞在する外国人住民の情報は、入管局に一元的に管理されることになったと言える（法務省入国管理局編　2014）。同時に今回の制度改正では、従来外国人登録が可能であった非正規滞在者に住所を証明する公文書を交付できなくなったため、自治体によっては、非正規滞在者がこれまで享受できた公共サービスの提供を拒否するケースも生じている。

また、日本の難民政策は、審査機関の独立性の欠如などさまざまな問題が指摘されてきたが、近年の難民認定はさらに厳格化の傾向を強めている。具体的には難民認定申請者が大幅に増加しているにもかかわらず、2014年は申請者5,000人に対して認定された者は11人、2015年は申請者7,586人に対して認定された者は27人に留まっている（認定率は実に0.22％と0.36％）。

さらに、法務大臣が難民審査参与員の多数意見を覆す事例も生まれており（大月 2014）、東京地裁においても難民勝訴判決ゼロとなっている（杉本 2014）。一方、2010年度スタートの「第三国定住」パイロットプログラムでは4年間で13家族67名を受け入れたが、2014年度末で終了した。そこで、2014年1月、今後の「第三国定住による難民受入実施について」が閣議決定され、受入対象者の範囲の拡大（タイに加えてマレーシアを含め、家族再結合も認める）が図られることになっている。

　こうして日本においても、「好ましい／好ましくない外国人」という形で、広義の「移民選別」（渡戸ほか編 2007）がさらに進行していると言えよう。

3. 台湾と中国

　台湾および中国についても簡単に触れておこう。韓国、香港、シンガポールとともに「四つの龍」のひとつとして1970年代から80年代にかけて目覚ましい工業化を遂げた台湾では、80年代末の規制緩和期から海外からの移住者が徐々に増える。具体的には、戒厳令が解除された1987年に中国への渡航制限が緩和され（親族訪問と観光の開放）、中台間の人口移動（両岸間交流）が活発化していく。89年にはブルーカラー外国人労働者の受入が始まり、90年代以降になると台湾人の外国人配偶者も増加した（国際結婚件数は1998年の2万2905件から2003年の5万4634件のピークを経て、2014年は2万6千件）。国際結婚では台湾人の夫と外国籍の妻の結婚の割合が高く、2014年では77％となっている（横田 2016）。

　一方、1992年からは家庭内で介護を主に担ってきた女性の社会進出を支えるねらいで、介護を担う「看護工」になる外国人を受け入れ始めた。資格要件はほとんどなく、2014年末に約21万8千人となっている（インドネシア約17万3千人を筆頭に、フィリピンやベトナムなど）。これは製造業なども含めた外国人労働者全体の約4割を占めている（朝日新聞 2016年2月28日付け朝刊）。なお、2011年7月時点で在台外国人は441,316人（台湾総人口の1.9％）であったが、その内、ブルーカラー外国人労働者が80.2％、外国人配偶者が10.3％を占めていた（結婚移民者は中国籍者のみならず、ベトナム人、インドネシア人、タイ人などが増えた）。現在の在台外国人はすでに50万人を超えている（2015年8月末現在、外国人労働者だけですでに58万2509人となっており、インドネ

シア40.6％、ベトナム28.4％、フィリピン 20.8％、タイ10.1％などとなっている)。

　以上の過程で1999年、台湾では「入出國及移民法」が施行され、同年には「統合コース」を、2005年には外国人配偶者の「国語」学習状況の改善を目的とする帰化テストを開始した。なお、中華民国憲法は依然として中国大陸を自国領土と考えるため、法体系では中国人をはじめ、香港・マカオ・チベットなどの地域の出身者を「外国人」とは別のカテゴリーで対処している（許 2012）。

　一方、近年では毎年100万人単位の台湾人が中国を訪問するようになり、大陸中国には100万人の台湾人が居住している（中国人との結婚移民者も含む）と見られる。90年代以降、華南や長江デルタへの台湾系企業の進出を通じて、両岸間の海峡を越えた経済社会関係のネットワークが形成された。2000年代に入ると、上海など東南沿海部の都市部では台湾系の商工業者群と生活コミュニティがされていく。中国政府はこうした台商と台湾人に優遇と「国民待遇」を与えており、台湾人の中国での身分は「一種のデニズンシップ」に近づきつつある（2005年、中国政府は「台湾香港マカオ住民の内地における就業管理規定」を修正し、台湾・香港・マカオ人を「中国公民」と位置づけ、18〜60歳、健康で有効な旅券［台胞証］をもつ者は各種職業に就くことができる）。しかし、他方で中国の社会保険への加入義務（税負担）が課せられ、最近では両地の戸籍の内ひとつの帰属を選択するよう圧力もかけられるなか、台湾人が中国で長期的な定住を選択するかは不明だと指摘されている（呉ほか2012）。さらに他方では、2008年に台湾で馬英九政権が発足すると、両岸直行便開設により来台する中国人も急増するようになった。2012年に馬政権が再選されると、国共合作下での「台湾海峡安定モデル」が打ち出され、中国は台湾に対する「買い付け政策」を強化した。しかし2016年1月、民進党の蔡英文が総統選挙に勝利したことによって、両岸交流のゆくえがあらためて注目されている。

第2節　移民の適応過程と「編入モード」

1.「編入モード」(mode of incorporation) の概念構成

　移民の適応理論は主に「移民国家」アメリカで発展し、主に同化理論への

批判と再評価をめぐって論争が行われてきたが（南川　2016）、1965年の移民法改正後のアジア系やヒスパニック系などの新移民は、同化理論では説明できない適応をみせる。とりわけ1980年代以降、コリア系、キューバ系などの移民は、自らの民族文化や価値観を選択的に維持することによって、比較的短期間にアメリカ中産階級への経済的統合を遂げてきたが、逆にアフリカ系、メキシコ系、プエルトリコ系などは全体としてアメリカ文化に染まるほど経済的下降傾向にある。このような違いが生じる要因を説明するためにアレハンドロ・ポルテスらは、現代アメリカにおける移民の同化プロセスは分節化されているとする「分節同化理論」(segmented assimilation theory) を構築した（Portes and Zhou 1993）。そこでは、①古典的同化理論が示す上昇的適応のパターン、②移民コミュニティの民族的結束を固めながら向上心を維持し、比較的短期間に経済的発展を遂げるパターン、③半永久的に貧困層から脱出できない、最下層への同化のパターンが抽出された。

　また、ポルテスらは分節同化理論を構築する際、「編入モード」(mode of incorporation) という理論的枠組みを導入している。この「編入モード」論 (1989, 1993, 2001) は、移民の送出国からの離脱条件と移住先での受入の文脈といった構造的要因と、移民自身がもつ人的資本との相互作用に着目して、移民集団がさまざまな形態で受入社会に定着・定住していくことを説明しようとする（人見　2013）。すなわち、数多くの移民集団は受入社会に一様に同化していくのではなく、多様な移住経路が生み出されることを、①送出国からの離脱条件（労働移民か難民か）、②移民たちの出身階層と保持する人的資本のタイプ、③受入国の社会的な文脈（受入国政府の態度、雇用主とネイティブの反応、エスニック・コミュニティの有無）に注目して説明しようとする。そして、「差別的」(handicapped) 文脈は編入過程の不安定化をもたらす一方、「中立的」(neutral) 文脈は個人的に経済的適応を促進し、「肯定的」(advantaged) な文脈は移民の流入を促進するとしている（表0.2）（人見　2013）。

2．「編入モード」概念の応用可能性

　このように編入モードはもともと移民の経済的な編入を説明するために利用された概念ではあるが、移民の権利をめぐる法制度的な編入や移民の文化的同化をめぐる社会文化的な編入など、多様な局面に応用できる可能性が指

表0.2　編入モード論（1989, 1993, 2001）の概念構成

①送出し国からの離脱条件：労働移民か難民か
②移民たちの出身階層：移民が保持する人的資本のタイプによる区別
　a．非熟練の労働移民　→　合法／非合法入国、単純労働へ
　b．専門職移民　→　合法移住、高賃金の専門職へ
　c．企業家移民　→　経験＋資本力＋受入の文脈に依存
③受入国の社会的な文脈：移民のライフチャンスを決定
　とくに受入国政府の態度、雇用主とネイティブの反応、エスニック・コミュニティの有無が移民の移住経路を方向づける。
　a．差別的な（handicapped）文脈　→　編入過程は不安定
　b．中立的な（neutral）文脈　→　個人的に経済的な適応
　c．優勢的な（advantaged）文脈　→　移民の流入促進

摘されている（樽本 2009: 69）。さらに、編入を複数の局面から論じるならば、それぞれの編入の関係性も問題となってくる。たとえば、法制度的編入が社会文化的および経済的編入を促進したり、阻害したりするのかどうかなど、複数の編入の局面を重ね合わせて検討することで、移住過程の体系的な把握につながると考えられる。

　鈴木（2006）はこうしたポルテスらの枠組みを発展させ、移民の適応の分析枠組みを提起した。移民の適応はある国家への編入の結果であるが、移民受入に最も重要な「文脈的要因」(contextual factors) は、①移動の歴史的背景、②受入国の国民政策及びその背景となるイデオロギー（国家レベル）、③ホスト社会を形成する民族・人種関係のパターン（社会レベル）、④エスニック・コミュニティの有無及び特性（コミュニティ・レベル）である、とされる（図0.1）。鈴木（2006）はこの枠組みを在日コリアンと在米コリアンの適応の違いに適用した（Suzuki 2016）。

　一方、1990年代以降の日本における日系ブラジル人の編入過程については、梶田らの『顔の見えない定住化』(2005：第3章) における移住システムと移民コミュニティの比較分析がある。そこでは移住システムの下位類型（表0.3）が示されると同時に、国家・市場・移民ネットワークのあいだの相互連関が移動局面と居住局面でどのように変容するかが仮説的に提示された（表0.4）。

　梶田らが言う「移民ネットワーク」とは、個々の移民に利用可能で、移住過程に影響を及ぼす社会関係の総体をさす。すなわち、移住過程との関わり

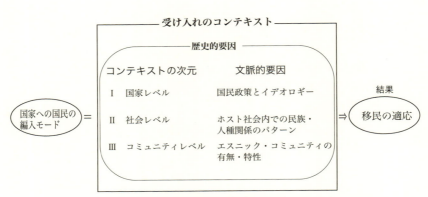

図0.1 文脈的要因と編入モード
出所：鈴木（2006：64）

表0.3 移住システムの下位類型ごとの特徴

下位類型	相互扶助型移住システム	市場媒介型移住システム
媒介形式	互酬	市場交換
促進機能	移住過程の進展に伴い移住に必要な社会的資本が蓄積され、促進機能が強化される。	移住過程が進展しても、社会的資本は相対的に蓄積されにくい。そのため、促進機能は強化されない。
選別機能	互酬的集団への帰属が条件。コミュニティ内では移住層の拡大をもたらすし、コミュニティ間では特定コミュニティに移住層の偏りをもたらす。	渡航費用の支払能力による。そのため、コミュニティ内での移住層の拡大には、一定の制約が課せられる。ただし、特定集団への帰属を条件としないため、コミュニティ内とコミュニティ間では移住層の拡大が等しく起こりうる。
方向づけ機能	出身地から特定の親子コミュニティに水路づけられる。移民フローの方向は規則的。	労働市場の状況により、出身地域とは無関係に方向づけられる。移民フローの方向は不規則的。

出所：梶田ほか（2005）、94頁

表0.4 移住システムと移民コミュニティの関係

		移住システム	
		市場媒介型 再編成されたネットワーク	相互扶助型 連続したネットワーク
移民コミュニティ	外部供給モデル （少数の移民か外部の行為者が供給に関与）	顔の見えない定住化 （業務請負業や支援組織など移民以外の行為者がコミュニティの形成に必要な資源を供給する、あるいは安定した基盤をもつ少数の移民が利益目的で制度供給を行う）	上からのコミュニティ形成 （政府の補助金を得た少数の移民政治家が制度を形成し、それを通じてコミュニティを動員する）
	社会的需要モデル （多くの移民が供給に関与）	コミュニティの再編成 （移民先で新たに連帯を形成し、必要な制度を作り出していく）	トランスナショナルなコミュニティ（出身地との紐帯を保った「親子コミュニティ」）

出所：梶田ほか（2005）、209頁に加筆

で生じる機能的な概念であり、移動局面における移住システムと居住局面における移民コミュニティを総合する概念だとされる。この「移民コミュニティ」とは移民特有のニーズに基づく制度が発達した社会空間だと定義される。一方、「移住システム」とは、移住を促進し、その規模と移民先を決定する社会的ネットワークのことであり、その発展は、国境を越えた社会的資本（ネットワークとその他の社会構造に帰属することを通して得られる利益を確保する能力）の移転を可能にする。移住システムの機能には、①移住の促進（移住に伴うコストとリスクを引き下げて移住を加速する）、②移民の選別（コミュニティ内部における移住層の漸次的拡大、特定のコミュニティからの呼び寄せ移民の増加）、③方向づけ（ある都市の特定の地区への、特定の地域出身の移民の集中）があるとされている（梶田ら　2005: 78-83）。

　以上のような移民ネットワーク論や移住システム論は「編入モード」の研究に大きな示唆を与えているが、さらに移民の移住先の国家や社会経済、ローカル・コミュニティといった変数を加えていくことが必要になろう。梶田らも「文脈の相違を重視した移住システムの比較社会学」（梶田ら　2005: 91）を構想していたが、こうした受入国家／社会の特殊性の国際比較を踏まえた、「編入モード」の観点からの位置づけが検討されていく必要がある。

第3節　「編入モード」の社会学に向けて

1．市民権モデルをめぐる検討

　ところで移民の編入に際しては、前述のように、政治的編入（法制度的編入）が社会的、経済的編入を促進するか否かが注目すべき論点となっており、移民への市民権（citizenship）の付与とその享受がそこでの鍵になる（樽本　2009）。この点で、移民と市民権に関する理論的枠組みの構築とその国際比較を目指す樽本英樹の研究（『国際移民と市民権ガバナンス――日英比較の国際社会学』、2012）は、示唆に富んでいる。

　樽本はまず、T. マーシャルの市民権概念を微調整して、市民権の内包的定義を「ある共同社会（community）の〔完全な〕成員に与えられる法的地位」、外延的定義を「その成員がもつ諸権利と諸義務の構成体」とする。そして、市民権付与の準拠となる共同社会を「準拠共同社会（reference com-

表0.5　市民権モデルの検討

情緒的原則の緩和	
①多文化モデル	同化主義的側面を和らげることで国民国家モデルを存続させる
②帰化モデル	帰化の条件を大幅に緩和し、移民・外国人を「国民」にしようとする
社会契約的原則	
③二重国籍モデル	帰化に抵抗をもつ移民・外国人も、出身国の国籍を保持できれば受入国の国籍をもってよいと考える可能性がある
④参政権モデル	地方参政権のみを付与するモデルと、国政レベルの参政権まで付与するモデル
⑤人権モデル	「人であること」を根拠に移民・外国人の市民権を認めるが、国民国家を完全に破壊することになる

出所：樽本（2012: 15-19）から作成。

munity)」と呼ぶ。第二次世界大戦後の世界的標準の準拠共同社会は「国民国家」だが、今日ではその変容（ポスト国民国家）が注目されていることは周知のとおりである。

　樽本はさらに、市民権を、「社会契約的側面としての権利／義務」と、ネーションへの帰属にまつわる「情緒的側面としてのアイデンティティ」に分節し、これまで提案されている市民権モデルとその検討課題を表0.5のように整理している。

　これらのうち「帰化モデル」、「二重国籍モデル」、「参政権モデル」は、〈居住〉を少なくとも部分的に原理として採用しなければ存立しえないが、問題は、〈居住〉すなわち「ある場所に住み、根ざしていること」が、マジョリティおよび移民・外国人に権利・義務関係に見合う情緒的原則を供給できるか、すなわち、「〈居住〉がある種の〈共同性〉を生み出すかどうか、その〈共同性〉が〈公共性〉の正統性の根拠となっていくかどうか」にある。ここでは、〈居住〉という社会学的事実が「国境」を無化し、人びとの〈共同社会〉を創る基礎となりうるか（樽本 2012: 21-22）が、原理的な問いであることが指摘されている。

　〈居住〉は「脱領域化していく人々のアイデンティティを再び領域性へと回収し、市民権モデルに正統性を与えようとする原理」だが、しかし〈居住〉は「経験的な選択可能性」が高く、出生地原理や血縁原理のような、個人にとっての選択不可能性である「先験的選択を作り出すことができない」ため、「市民権モデルの正統化原理として危うい位置にある」（同上：65）。しかし、〈居住〉原理の採用は「ポスト国民国家モデルのもつ先験的選択の否

定を「隠蔽」する、現在では有力なやり方」だと樽本が評価していることは注目されよう。

　一方、普遍的人権を強調する「人権モデル」は、市民権モデルの正統化原理としては脆弱である。なぜなら、市民権モデルは原理的に成員資格の一定の制限が前提とされるからである（同上：64）。では、「多文化モデル」とそれを支える原理としての「多文化主義」はどうであろうか。樽本は、「多文化モデル」が次の二点で「国民国家」モデルの変容と緊張をもたらすという。すなわち第一に、市民権の国民国家モデルの情緒的原則の一つである「政治体と文化体の一致」を変更することで、国民国家モデルを変容させてしまい、ネーションの「神聖」をも危うくする。第二に、どのような種類の「下位単位」を共同社会として許容するかについての妥当な基準をもちえないため、結果的にホスト社会内の社会的緊張を高めかねない。しかし今日、「多文化モデル」とそれを支える原理としての「多文化主義」は、「正統化原理を欠いたまま国際移民の流入によって「事実上の標準」になってしまった市民権モデルのように見える」とも指摘している。このように原理的に考えると、今日の多文化モデルはいわば、なし崩しの「事実上の標準」であるかもしれないが、実体的にはそれは〈居住〉原理の採用によって大きく支えられていると考えることができよう。

2．日英比較

　ところで樽本は同書の最後に、「移民市民権ゲームの社会的構築メカニズム」の観点から、次のような日英比較を試みている（同書：248-255）。

　すなわち、英国と日本の〈共通の性質〉は、①建国の経緯および自己定義の観点からは「エスニック国家」、②第二次世界大戦後、「帝国」の解体問題に直面、③強い行政権限（英国の内務省、日本の法務省）、④人種差別の強さ、の4点が挙げられている。なお、③は1970～80年代の韓国、台湾、そして一部のASEAN諸国も該当しよう。

　一方、両国の〈差異〉には、①市民権継承原理（英国は出生地主義、日本は血縁主義）、②国内政治体制（議会と地方自治体、および選挙の影響力）の違い（英国は強く、日本は弱い）、③経済諸団体および企業の影響力（英国あり、日本は弱い）、④ストック移民の数と割合（⑤が規定）、⑤戦後の「帝国」の解体

速度（英国はゆっくり解体し、その間ストック移民を増加させる。日本は外部から急激に解体、ストック移民を小規模化させ、その後も外圧が移民政策の決定的な要因となる）、⑥国内の媒介統合制度（英国はコミュニティ［居住地域、労組、エスニック・コミュニティ］、日本は家族［戸籍制度とそれに基づく血縁主義］）、⑦国際政治レジーム上の位置（英国は先進諸国レジームとEUレジーム、日本は先進諸国レジームとアジア諸国レジーム）が指摘された（その後、英国はEUレジームから離脱することになった）。本書では、これらのうち、とくに⑦の国際政治レジームを東アジアでのそれに置いている。

　重要なのは、両国における移民市民権ゲームに差異が生じ、異なるガバナンスが成立した要因は何かという問いである。樽本は上記の考察を踏まえてこの問いに対する以下のような興味深い仮説群を導いている（樽本　2012：255）。

Q　英国において、なぜ内因に基づく手段としての市民権が発達したのか？
A1「帝国」の解体速度が緩やかであったために、一定量の移民・外国人がストックし、社会統合・社会秩序が問題化した。
A2　コミュニティを媒介させる国民国家の統治制度の継続が、エスニック・コミュニティの承認につながった。
A3　国際政治レジームで高い位置を占め、選挙に基礎をおく議会が強いため、ヨーロッパ連合の影響を考慮したとしても、国外からの政治的・規範的圧力から比較的自由であった。

Q　日本では、なぜ外因に基づく結果としての市民権が発達したか？
A1「帝国」解体速度が急速であったために、英国と比べて少数の移民・外国人しかストックせず、統合・秩序問題は政策的に軽視できた。
A2「帝国」を急激に反省し否定する一方、家族を媒介単位とした既存の媒介型国民国家統治制度を強固に維持したことが、エスニック・コミュニティ的発想の否定につながった。
A3　国際政治レジームに関しては、先進諸国の中の「後進国」であったため国際規範や最先進諸国の要求を拒否できず、アジア諸国の要求には戦後処理の認識枠組みが動員された。

3. 日本・韓国・台湾の比較研究に向けた論点

　ところで、1980年代までの日本と韓国はおおよそ「エスニック国家」と規定しうる。戦前の「多民族帝国」が外部からの力によって解体された戦後の日本には、旧植民地出身者とアイヌ・沖縄の人びとなどが見えにくい形で含まれていたが、高度経済成長期を通じてナショナルな物語として「単一民族国家」神話が強化されていく。一方、戦後韓国では華僑が民族マイノリティとして存在した（韓国人配偶者の日本人もいた）が、台湾は先住民、台湾人（福佬人と客家）、外省人（国民党系中国人移民）が複層しており、より複雑な民族社会となっている（周　2009＝2013）。そのことを押さえた上でここでは、以上の枠組みの提起を踏まえて、まず韓国と台湾を検討してみよう。

　この二つの国家・地域は、ともに日本帝国の植民地統治下に置かれた（台湾は1895-1945年の50年間、韓国［朝鮮半島］は1910-1945年の35年間）が、その経験は異なっている。また、光復（解放）後、韓国・台湾ともに軍事独裁政権下に長期間置かれた（韓国では朝鮮語を回復し、台湾では普通話が強制される）。しかし台湾の場合、「犬（日本人）が去って豚が来た。犬（国民党）はうるさいだけだが、家の番はする。豚は食って寝ているだけだ」（司馬遼太郎『台湾紀行』1997: 66）という状況となる。そして1947年の2.28事件以後、戒厳令が続き、1987年に解除された。一方、韓国では1948年に済州島4.3事件、1980年に光州事件が起きている。

　また、冷戦体制を背景に、日本を含め米国の軍事同盟による安全保障レジームが維持・強化されていく。韓国の場合、朝鮮戦争が依然、「休戦」状態のままで推移し、分断国家状態が続いているが、台湾は米中、日中の国交回復により各外交関係から切り離され、国家としては扱われなくなった。そこで台湾には、「頼れる国家も持たない」という不安感の下で、国家を出し抜いて生きようとするしたたかな現実主義が育っていき、副業を当たり前のように持ち、蓄財する「ゲリラ資本主義」（沼崎　1995）が強まったとも言われる。

　1980年代以降、韓国（漢江の奇跡）・台湾は急速な経済成長を遂げ、シンガポール、香港とともに"アジアNIEs"を構成するが、農村-都市移動も激化していく（韓国・台湾ともこの時期までは国内労働力で賄う）。そして80年代

半ば以降に、民主化が進み、国民の海外旅行の自由化が行われた（台湾では1988年新聞発行自由化、89年政党結社自由化、91～92年住民の直接選挙による国会議員選挙［国会の全面改選］、96年初めての民主的総統選挙が行われる）。

　こうした中で、90年代以降、韓国・台湾（そして日本）で外国人労働者が導入されていく。韓国は当初、日本の研修生制度をモデルにするが、2000年代からは日本の失敗に学び、やがて雇用許可制に転換する。一方、台湾はシンガポールを外国人労働者政策のモデルに置いているようだが、90年代以降には労働者のみならず、「外籍新娘」（中国本土からの結婚移民女性、但し公文書では「外籍配偶」）も急増する（結婚移民女性の数は2007年には中国大陸から1万4,721人、その他の東アジアから6,952人に達する：嘉本 2008）。なお、台湾では90年代初期から家庭内労働に携わる外国人女性労働者が一部の富裕層によって利用され始めるが、90年代半ばには一般家庭にも普及し、介護労働（監護工）と家事労働（家庭幇傭）をしてくれる伝統的な「女性使用人」（女傭）として雇用されている（洪 2003）。

　「はじめに」でも述べたように、本書は平成24年度～26年度科学研究費助成事業（基盤研究（B）海外学術調査）「東アジアにおける移民の編入モードと移民政策の動態的研究」（研究代表者：渡戸一郎）の成果に基づいている。本研究を通じて、東アジア（北東・東南アジア）という地政学的空間をめぐる主要な人の移動とその背景については一定の理解を深めることができた。しかし本研究にとって重要なのは、この空間の外的／内的文脈の連関のダイナミズムのなかで、移民がいかなる形で編入されているかという点こそにある。

　まず【外的文脈】の要因として、グローバル／リージョナルレベルの政治経済文化の変化がある。国家を超えた市場経済競争の激化、軍事協定や地域経済協定等の締結、貿易と直接投資などによる相互依存の深化、産業構造転換、交通・メディア環境の変化、マイノリティの人権尊重の国際規範などがここに含まれよう。

　一方、【内的文脈】の要因には、それぞれのナショナル／ローカルなレベルの政治経済社会の変化（民主主義や福祉国家の変容、ネオリベラリズムの浸透、国家への信頼感の揺らぎ、高学歴化、脱工業化／情報消費社会化と地域産業構造の転換、都市化と再都市化、少子高齢化、人口ボーナスの消滅、人口減少など）、制度・

政策の動向（入管政策や各レベルの統合政策など）、エスニック・コミュニティの存在様態（規模と資源の多寡）、越境移住者を支える市民活動、市民社会の受容態度、それらの社会的基層（家族やジェンダー規範、そしてネーションのかたち）の変容などが挙げられよう。こうした内外の文脈の交錯の中で、移住システムの構築／再構築を介して、いかなる人びとがいかなる形で編入されているかが、研究の焦点に置かれてきた。

　本研究ではマクロからミクロなレベルまでの多様な論点が議論された。本研究を通じて見出された課題は多いが、少なくとも本書が、その課題に向けた取り組みとして一定の問題提起になっているとすれば、幸いである。

［文献］
明石純一，2010，『入国管理政策──「1990年代体制」の成立と展開』ナカニシヤ出版．
伊藤潔，1993，『台湾──400年の歴史と展望』中央公論社．
岩崎育夫編，1998，『アジアと市民社会──国家と社会の政治力学』アジア経済研究所．
李惠珍，2014，「制度化されつつある韓国の移民政策と、「選別／排除」の論理」『別冊　環』（特集：なぜ今、移民問題か）藤原書店．
大月侑美，2014，「日本の難民動向分析」『難民研究ジャーナル』4号，現代人文社．
梶田孝道・丹野清人・樋口直人，2005『顔の見えない定住化──日系ブラジル人と国家・移民・ネットワーク』名古屋大学出版会．
勝間田弘，2011，「規範と地域制度──東アジア共同体の胎動」松岡俊二・勝間田弘編『アジア地域統合の展開』勁草書房．
嘉本伊都子，2008，『国際結婚論？　現代編』法律文化社．
金花善，2014，「延辺中韓離散家族──朝鮮族の子どもたち」平田由紀江・小島優生編『韓国家族』亜紀書房．
許之威，2012，「「国語」、国家と移民政策──台湾の帰化テスト政策の形成を中心に」『移民政策研究』4号，現代人文社．
洪郁女，2003，「台湾人家庭のなかの外国人労働者──仲介業者J.C.インタビュー記録」『接続』3号，ひつじ書房．
呉介民・曾嬿芬（田上智宜訳），2012，「「海峡を越えたガバナンスの場」におけるシティズンシップ政治」『中国21』36号，愛知大学現代中国学会．
周婉窈（濱島敦俊訳，石川豪・中西美貴・中村平訳），2009＝2013，『増補版　図説・台湾の歴史』平凡社．
徐興慶・陳永峰編，2012，『転換中のEUと「東アジア共同体」──台湾から世界を考える』（日本学研究叢書7），台大出版中心．
杉本大輔，2014，「日本の判例動向」『難民研究ジャーナル』4号，現代人文社．
鈴木和子，2006，「移民適応の中範囲理論構築に向けて──在日・在米コリアンの比較」広

田康生・町村敬志・田嶋淳子・渡戸一郎編『先端都市社会学の地平』ハーベスト社．
宣元錫，2010，「移民政策のマネジメント化——保守政権下の韓国の移民政策」『移民政策研究』2号，現代人文社．
宣元錫，2013，「雇用許可制への転換と韓国の非熟練外国人労働者政策」『国際問題』626号．
樽本英樹，2009，『よくわかる国際社会学』ミネルヴァ書房．
樽本英樹，2012，『国際移民と市民権ガバナンス——日英比較の国際社会学』ミネルヴァ書房．
丹野清人，2007，『越境する雇用システムと外国人労働者』東京大学出版会．
西川潤，2014，『新・世界経済入門』岩波書店．
沼崎一郎，1995，「高度経済成長の裏側」『アジア読本　台湾』河出書房新社．
バーバー，ブライアン，2014，「2013年難民動向分析——アジア太平洋」『難民研究ジャーナル』4号，現代人文社．
人見泰弘，2013，「在日ビルマ系難民の移住過程ー市民権・雇用・教育をめぐる諸問題」吉原和男編『現代における人の国際移動』慶応義塾大学出版会．
藤井勝，2013，「現代の東アジアと国際結婚——「南北型」を中心にして」『社会学雑誌』30号，神戸大学社会学研究会．
法務省入国管理局，2014，『平成26年版　出入国管理』．
水野直樹・文京洙，2015，『在日朝鮮人』岩波書店．
南川文里，2016，『アメリカ多文化社会論——「多からなる一」の系譜と現在』法律文化社．
労働政策研究・研修機構，2015，「主要国の外国人労働者受入れの動向——韓国」．
横田祥子，2016，「新移民」赤松美和子・若松大祐編『台湾を知るための60章』明石書店．
渡戸一郎ほか編，2007，『在留特別許可と日本の移民政策——「移民選別」時代の到来』明石書店．
渡戸一郎，2010，「外国人集住地域における「ローカルな公共性の再構築」が意味するもの——日系ブラジル人の集住団地の事例から」藤田弘夫編『東アジアにおける公共性の変容』慶應義塾大学出版会．
————，2011，「自治体・国の多文化共生政策の再構築に向けて」『都市住宅学』74号，都市住宅学会．
————，2011，「多文化社会におけるシティズンシップとコミュニティ」北脇保之編『「開かれた日本」の構想——移民受け入れと社会統合』ココ出版．
Castles, S. & Miller, J. M., 2009, *The Age of Migration: International Population Movements in the Modern World*. (Forth Edition)（= 2011, 関根政美・関根薫監訳,『国際移民の時代［第4版］』名古屋大学出版会．
Martkniello, M. and Rath J. eds., 2014, *An Introduction to Immigrant Incorporation Studies: European Perspective*. Amsterdam UP.
Portes, Alejandro and Jozsef Borocz, 1989, "Contemporary Immigration: Theoretical Perspective on its Determinants and Modes of Incorporation." *International Migration Review*. 23(3). pp.

606-630.

Portes, Alejandro and Min Zhou, 1993, "The New Second Generation: Segmented Assimilation and Its Variants," *Annals of American Academy of Political Science*. Vol.530.

Portes, Alejandro and Ruben G. Rumbaut, 1996, *Immingrat America: A Portrait,* University of California.

Portes, Alejandro and Ruben G. Rumbaut, 2001, *Legacies: The Story of the Immigrant Second Generation*(＝村井忠敬訳『現代アメリカ移民第二世代の研究——移民排斥と同化主義に代わる「第三の道」』明石書店，2014）．

Rahman, MD. Mizanur and Akm A. Ullah eds., 2012, *Asian Migration Policy: South, Southeast and East Asia,* Nova Science Publishers.

Suzuki, Kazuko, 2016, *Divided Fates: The State, Race, and Korean Immigrants' Adaptation in Japan and the United States*, Lexington Books.

Tseng, Yen-Fen. 2010, "Marriage Migration to East Asia, Current Issues and Proposition in Making Comparisons", in Wen Shan Yang and Melody Chia-Wen Lu (eds.), *Asian Cross-border Marriage Migration : Demographic Patterns and Social Issues,* Amsterdam UP.

Part I

家族・女性

第1章　東アジアの国際結婚移住
　　——在台・在韓日本人結婚移住女性の比較研究から——

武田里子

第1節　はじめに

　新興工業国・地域（NIEs）における女性の社会進出に伴い生じた家事・介護労働需要をプル要因として、80年代中頃からアジアでは「移民の女性化」が大きく進んだ（カースルズ・ミラー　1993=1996）。平行して生じたのが国際結婚移住である（Yang and Lu 2010）。中でも90年代以降の東南アジアから東アジアへ向かう女性の動きが注目を集めてきた。本章ではその陰で見落とされてきた台湾と韓国に向かう日本人女性の流れに着目する。両国の結婚移住女性の国籍をみると、日本は5番目前後とその存在は決して小さくはない。しかし日本人は多文化家族支援のターゲットグループとみなされていないために、議論の遡上に上ることが少なかった。

　では、日本人女性には支援は必要ないのだろうか。日本人女性が異文化の中で家族形成に取り組む過程で直面する葛藤は東南アジアの女性たちとは異なるのだろうか。日本人女性たちはどのように適応課題に対処しているのだろうか。在台・在韓日本人女性の状況を見ると、台湾では自助組織の活発な活動が見られるのに対して、韓国では明示的な日本人女性の活動は見られない。本書の分析枠組みである編入モード[1]の観点からは、この違いを生み出している要因の探究が課題になる。

　本章の目的は、在米コリアンと在日コリアンの比較研究を行った鈴木（2006）の分析を参照しつつ、在台・在韓日本人結婚移住女性の適応過程の

---

[1] 編入モードとは、ポルテスが移民の分節同化理論を構築する際に理論的枠組みに用いたもので、「受入国による政策、ホスト社会での価値観や移民に対する偏見、エスニック・コミュニティの特性の三要素からなる複合的受け入れ体制」と定義されている（鈴木　2006: 63）。

相違を生み出した背景と現状を考察することである。その作業を通じて、労働移民の適応過程の分析枠組みであった編入モードを結婚移住者の分析に用いる場合には、ライフコース研究の視角を組み合わせることでより有効性を高められること、また、異なる社会で暮らす日本人女性が共有する次世代への思いが、東アジアを生活圏としてとらえ直す可能性を開きつつあることを明らかにする。はじめに近代国民国家の形成過程において国際結婚がいかに位置づけられたかを確認する。ここに女性たちが出自にかかわらず、課題を共有できる契機が埋め込まれているからだ。

　分析に用いるデータは、以下のフィールド調査と「日本人国際結婚者の子どもたちの日本留学に関する調査」（以下、「台湾調査2015」）の結果である。

・結婚移住者のフィールド調査
- 2013年8月、韓国江原道Y市（単独）＊
- 2015年9月、韓国江原道Y市、ソウル市（単独）＊＊
- 2013年3月、台湾台北市、基隆市（共同調査）＊
- 2013年12月、台湾台北市、高雄市、台南市（共同調査）＊
- 2015年7月、台湾台北市（単独）＊＊

　＊（平成24年度〜26年度科学研究費助成事業、基盤研究B、海外学術調査、研究課題番号：24402034、研究代表者：渡戸一郎）
　＊＊（平成26〜28年度科学研究費助成事業、基盤研究C、研究課題番号：26380725、研究代表者：武田里子）

・「台湾調査2015」
　　この調査は台湾で活動する「居留問題を考える会」（会長：大成権真弓氏）ならびに「台北日本語授業校」（代表：及川朋子氏）、「台湾継承日本語ネットワーク」（代表：服部美貴氏）の協力を得て、日本人結婚移住者とその子どもたちの日本留学の意向を把握する目的で実施した。協力団体を通じて質問票を配布し、「居留問題を考える会」で一旦集約してもらったものをEMS（国際スピード郵便）で筆者に転送してもらう方法をとった。配布数：438通、有効回答数：152通（回収率34％）。有効回答数147名（回答から抽出した子どもの数：256名）。調査期間：2015年9月末〜11月8日。

第2節　近代国民国家形成と国際結婚

　明治政府にとって、不平等条約の改定は最重要課題の一つであり、そのためには諸外国から近代国民国家として承認を受ける必要があった。英国領事から英国人男性と日本人女性の結婚手続きと財産の取り扱いについて照会を受けた明治政府は、1873年、内外人民婚姻条規を布告し、(1)国際結婚には政府の許可がいること、(2)日本人女性が外国人男性と結婚した場合には、「日本人タルノ分限」(国籍)を失うと定めた。参照したのは、夫婦国籍一元主義の原則と父系血統優先主義をとるナポレオン法典であった(嘉本 2001)。この基本原則は1899年に施行された旧国籍法に継承され、1950年施行の新国籍法で夫婦独立国籍制に代わるまで続いた。サンフランシスコ講和条約の発効直前に日本政府は外地戸籍者の日本国籍を一斉に剥奪したが、その中に朝鮮や台湾の男性と結婚した日本人女性も含まれていた。女性たちは結婚と同時に内地戸籍から外地戸籍に移し替えられていたためである。

　日本政府は結婚移住女性をどのように位置づけていたのか。東京入国管理局長であった坂中英徳はその著書の中で次のように述べている。「当時の入管法は、『日本人の子』と『日本人の配偶者』を正面から受け入れるという仕組みにはなっていなかった……1970年代の日本では、日本人と外国人との間に生まれた子は『法務大臣が特に在留を認める者』という特例で、入国が認められる可能性はあったが、日本人女性と結婚した外国人の入国は認められなかった。その背景には、<u>国際結婚をした日本人女性は、結婚相手の国へ行くべきだとの旧態依然とした考え方があった</u>」(坂中　2005：114-115、下線は筆者)からだ。

　国際結婚の増加がもたらした政策変更の一例に、父系血統主義から父母両

2　旧国籍法第18条「日本ノ女カ外国人ト婚姻ヲ為シタルトキハ日本ノ国籍ヲ失フ」。
3　戦前に内鮮結婚で朝鮮人と結婚し、日本国籍を喪失し朝鮮半島に残されて行き場を失った日本人女性は約2000名と言われる(上坂1984)。朝鮮国内をさまよう日本人女性を救済するために金龍成氏らがナザレ園を設立したのは1972年のことである。批判する人びとに対しては、「この女性たちは、日本人が朝鮮人をいじめていた時代に朝鮮人の夫のもとに嫁いできてくれた人達だ。大切にしなければならない」、と説得した。筆者が2013年9月に同園を訪問した時の入所者は23名。平均年齢は90歳だった。宋美虎園長によれば、潜在的入所者は韓国にまだ約200名はいるという。ナザレ園が帰国の手助けをした日本女性は147名、宋美虎園長が看取った日本女性は80名に上る。

系血統主義への国籍法改正をあげることができる。父系血統主義の下では、外国人男性と結婚した女性は自らの国籍を子どもに継承することができない。これほど明白な女性差別はないが、日本で国籍法が父母両系血統主義に改正されたのは1985年、韓国では1998年、台湾では2001年のことである。先行した日本が30年、韓国と台湾ではまだ15年ほどしか経過していない。

現在の結婚移住女性の主要な送出国における女性の社会的地位にも共通性を見出すことができる。海外に労働者を送り出すことを外貨獲得手段と位置づけるフィリピン政府は、労働者に対する出国前教育や渡航先での人権侵害に対応するための体制を整えている。結婚移住者にも出国前教育を行っていたが、筆者が訪問したNGOは政府の予算削減のために2013年に同事業から撤退した。労働者からは安定的な海外送金を期待できるが、結婚移住女性からの送金は限定的であるため、費用対効果から予算が削減されたというのが当該NGO関係者の説明であった。[4]

ベトナムでは2008年国籍法によってベトナム公民の親を持つ者はベトナム国籍を取得できることになった(遠藤 2009)。ところが外国人男性と結婚したベトナム公民の子どもの国籍申請は、運用上、排除されているという。政府が国籍法改正によって期待したのは、移住先で成功した元難民がベトナム国籍を回復、あるいは新たに取得して、ベトナムへの送金や投資を増やすことであり、国際結婚者の外国籍の子の存在は想定外だったようだ。韓国籍の子をもつ大学講師(ベトナム女性)は、「法律にできると書いてあっても実際にはできない」[5]、と苛立たしそうに語った。ここでは外国人男性と結婚した女性を「国民」から切り離す志向が受入国と送出国の双方に見られることを確認しておきたい。

---

[4] 2013年8月、ダバオでの聞き取り。同事業を他の団体が引き継いだかどうかは確認できていない。

[5] 2014年3月、ホーチミン市で開催した研究会での発言。なお、筆者の知人である日本人男性とベトナム女性の夫婦は、子どもの日本国籍に加えてベトナム国籍も取得できたので、ベトナム側の担当者による対応の違いがあるのかもしれない。

第3節　東アジアにおける結婚移住現象

　人の国際移動が広がる中でさまざまな形で国籍の異なる男女が出会い、結婚に至ることは特別なことではない[6]。だが90年代以降の東アジアで顕著になるのは、もともとは接点を持つことのない男性とアジアの女性との国際結婚であった。この不自然な国際結婚を成立させていたのが斡旋仲介業者の存在である。台湾では2009年に、韓国では2011年に金銭授受を伴う外国人女性との結婚仲介を法律により禁止した[7]。日本でも80年代半ばに地方自治体や農業委員会などが農業後継者対策の名目で、海外で行う見合いツアーの費用を一部負担した時期がある（武田　2011）。

　韓国政府の調査（2013年）をみると、韓国人男性と結婚したベトナム女性の65.8％、フィリピン女性の29.6％、ウズベキスタン女性の40.0％が業者仲介による結婚であり、恋愛結婚の割合は、ベトナム3.0％、フィリピン12.6％、ウズベキスタン　2.6％であった（国貞 2015：13）。このデータには斡旋仲介業者の存在の大きさが如実に示されている。

　台湾では70年代後半にインドネシア帰国華僑による外省人の退役軍人に対する華人女性の結婚斡旋が始まった（横田 2013：318）。斡旋仲介業者による国際結婚が急増するのは90年代以降である。2003年のピーク時には32％にまで達した国際結婚の割合は13％前後で落ち着いている。2003年に国際結婚者の扶養能力の審査が厳格化された影響はベトナム女性の動きに顕著に現れた。60,441人（2006年）から29,445人（2007年）へと半減したのである（大成権 2013：225）。ベトナム国内のプッシュ要因に変化はないとすると、ベトナム女性はどこへ向かったのか。韓国である。韓国人男性と結婚したベトナム女性の数は5,822人（2005年）から10,128人（2006年）

---

[6]　この他に、第二次大戦後の日本と韓国では「戦争花嫁」という言葉が生まれたように、駐留米兵と女性たちとの国際結婚が主流を占めていた時代がある（島田2009）。

[7]　2007年、米国務省は「人身売買報告書」に韓国における国際結婚仲介業の宣伝看板の写真を掲載した。また2008年、カンボジア政府は国際移住機構（IOM）から韓国人男性とカンボジア女性との国際結婚の一部に人身売買の可能性があるとの報告書を受け取り、一時的に韓国人との国際結婚を禁止する措置をとった。こうした国際社会からの批判に対して、韓国政府は規制措置をとらざるを得なくなったものとみられる。

へと 1 年で倍増した。業者仲介による国際結婚は人為的に成立しているがゆえに、法令改正などの外部要因によって大きく変動する[8]。

　結婚移住者はどのように捉えられてきたのだろうか。ひとつには再生産労働の国際分業という見方がある。移住形態が労働者であろうと結婚であろうとも、結局はホスト社会が女性に割り当て、女性たちが忌避した再生産労働を引き受けることになっているというものである（Parrenńs 2001；伊藤・足立編　2008）。この議論は「移民の女性化」を生み出した要因と現状を的確に捉えている。しかし、外国人であり、女性であり、しかもホスト社会の家族の一員として生きる結婚移住女性に焦点を合わせると、現状分析にとどまらず、非対称的関係をいかに変革するかを探求することがより重要になった。「親密性の労働」を「再生産労働」という経済用語で表現してしまうことに対して、落合（2012）は「『生産』という言葉のニュアンスが、産業主義やものの生産への従属を連想させ、人間の生を手段に切り縮めるような印象は否めない」(同上：6)、と研究者の立ち位置を問う。2000 年代に入って目立つようになった当事者の主体的行為能力に着目したエイジェンシー・アプローチ（Wang 2007；Williams 2010）もこの流れをくむものである。主体的行為能力の多寡は個人のもつ文化資本に規定され、さらに結婚移住者の場合には配偶者の社会階層にも大きく規定される。しかしそうした初期状況を時間的経緯の中で組み替えに成功している結婚移住女性たちを見出すことは難しいことではない（武田　2011；李　2012）。

　結婚移住女性の主体的行為能力を生み出す源泉は何か。人はなぜ住み慣れた環境から離れリスクを冒してまで移動するのか。定住を前提とする結婚移住者の場合には、初動の移動要因よりも、困難な状況に直面してもそこに留まろうとする心性が何に基づいているかがより重要な論点になる。ハージ

8　韓国政府は 2015 年 4 月より、結婚移民（F-6）ビザの発給条件に韓国語試験初級 1 級取得（生活に必要な基礎的言語使用が可能となる約 800 の語彙を習得したレベル）と結婚移民ビザ申請者に所得条件（2 人世帯で年間所得 1479 万ウォン以上）を課した。法務部関係者はその目的として、コミュニケーションすら取れない男女が交際期間ももたずに結婚する国際結婚文化を正常化し、韓国人との結婚を国内入国目的に悪用する事件の予防にもなると説明している。これにより結婚移民ビザの発行は 20〜30％ 減少するとの見通しも明らかにした。2013 年度の結婚移民ビザの発給数は 1 万 4137 件であった（2014 年 2 月 5 日付、the hankyoreh）。http://japan.hani.co.kr/arti/politics/16635.html　2015 年 10 月 25 日アクセス。

(2007) は存在論的移動性という概念を用いて次のように述べる。人は「うまくいっている」と感じる限りそこに留まる。「どこにも行き場がない」、あるいは「ゆっくりとしか進まない」と感じる時に物理的移動を試みる。つまり、人は物理的に移動する前に、存在論的に他の物理的空間の方によりよい可能性があると感じられる場合に移動する。ハージが考察の対象としたのはベネズエラで働く単身のレバノン人男性である。単身者にとって、「ここには未来がない」と思えば再移動することはそれほど難しいことではない。

　だがこの移動性はライフステージにより大きく制約を受ける。とりわけ子育て中は、たとえ「ゆっくりとしか進まない」と感じても、移動には慎重にならざるを得ない。「どこで生きるのも大変だから」。これはよく聞く結婚移住女性のつぶやきである。移動に制約を受けるがゆえに、結婚移住者は存在論的に自らを納得させるために生活現場にこだわりを見せる。場合によってはそれが社会変革の原動力になることもある。東日本大震災の被災地では、少なくない結婚移住女性が地域社会の一員として支援活動に携わっていた（武田　2013）。

第4節　韓国と台湾に暮らす日本人結婚移住者

　業者仲介による国際結婚の先鞭をつけたのは80年代半ばの日本の農村であったが、その後の展開は台湾と韓国の方がはるかに大きく、かつ一挙に立法化も進んだ。在台・在韓日本人女性は支援施策のターゲットグループではないが、外国籍配偶者として法的に管理される対象であることに変わりはない。

1.　多文化家族支援をめぐる立法化

　台湾は2000年に四大族群（外省人・閩南人・客家人・オーストロネシア語族系先住民族）を前提にした多文化主義の推進を宣言し（横田　2013：316）、2005年には「外籍配偶照顧輔導基金」(外国籍配偶者ケアサポート基金)を設け、結婚移住者の適応支援プログラムを開始した。同プログラムには、外国籍配偶者の入国前の支援、居住自治体での生活適応支援、育児支援、就労支援など幅広いメニューが含まれている（大成権　2013：218-219）。台湾

で結婚移住者が永久居留証（永住権）を取得できるようになったのは2000年のことである。永久居留証が創設される以前は、夫と離別したり、夫が亡くなると、結婚移住者は在留する根拠を失う可能性さえあった。また外国人を雇用する事業主は当局から雇用許可を取得しなければならないため、結婚移住者が就労することも難しかった。

　韓国では2006年に多文化社会への移行が宣言され、2007年には在韓外国人処遇基本法が、そして2008年には多文化家族支援法が施行された。同法に基づき全国に配置された200カ所を超える多文化家族支援センターで結婚移住者の社会統合プログラムが実施されている[9]。韓国で結婚移住者が永住権[10]を獲得できるようになったのは2002年である。永住資格を取得することによって就労許可も不要になった。2005年には永住資格者に対する地方参政権が付与され、2010年には国籍法が改正され韓国内で外国籍を行使しないことなどの条件はあるものの重国籍が容認されることになった。複数国籍の容認を決断した背景には、韓国政府の必要とする人材が国外へ流出することに対する危機感があった（金　2013: 376）。

2．日本人女性の結婚経路

　表1.1および表1.2から韓国と台湾で暮らす日本人結婚移住者の大まかな特徴を確認することができる。韓国では、韓国人男性と結婚した日本人女性の63.4％が「宗教」を介した結婚であり、「恋愛」は22.4％である。「宗教」の内容はデータからはたどれないものの、1988年以降に増加した統一教会内の結婚が大半を占め、その数は約7,000人と言われている[11]（櫻井・中西

9　400時間の韓国語教育と50時間の韓国の文化社会の学習で構成されている。韓国語は1〜4まであり、各段階毎に100時間の学習が求められる。韓国語1から受講した場合は、全課程を終了するのに約2年半を要する。同プログラム履修者は帰化申請の筆記試験が免除される。2012年までは結婚移住者は韓国語の3と4の履修を省略することができたが、2013年からは全ての課程を修了することが義務づけられた。各段階を修了する毎に入管で試験を受ける。合格点に達しないと、次の課程に進むことができない（2013年9月、江原道の多文化家族支援センターでの聞き取り）。

10　「結婚移民ビザ」を取得後、2年経過すると永住権の申請が可能になる。社会統合プログラムが導入された結果申請者が増加し、待機期間が長期化している（国貞2015: 16）。

11　2015年8月26日付で日本の文化庁は、統一教会の宗教法人としての名称を「世界基督教統一神霊協会」から「世界平和統一家庭連合」に変更することを認証した。しかし本章では混乱を避けるため統一教会と表記する。

2010)。台湾では同種のデータを入手することができなかったため、「台湾調査2015」から回答者の結婚経路と出会った場所を表1.2にまとめた。台湾で暮らす日本人女性の主な結婚経路は、「仕事」(22.2％)、「留学」(38.9％)、「知人紹介」(25.6％)であり、出会った場所は、台湾、日本、第三国がほぼ均衡している。「仕事」と「留学」を合わせた数字を「恋愛」を経た結婚とみなすとその割合は61.1％になる。

表1.1 〈韓国〉結婚移民者の国籍別結婚経路（単位：％）

	妻韓国人・夫外国人						夫韓国人・妻外国人					
	業者仲介	親族紹介	知人紹介	宗教	恋愛	その他	業者仲介	親族紹介	知人紹介	宗教	恋愛	その他
中国	3.2	27.8	31.1	0.3	37.2	0.0	13.8	18.3	37.5	0.8	29.5	0.1
中国朝鮮族	3.6	26.9	32.6	2.3	34.6	0.0	6.6	26.8	37.3	1.1	28.1	0.0
日本	2.1	12.5	25.2	14.3	46.0	0.0	1.0	3.8	9.2	63.4	22.4	0.1
ベトナム	6.7	7.7	21.4	7.0	57.2	0.0	65.8	12.2	18.1	0.8	3.0	0.1
フィリピン	10.1	0.0	27.6	9.4	52.9	0.0	29.6	14.3	20.5	23.1	12.6	0.0
タイ	0.0	0.0	28.0	17.6	54.4	0.0	7.3	14.4	29.9	20.7	27.7	0.0
ウズベキスタン	0.0	10.8	28.2	0.0	61.0	0.0	40.0	10.2	29.2	2.6	180.0	0.0
全体	2.3	17.8	30.9	4.7	44.1	0.1	27.3	17.3	28.3	6.3	20.7	0.1

出所：「韓日両国における多文化政策及び多文化社会の比較」（国貞 2015：13）の表2-1をもとに筆者作成。

表1.2 〈台湾〉日本人移住女性の結婚経路（単位：人数）

年代	結婚経路						出会った場所			
	仕事	留学	旅行	紹介	その他	合計	台湾	日本	第三国	合計
30代	2	9	0	6	4	18	8	4	8	20
40代	10	17	4	8	3	42	21	14	16	54
50代	6	9	1	6	3	25	3	11	6	20
60代以上	2	0	0	3	0	5	3	0	1	4
合計	20	35	5	23	7	90	35	29	31	95
	22.2%	38.9%	5.6%	25.6%	7.8%	100.0%	36.8%	30.5%	32.6%	100.0%

出所：「台湾調査2015」より筆者作成。

　日本の植民地政策の下で韓国人および台湾人と日本人との結婚が推進された経緯があり、戦後、移住先に留まった日本人女性たちがいる。その女性たちの組織として韓国には1964年に発足した「芙蓉会」があり、台湾には1975年に発足した「なでしこ会」がある。[12] 韓国ではニューカマーと「芙蓉

12　「なでしこ会」が発足する数年前から日本人女性たちは「大根の会」を結成して交流していた。「なでしこ会」を結成した7名は1950年代から60年代に来台した女性たち

会」とのつながりが確認できないのに対して、台湾ではニューカマーの多くが「なでしこ会」に参加し、上の世代との親睦を深めていた。台湾では古い世代と新しい世代の間に断絶がみられない。

　この違いを生み出している要因として2点あげたい。ひとつはエスニシティの多様性の違いである。韓国社会は民族的同質性が極めて高いのに対して、台湾社会は「南島語族と漢民族という民族区分のほかに、漢民族系住民の中にも、閩南人と客家人、そして本省人と外省人」もいるというように「多民族・多族群社会」(何　2014: 20) である点が大きく異なる。もうひとつは対日感情の違いである。丸川 (2010) は次のように説明する。「韓国の場合には、戦後の『開発独裁』をかつての親日派官僚が担った側面が強く、これが今日にいたるまでの反日感情の出拠となっている」。一方、「台湾の場合、いわゆる反日言説は中華民国の公的イデオロギーとしてしか流通」せず、90年代に入り国民党の権威が衰退すると、「台湾の植民地近代に対する肯定的評価」が浮上する状況が生まれた（同上: 178-179）。受入社会のエスニシティの多様性と対日感情の違いは、編入モードを構成する大きな要素であり、在台、在韓日本人結婚移住者の日本人性の表出に影響を与えていると考えられる。

3.　韓国

　2015年9月、在韓日本人女性のボリューム層である統一教会系の女性12名（江原道4名・ソウル8名）のインタビューを行うことができた。女性たちの来韓時期は1986年から1998年で、年齢は40代から50代前半である。学歴は、修士2名、大卒3名、短大卒2名、専門学校卒1名、高校卒4名であった。日本から韓国へある程度まとまった人数の結婚移住が始まるのは1988年からである。当事者も88年組、92年組、95年組という言い方をする。97年以降は結婚移住者の数が減少したこともあり集団的なまとまりはない。統一教会では「聖別期間」を経て家庭生活を始めた後の生活支援は行っていない。多文化家族支援が始まるのは2008年以降であるため、女性たちはいずれも自力で韓国語を学び生活基盤を築いてきたことになる。

　であり、戒厳令下にも日本から台湾への結婚移住の流れが途切れていなかったことが分かる。

1996年から2005年まで地方で暮らしたのち、離婚して一旦日本に帰国し、2010年に再婚して再び韓国で暮らし始めた女性は、結婚移住者をめぐる韓国社会の変化を次のように語った。

「田舎とソウルの違いもあるのでしょうが、状況が一変していて驚きました。多文化家族支援センターがあり、韓国語も教えてもらえる。家に指導員の人が来てくれたり、娘（再来韓時中学1年）の韓国語もみてもらえました。最初の時とは雲泥の差です」。

多文化家族支援法の施行によって結婚移住者の状況が大きく改善した様子が分かる。また統一教会の統制が日本と韓国ではかなり異なっていることも女性たちが主体的行為能力を取り戻すうえで大きくプラスに働いている。

「日本と韓国では、統一教会に対する社会的評価も異なります。…それと日本と韓国では教会の「あり方」がかなり違います。日本では世間から批判されている高額エンドレス献金を目的として非常にノルマのきつい、拘束された環境にありますが、韓国の教会はそういった経済ノルマはなく、比較的自由な雰囲気があります」。

配偶者の資質はその時々の教会の方針によって振幅が大きい。女性たちによれば、95年組に問題が多発したという。理由は、一般的に結婚が難しいと思われるような韓国人男性を大量に入信させたためである。東南アジアからの結婚移住女性が急増するのはこの直後からである。江原道でインタビューした4人の韓国人配偶者は結婚のために統一教会に入会したと言い、信仰活動には参加していない。

2000年代に入ると統一教会系の女性たちによるネット空間を活用した情報共有や自助活動の取り組みが始まった。ネット空間は女性たちが限られた条件の中から作り出したスペースである。女性たちは「自由に移動できない」がゆえに、自らの生活拠点で生きる意味を模索し、新規に来韓する女性たちの初期適応を手助けするため教団への働きかけも続けてきた。[13]

13　3泊4日のオリエンテーションプログラムが33日間に拡充されたのは2005年頃か

4. 台湾

　1997年、「なでしこ会」の役員会で外国人の永住権を規定する「出入國及管理法（出入国および移民法）」草案が話題になった。当時、台湾では「外国人には永住権がなく、夫と離別すると依親居留証では台湾に住めなくなるということを知り、全員が愕然とした」（大成権2013: 226）。この問題をきっかけに女性たちは1999年に「居留問題を考える会」を立ち上げた。発足時に50名ほどであった会員は現在400名を超える。主な活動は、日本人結婚移住者のための居留環境の改善を目的とした「政府機関への陳情、問い合わせ、協力のほか、会員への情報提供、国際結婚した日本人が参加する各会の連絡リストやニューズレターの発行、座談会や講演会の開催など」（同上：226）である。専門知識も求められるこうした活動は、在台日本人女性の文化資本の高さに支えられている。「台湾調査2015」で学歴をみると63.9％が大卒以上であり、配偶者も70.1％が大卒以上であった。加えて夫婦間の主な生活言語は、「中国語」（35.5％）、「日本語」（37.1％）、「中国語と日本語」（17.6％）である。主な結婚経路が仕事（22％）と留学（39％）であるため「日本語」の割合が高い[14]。

　また在台日本人女性を特徴づける活動として、子どもたちへの日本語継承の取り組みをあげることができる。この運動を通じて女性たちは、日本人会との関係を大きく転換させた。日本人会は世界各地に置かれているが、一般に日本人会と結婚移住者との関係は密接とは言えず、そこに近代日本の国家形成と国際結婚との関係を垣間見ることができる。ソウルでは日本人会も日本人学校も結婚移住者およびその子どもは受け入れていない。

　　らである。午前中は韓国語、午後は韓国文化、習慣、歌や料理、韓国の歴史などを学ぶ。教会の幹部は韓国人であり「韓国に適応するためのプログラム」である点が強調される。女性たちはその枠組みを利用しながら韓国人の義父母との葛藤の対処方法などを組み入れている。
14　在台日本人女性の結婚経路で留学の割合が高い理由は、韓国に比べて台湾の方が海外留学の規制緩和が早かったためであろう。台湾では70年代後半に海外留学生数が急増し始め、1975年の2301人から1980年には5933人に、1988年には7000人を超えた（呉2012）。他方、韓国で自費留学試験が廃止されたのは1994年である。

5. 日本語継承

　海外で外国人として暮らす親が自らの言語や文化を子どもに継承させたいと願うことは自然な欲求であろう。母国の親族との交流には共通の言語が不可欠である。在台日本人女性たちは、2001年に台北日本語授業校（当初の名称は「台北日本語補習班」）を立ち上げ、文部科学省の援助対象校の指定を目指して活動実績を積み上げてきた。この指定を受けるには「邦人全体の総意」という条件を満たさなければならない。当初は日本人会の対応は「冷淡」というより「無関心」だった。状況が変化したのは2003年11月に台湾日本人会会報『さんご』で日本語補習班の活動が紹介されてからである。2007年には日本語授業校が台湾日本人会日台交流部会の活動の一環に位置づけられた。2012年には「保護者全員が台湾日本人会会員となる」ことを授業校の規約に明示することで、「邦人全体の総意」という条件を満たし、2013年、文部科学省から援助対象校の認定を受けた。日本語授業校との協力関係を築くことは、日本人会側にも会員減少を補うメリットがある。

　台北日本語授業校校内誌『21世紀』(2015年10月発行、編集：及川朋子）に掲載された創設15周年特集の中から1期生3名のコメントを紹介したい。授業校が子どもたちにとって、日系アイデンティティを育む貴重な場となっていることが読み取れる。

- 日本語授業校15周年と聞いて、改めて時間がこんなにも早く過ぎたのだと実感しています。授業校卒業から6年が経ち、私は目下台湾大学経済学部の4年生です。今年9月から東京大学で1年間の交換留学生として、初めての一人暮らしを日本で始めます。とても期待しているのと同時に不安を感じています。このたびの交換留学行きも授業校のお陰です。普段から日本語の勉強を積み重ねてきて、大学でも日本語や日本と関わりがある授業をとりました。例えば、日本語世代の黄金茂名誉教授の日本語の経済学の論文や記事を読んで翻訳する講義を受けたりしました。この様に日本語を続けられることはとても幸せなことです（T.D. 2007年小学部卒業生）。

- 「もう15年！」時の流れの早さに驚きました。まだ幼い自分が初めて教室に入った日がまるで昨日のように感じます。自分は今、台湾の大学

で農学を学んでいます。普段日本語にはあまり触れていないものの、夏休みはいつも日本に帰ります。日本ならではの文化をじっくりと堪能するために、日本語は不可欠です。日本語授業校で学んだことが自分の視野を広げてくれたおかげで、人生の楽しみが"2倍"に増えた感じがします。学んでいる途中は辛いと思っていましたが、毎週土曜日というわずかな時間で日本語を学び、それによって日本だけ知るのではなく、自分を知るきっかけにもなったと思っています（N.O. 2007年小学部卒業生）。

- 今、現地の大学の日本語学科に在学中で、9月から4年生です。徴兵は卒業後に行くということで申請しているので、終了後に就職活動を行う予定です。将来は日本語を生かせる職業に就きたいと思っています。台北日本語授業校は唯一自分の気持ちをわかってくれる場所でした。大事な友人とそのお母さん方に助けられました。授業校がなかったら、今の自分はありえなかったかもしれません。毎年の発表会は、永遠に忘れることはないよい思い出となっています。授業校のおかげで、「話す」だけでなく、「読む」「書く」ことにも不便を感じません。せっかくいただいたこの能力を生かせる職業に就き、1期からの努力が無駄にならないように精進していきたいです。今、授業校に通っているみなさんも、途中でつらくなってもあきらめないで、卒業まで頑張ってほしいです。必ずや「がんばってよかった」と思えるときがやってきます（K.S. 2007年小学部卒業生）。

台北日本語授業校の立ち上げに関わった女性たちの子どもはすでに成人している。草創期の女性たちの思いが、今後も上手く次世代に受け継がれていくかどうかは分からない。台北日本語授業校の保護者として、講師として、そして日本語教育の専門家として、台湾に住む日系国際児のバイリンガリズムについて研究する服部（2015）は、母親たちの熱い思いとは裏腹に「完全な自主運営であるためその基盤は非常に脆弱であり、常に崩壊の危機に直面している」(同上：9) と冷静に分析している。

韓国では、日本人女性による子どもへの日本語継承を目的とした組織的活動は確認できていない。これは統一教会が2005年頃まで日本語による子育てを抑制する方針をとっていたことが一因である。とくに88年組や92年組

に対しては日本語教育を禁じていた。そうした状況下でも、「常識的に考えたら子どもが日本語ができなければ支障が大きいと思ったので、胎教、幼児教育の時から日本語教育を行ってきた」という女性もいる。しかしその割合は台湾に比べると少ない。子どもへの日本語教育を抑制する規制は2005年頃から弱まり、韓流ブームと多文化家族支援施策の影響を受けて大きく変化した。最近ではバイリンガル教育が推奨されている。

6．日本人結婚移住者の多様性

台湾でも韓国でも日本人は多文化家族支援のターゲットグループとはみなされていないが、女性たちの社会階層は多様である。台湾で暮らす日本人結婚移住者は台湾と日本の学期のずれを利用して子どもたちを日本の学校に体験入学をさせている。小学生から高校生までの子ども185人のうち、体験入学経験者は127名（68.6％）であった。

体験入学を実現するには、受け入れてくれる学校との交渉、子どもたちが滞在できる日本の拠点の確保、渡航・滞在費用や短期間とはいえ体験入学に必要な教材をそろえるなど経済的負担は少なくない。表1.3は世帯収入の回答があった186名について、中央値（500万円）を基準に集計した結果である。世帯収入と体験入学の間には相関関係があり（p=.077）、17.6ポイントの開きがあった。国籍を基準にミドルクラスとみなされることにより、階層性が見えにくくなることを示唆する結果である。

表1.3 世帯収入と体験入学経験のクロス表（N=186）

世帯収入	ある	ない
500万円以下	56人（60.2％）	37人（39.8％）
500万円以上	72人（77.4％）	21人（22.6％）

p=.077　　出所：「台湾調査2015」より筆者作成。

韓国でインタビューした12名の社会階層も多様であった。専門職についている女性もいれば、結婚以来、夫が定職についておらず世帯収入が生活保護水準を下回っている女性もいた。

第5節　2人のライフストーリー

　本節ではホスト社会の編入モードと社会変動に翻弄されながらも2人の女性がどのように自らの人生を切り開いてきたのかを考察する。2人は80年代の民主化前後に韓国と台湾に留学し、現地で知り合った男性と結婚した。子育ての目途がつき、日本語を文化資本として新たな役割を模索している点も共通している。

1. Tさん：1965年生まれ、50歳、韓国・江原道居住

　5歳の時に亡くなった父の記憶はほとんどない。2つ歳上の姉は父の記憶があるがゆえに母の再婚相手（義父）に強く反発し続けた。家族内の緊張関係や義弟が生まれた後の存在論的不安感が統一教会に入会する遠因となった。活動内容に疑問を感じなかったわけではない。ハージのいう「どこにも行き場がない」状況から抜け出すために見出したのが韓国への留学だった。

　1988年、民主化の熱気が残るソウルに留学した。異文化の中で暮らす不安は初めて味わう開放感の前に吹き飛んだ。日本に戻ることなど考えられなかった。韓国に残るためにTが選び取ったのは統一教会の仲介による韓国人との結婚だった。1993年にソウルで結婚し、1997年に夫の実家がある江原道の地方都市に移った。韓国語に不自由のないTは義父母との同居にも特に困難を感じることなく平穏な生活を送っていた。その生活がIMF危機のあおりで根底から揺らいだ。夫の事業が破綻したのである。余力を残しての撤退だったが、生活が立ち行かなくなり、Tは子どもを連れて日本に帰ることも考えた。その時に手を差し伸べてくれたのは統一教会ではなくYWCA[15]のスタッフだった。Tに結婚移住者の訪問指導と日本語教師の仕事を世話してくれた。この出来事を機にTは統一教会を退会した。

　Tは長女と長男が国立大学に合格したことにより、周囲の評価が大きく変わったと感じている。子どもの教育はTの役割だった。体験入学などを

15　YWCA=Young Women's Christian Association はキリスト教を基盤に、世界中の女性が言語や文化の壁を越えて力を合わせ、女性の社会参画を進め、人権や健康や環境が守られる平和な世界を目指している国際NGOである。日本YWCAホームページより要約（アクセス：2015年9月18日）。http://www.ywca.or.jp/aboutus/mission.html。

通じて日本語の力をつけさせていた長女は大学で日本語を専攻している。T は数年前に居住地にある大学の日本語講師の職を得たが契約は 1 年更新である。教員を続けるには学士では不十分だと感じ修士号を取得し、2016 年春、博士課程に進学した。

地域には約 30 名の日本人女性が暮らしているが、全員が統一教会経由の来韓者である。T は教会を退会した後も日本人女性の生活相談や韓国語サポートを続けている。

2. R さん：1961 年生まれ、54 歳、台湾・台北市居住

R は宮古島出身で漁師をしていた父と台湾人母の三女として生まれた。両親は子どもに台湾国籍を取得させるため事実婚を選択した。R が小学 6 年の時に一家は沖縄に移住し日本国籍を取得した。沖縄の本土復帰のタイミングを逃すと日本に戻ることが難しくなるとの父の判断だった。息子たちの兵役義務との関係から悩んだ末の決断でもあった。

1981 年、R は琉球華僑総会の推薦を受けて台湾大学に留学し、卒業時には日本観光センターの最終面接に残った。しかしこの就職は結婚を約束していた台湾人男性の父親に反対され辞退した。当時の台湾社会における日本人観光客とは売春観光を意味していたためである。[16]

R の嫁ぎ先は老舗の生地問屋で義父が社長を務め、息子 3 人と娘も社員という家族経営であった。1 階が店舗、2 階に義父母、3 階に長男、4 階に次男、末っ子の R の家族には最上階の 5 階が割り当てられた。5 階まで内階段で上がる構造のため、来客は各階で挨拶をしなければならない。この煩わしさのために訪ねてくる友人がいなくなった。3 人の嫁には義父から毎月小遣いが渡され、3 週間ごとに食事当番が回ってくる。1 回に作る料理は 19 人分。この他に 1 日と 15 日には拝拝（祖先祭祀）の準備もある。当番の週は一日が食事作りと片付けで終わった。会社勤務と主婦業の両立は物理的に困難だった。

8 年に及ぶ共同生活に R の心身が限界に達しようとしていた時にチャンス

---

16 この時期の台湾社会の状況については、黄春明『さよなら・再見』(1979) に詳しい。同書は初めて日本で翻訳された台湾小説である。1977 年に台湾を訪れた外国人 93 万人の 6 割にあたる 56 万人が日本人であり、そのほとんどが男性であった。

が巡ってきた。台湾海峡の「ミサイル危機」である。Ｒは暗に子どもを連れて沖縄に避難するそぶりを見せる。それに息子がついていくことを危惧した義父は、Ｒ家族に空き家になっていたマンションへの転居を命じた。未使用物件が政府に接収されるとの風聞もＲに味方した。

別居に成功するとＲはすぐに小学３年の長女を水泳教室に連れて行った。自分だけでなく娘にも友だちが少ないことが気がかりだったのだ。ここを起点にＲは日本人結婚移住女性のネットワークにつながり、「居留問題を考える会」の設立にも加わった。Ｒは移民を管理する警察署担当者の態度が個人で出向く時と「居留問題を考える会」として交渉する時とでは全く異なることに気づいた。集団でなければできないことがある。この経験がＲの活動の源泉になっている。

子どもたちには体験入学などを通じて日本語を学ばせてきた。大学を卒業した長女は日系企業に就職し、台北日本語授業校０期生[17]だった長男は大学時代から日本語通訳の仕事を始めた。Ｒはいま、社区大学（コミュニティカレッジ）の日本語講師の仕事を中心にしつつ社会活動にも取り組んでいる。

ＴはＩＭＦ通貨危機による夫の失業を契機に経済的自立を志向するようになり、Ｒはミサイル危機を逆手に取って共同生活に終止符を打った。２人のケースを考察するには、編入モードに加えて、時間的経過の中で変容する当事者と家族、そして社会変動との相互関係に注目するライフコース研究の視点を援用することが有益であろう。２つのアプローチを組み合わせることで、受け入れの文脈に規定されながらも、女性たちが主体的行為者としてどのように人生を切り開いてきたかがより鮮明に浮かび上がってくる。また子育てを終えた２人が、個人的利害よりも社会的役割に新たな関心を寄せている様子は、存在論的移動の観点から興味深い。

3. 重国籍をめぐる共通課題

東アジアの国籍法は、父系血統主義から父母両系血統主義に変わり、国際結婚者の子どもは一定の年齢に達するまで重国籍が認められている。「台湾

---

17 2001年の授業校発足前に試験的に始めた日本語教室に通っていた子どもたちを「０期生」という。

調査2015」の結果から日系国際児249人の国籍をみると、日本のみ10名、台湾のみ2名、3カ国以上の重国籍者10名、日本と台湾の重国籍者227名（90.1％）であることがわかった。

「台湾調査2015」の自由記述欄には、日本社会に向けた2つのルーツをもつ子どもの存在承認を求める声が多数寄せられた。3人の異なる世代の意見を紹介したい。

- 国際結婚者の子どもというと、「2ヵ国語が話せるバイリンガルになるからいいわね」と言われます。けれども実際は努力をしなければバイリンガルへの道は厳しく、とくに暮らしている国の言語が強くなっていくので、日本語のフォローアップをしていくのがなかなか難しいのです。それでも日本語の教育はしています。子どものルーツでもあるからです。どちらの国のことも自分たちで経験し学んでいくことで自分のアイデンティティを理解していってくれたらよいと思っています。子どもにとって、どちらの国籍ももっていることがあたり前で、どちらかを選択しなければならないのは、何か違うように思います。どちらもあってこその本人なのです。どちらかを選択してしまえば、一方の国では外国人になってしまいます。紛れもなく彼らのルーツである国で、そのような身分となるのは否定的に思われます。表面的なバイリンガルへの憧れという理解ではなく、国際児の現状を少しでも多くの方に理解していただけたらと願っています（30代・女性・桃園）。
- 本格的な少子化をむかえ、グローバル路線は避けられないものになってきています。そのような中で日本を離れた"日本人"が日本へ戻りにくい国であっては国益を大きく損ねます。国の内外を問わず、彼らが日本の教育を受けやすくすることは日本の国際的地位の向上に大きく貢献するでしょう。おそらく、このような理念のもとで設立されている日本人学校だけでは片手落ちです。人の動きを活性化してこそグローバル化が進みます。いつでも戻れるからこそ、いつでも出られるのです。もちろん世代を超えてもです（40代・男性・台南）。
- 語学においても、文化においても、生まれた国と日本について深く理解している人材がいるのに、日本政府は、なぜ、それを活用しないのか

不思議です。留学生にも、帰国子女にもあてはまらない日系国際人を積極的に日本に迎え入れて、これからの日本経済の発展と世界平和のために活躍する場を与えるべきだと思います（50代・女性・台南）

　こうした思いは2015年9月の韓国調査でも日本人女性たちから異口同音に語られた。重国籍を求める思いは、居住国にかかわらず日本人結婚移住者に共通している。韓国は2010年に国籍法を改正し重国籍を承認した。台湾では2009年に公費留学生に課していた学位取得後の帰国義務規定を廃止した（呉　2012）。政策変更が企図しているのは、世界各国に自国につながりをもつ人材を配置しておく将来的な可能性に対する期待感である。上記の結婚移住者のメッセージには、重国籍の承認を懇請するニュアンスが含まれているが、当事者の子どもたちにとっての意味合いは異なる。第2世代は自らのルーツとして日本に関心を寄せてはいるものの、日本国籍を維持するかどうかについては合理的な判断をすることになるだろう。日本に国籍を維持するほどの価値がないと考える可能性もあるということだ。つまり選ばれるかどうかが問われているのは日本社会の側である。
　近藤（2003）はヨーロッパ国籍条約（1997年）をもとに、「日本のように、国際結婚により生まれた子どもが大人になって国籍選択をする義務」を負うのは時代遅れであると指摘する（同上：135）。各国で展開されている人材獲得競争の現状を踏まえれば、日本も重国籍について検討すべき段階にきているのではないだろうか。

第6節　まとめ

　本章では、在台・在韓日本人結婚移住女性の日本人性の表出の違いに着目して考察を行なってきたが、ポストコロニアルな社会状況と結婚経路が異同を生み出す大きな要因になっていることが分かった。日本人性を比較的自由に表出できる台湾では「居留問題を考える会」や日本語継承活動を通じて日本人会との互恵関係を築き、他方、反日感情が相対的に強い韓国では多文化家族支援法の枠組みの中で個人として活動する形態がとられていた。同時にそうした違いがあるにもかかわらず、子育てを終えた女性たちは共通して、

子どもたちにどのようにより豊かな選択肢を残せるかに照準を合わせていた。また比較的安定した社会階層にいる女性たちは、自らの内に閉じこもることなく、その余力を自助活動に向けている。

　恋愛結婚と宗教組織による仲介結婚という異なる結婚経路を経たにも関わらず女性たちが同じ課題を共有しているのは、「国際結婚をした日本人女性は、結婚相手の国へ行くべきだとの旧態依然とした考え」（坂中　2005: 115）がいまだに日本社会に残っていることからくる存在論的不安感が基底にあるためではないだろうか。この不安感は日本国内で暮らす定住外国人の思いを共有する手掛かりにもなる。子どもの未来を一国内に限定して構想することは現実的ではなくなっている。越境経験を持つ海外で暮らす日本人と日本で暮らす定住外国人とがつながることでより自由に未来を構想することができるようになるのではないだろうか。そのつなぎ手は第2世代の子どもたちになる。

　またRのケースからは、かつて沖縄と台湾が生活圏として一体化していた時代があったこと、戦前との連続性が浮かび上がった。結婚移住者が形成しつつあるトランスナショナルな親族ネットワークは、東アジアを生活圏として捉え直す上で現実的な意味を持ち始めている。「台湾調査2015」の結果からは、台湾で暮らす日系国際児の68.6％が日本の小中学校に体験入学し、また母親たちが運営する日本語授業校で日本語を学び、台湾人であり日本人でもあるという複合的アイデンティティを育んでいることが確認できた。韓国は台湾と比べると今のところ制約が多いものの、今後、この状況が変わることは十分にありうる。日系国際児のもつ可能性は、世界各国で育つ日系国際児の存在へも敷衍できるだろう（武田2016）。

　マクロの政治的経済的変動が生み出した結婚移住現象の中で、相矛盾する現実の中で格闘し、周囲の人びとと交渉し、それぞれの家族史を編んでいる結婚移住女性の生活実践はどのような意味を持ち、どのように社会変容と絡み合っていくのか。その潜在的可能性について、さらに実証的考察を進めていきたい。

［文献］

李善姫，2012，「グローバル化時代の仲介型結婚移民——東北農村の結婚移民女性たちにおけるトランスナショナル・アイデンティティ」李善姫・中村文子・菱山宏輔編『移動の時代を生きる——人・権力・コミュニティ』東信堂．

伊藤るり・足立眞理子編，2008『国際移動と〈連鎖するジェンダー〉——再生産領域のグローバル化』作品社．

遠藤聡，2009，「〈ベトナム〉新国籍法の施行へ——在外ベトナム人の『二重国籍』」『外国の立法』国立国会図書館．

落合恵美子，2012，「親密性の労働とアジア女性の構築」落合恵美子・赤枝香奈子編『アジア女性と親密性の労働』京都大学学術出版会．

呉書雅，2012，「戦後の台湾留学生派遣政策の変容」『広島大学高等教育研究開発センター大学論集』第43集（2011年度）．

何義麟，2014，『台湾現代史——2.28事件をめぐる歴史の再記憶』平凡社．

上坂冬子，1984，『慶州ナザレ園——忘れられた日本人妻たち』中公文庫．

嘉本伊都子，2001，『国際結婚の誕生』新曜社．

カースルズ．S・ミラー．M．J．，1993＝1996，『国際移民の時代』名古屋大学出版会．

ガッサン・ハージ，2007，「存在論的移動のエスノグラフィ」伊豫谷登士翁編『移動から場所を問う——現代移民研究の課題』有信堂．

金惠京，2013「韓国の国籍法における多文化家族の法的課題——日本との比較の視点から」『アジア太平洋討究』No.20（2013年2月）．

国貞富，2015，「韓日両国における多文化政策及び多文化社会の比較」（韓国・関東大学修士論文）．

近藤敦，2003，『外国人の人権と市民権』明石書店．

櫻井義秀・中西尋子，2010，『統一教会——日本宣教の戦略と韓日祝福』北海道大学出版会．

坂中英徳，2005，『入管戦記——「在日」差別，「日系人」問題，外国人犯罪と，日本の近未来』講談社．

島田法子編，2009，『写真花嫁・戦争花嫁のたどった道』明石書店．

鈴木和子，2006，「移民適応の中範囲理論の構築に向けて——在日・在米コリアンの比較研究」広田康生・町村敬志・田嶋淳子・渡戸一郎編『先端都市社会学の地平』ハーベスト社．

大成権真弓，2013，「台湾における結婚移住女性とその家族に対する政策」尹靖水・近藤理恵編『グローバル時代における結婚移住女性とその家族の国際比較研究』学術出版会．

武田里子，2011，『ムラの国際結婚再考——結婚移住女性と農村の社会変容』めこん．

―――，2013，「震災以後の『農村花嫁』」『現代思想』（2013年9月号），青土社．

―――，2016，「グローバル人材の議論と日系国際児——2015年台湾調査から」『アジア太平洋研究センター年報』第13号．

服部美貴，2015，『台湾に生まれ育つ台日国際児のバイリンガリズム』臺大出版中心．

黄春明，1979,『さよなら・再見──アジアの現代文学 台湾』分遊社.
横田祥子，2013,「台湾における多文化主義の変容─婚姻移民の増加と変容する『血』のメタファー」吉原和男編『現代における人の国際移動── アジアの中の日本』慶応義塾大学出版会.
丸川哲史、2010『台湾ナショナリズム──東アジア近代のアポリア』講談社選書メチエ.
Parreñas, Rhacel S., 2001, *Servant of Globalization: Women, Migration and Domestic Work,* Stanford: Stanford University Press.
Yang, Wen-Shan and Lu, Melody Chia-Wen, 2010, *Asian Cross-border Marriage Migration: Demographic Pattern and Social Issues,* Amsterdam Univ. Press.
Wang, Hong-zen, 2007, "Hidden Spaces of Resistance of the Subordinated: Case Studies from Vietnamese Female Migrant Partners in Taiwan," *IMR* vol., 41 (3), pp.706-727.
Williams, Lucy, 2010, *Global Marriage: Cross-Border Marriage Migration in Global Context,* Palgrave Macmillan.

第2章　離婚経験をもつ移住女性の起業
　　　　——東京在住の韓国人女性を事例として

林　徳仁

第1節　はじめに

　1980年以降、日本に在住する外国籍女性と日本人男性の婚姻件数が急増する一方で、外国籍女性と日本人男性の離婚件数も増え続けている。こうした日本で離婚した女性の中には、労働・子供の教育など様々な条件を考えた上で、日本に滞在し続けることを選ぶ移住女性がいる。さらには、会社で働きながら自ら会社を起業する女性がいる。離婚を経験した移住女性は、どのようにして日本で会社を起業する決断をするのだろうか。本章が明らかにするのは、離婚を経験した移住女性の起業による経済的自立の獲得のあり方である。

　「離婚は一番辛い経験。けど第二の人生を歩むためのターニングポイントになった。離婚経験は、私が日本社会に出て挑戦する意味を与えたのです」、ヨンザ（43）さんのこの言葉は、「離婚」と「起業」をキーワードとする本章執筆の動機となった。移住女性の起業に関する聞き取り調査を行っている際に、「離婚」という共通の経験が背景にあることが分かってきた。一般的に女性の「離婚」や「移住」の経験は、貧困に陥りやすく社会的に不利な状況に置かれる要因になるものだと認識される。当然、離婚を経験した女性たちが困難な状況を経験するケースも多数ある。しかし一方で、起業により経済的自立を獲得する事例も見られる。

　そこで本章では、東京在住の韓国人女性への聞き取り調査をもとに、離婚後の生活での韓国および日本のコミュニティへの参加動機、経済活動の必要性、日本在留の動機を考察する。具体的には、日本で起業に至った動機とその方法、起業の業種について尋ねる。従来の類似した研究は、田舎の結婚移住女性と移住女性の家族・地域社会の関係性に焦点を当ててきた。しかし、

外国人女性はより多様な経験を持っている。本章では、都市において社会的な自立性を獲得した韓国人女性が移住から定住・起業に至るという新たな現象を扱うことで、従来想定されてきた移住とは異なるパターンを示すことを目的とする。結論を先取りして言うと、母国ではない日本での離婚経験は、移住女性の自発的な社会参加を促し、出身国のルーツを活用したエスニック・ビジネスと韓国とのつながりを利用したビジネスの分野において、新たな会社を立ち上げる機会を作る結果をもたらしている。

第2節　移住女性と国際結婚と離婚の統計

近年の日本では「国際結婚」の件数が急増しており、婚姻数全体に占める国際結婚の比率上昇が顕著に見られる。表1から夫妻の国籍別にみた婚姻件数を確認すると、日本における国際結婚件数は、1970年代に5千件であったが、1980年代後半から急増しはじめ、1990年は2万件、そして2005年には4万件を超えた。婚姻件数全体に占める国際結婚の比率は、1970年代には1％を下回っていたが、1990年には3％を上回り、2005年には全体の5.8％が国際結婚となった（表2.1）。

表2.1　夫妻の国籍別にみた婚姻件数

国籍		1970	1990	2000	2005	2009
総数		1,029,405	722,138	798,138	714,265	707,734
夫妻とも日本		1,023,859	696,512	761,875	672,784	673,341
夫妻の一方が外国		5,546 (0.5%)	25,626 (3.5%)	36,263 (4.5%)	41,481 (5.8%)	34,393 (4.9%)
	夫日本・妻外国 (妻の国籍：韓国・朝鮮)	2,108 (1,536)	20,026 (8,940)	28,326 (6,214)	33,116 (6,066)	26,747 (4,113)
	妻日本・夫外国 (夫の国籍：韓国・朝鮮)	3,438 (1,386)	5,600 (2,721)	7,937 (2,509)	8,365 (2,087)	7,646 (1,879)

出典：人口動態統計（厚生労働省）、各年度

一方、表2.2の夫妻の国籍別にみた離婚件数をみると、夫妻の一方が外国の場合の離婚件数は、1995年以降、増加し続けている。国際結婚の増加に伴い、それに比例して国際結婚夫婦の離婚が増加していることがわかる。さらに、1995年の統計では、日本における離婚件数の中で国際結婚の夫婦の

離婚件数が全体の4％を占めているが、2009年には全体の7.7％へと変化している。こうした統計から見えてきたことは、約15年の間で日本における国際結婚と国際離婚の比重が高まっているということである。

表2.2　夫妻の国籍別にみた離婚件数

国籍		1995	2000	2003	2006	2009
総数		199,016	264,246	283,854	257,475	253,353
夫妻とも日本		191,024	251,879	268,598	240,373	233,949
夫妻の一方が外国		7,992	12,367	15,256	17,102	19,404
	夫日本・妻外国 （妻の国籍：韓国・朝鮮）	6,153 (2,582)	9,607 (2,555)	12,103 (2,653)	13,713 (2,718)	15,570 (2,681)
	妻日本・夫外国 （夫の国籍：韓国・朝鮮）	1,839 (939)	2,760 (1,113)	3,153 (1,098)	3,389 (927)	3,834 (982)

出典：人口動態統計（厚生労働省）、各年度

特に、国勢調査のオーダーメイド集計を利用した外国人女性の結婚に関する分析によると（図2.1）、「国籍、性別による配偶関係」の中で韓国・朝鮮の女性の離婚率は、1980年の時点から2010年までの間に、3.8％から9.2％と、約2.5倍に増加している。さらに、韓国・朝鮮の女性の離婚率は、日本・中国・フィリピンの国籍の女性の離婚率と比較しても高いことがわかる。

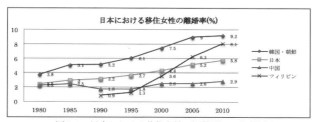

図2.1　日本における移住女性の国籍別にみた離婚率
出典：髙谷ほか（2013, 2014ab, 2015）をもとに筆者が作成

第3節　先行研究

⑴結婚移住女性が抱える地域社会・家族の課題

　1970年以降、男性の移住労働者へ合流する形態をとっていた女性移民（Piper　2004）は、1980年代には、家事労働者・看護士・介護士といったケアワーカーや結婚移住者として登場し、女性の移住化という現象が見られる

ようになった（Chin 1998）。日本も例外ではない。国際結婚に関する日本の文脈では、日本社会・日本人夫からみた移住女性の問題や共に多文化共生社会を築く上での可能性を探る研究が中心となる。例えば、国際結婚した夫婦は、文化的差異によるすれ違いを乗り越えるため、夫婦間で価値観を共有することの重要性（伊藤 1996: 5）を認識した上で、日本社会の男性優位的社会意識・制度変更が必要性であるとされる（伊藤 2008: 23）。また、江淵（2001: 119-120）は、外国人を「他者」ではなく、「仲間」や「隣人」と見なす認識が共有されつつあることを指摘している。さらに、嘉本は、移住女性を取り巻く社会的文脈を「震災」と「離婚」という観点から読み解き、「つながり」や「おもてなし」などの重要性を強調した上で、「この日々のささやかな積み重ねこそ、地震や離婚という非常時への備えであり、リアルなセーフティ・ネットの構築に〈つながる〉」（2004: 28）と述べる。これに対し、本研究は結婚移住女性の主体性に注目するものである。類似した観点を持つものとして、東北の農村における結婚移住女性を対象に女性の主体性に関する研究を進めた武田（2011）は、移住女性に対する固定観念を見直すことの重要性を認識しているが、本研究は都市部の女性を対象としているという点において特徴的である。

(2)エスニック・ビジネスと移住女性の就労

次に、移住女性の就労に関する研究を見ていく。佐伯は、移住女性の労働と生活の関係を明らかにした。その中で、労働時間や賃金、職場での差別やハラスメントといった「労働者としての権利の制約」、移住前の階層的位置と移住後の階層的位置とを比べると下方移動をしているという「矛盾した階層移動」、女性がトランスナショナルな家族を維持しているという「家族分離の苦痛」、日本人との社会的交流の実態を軸にした「居場所のなさ」の4つを分析視角としている（佐伯 2015: 18）。

本研究で対象とするのはとりわけ移住女性らによる起業であり、とくにエスニック・ビジネスに従事している女性が大半を占めている。エスニック・ビジネスの研究では、移住労働者が成功する要因が検討されているものが多く、エスニック・ビジネスを分析する要素とその関係を樋口は、「人的資本・社会関係資本・機会構造——これら三つは相互に独立した要素というわ

けではなく、それぞれ関連し合ってエスニック・ビジネス形成を促進する。(中略) つまり、三つの変数がプラスに働いた集団は、起業家移民としての地位を築くことができると考えられる」(2012: 25) と述べている。

　このうち移住女性に関連する具体例として、移住女性が起業に至る要因と背景を分析した研究には、以下の２つが挙げられる。まず、武田は、結婚移住女性がエスニシティに関連する起業に至る要因として、「日本語の壁」と「夫との年齢差が大きい彼女たちが将来的に主な働き手となることが期待されているからである」ことと、「彼女たちの起業は、家族共同体の一員として夫たちが全面的にバックアップし、また、母国の兄弟たちも支援も取り付ける中で実現している」こと (2011: 210) を挙げている。また、柳は、「国際結婚した韓国人ニューカマー女性の起業における資源動員方法として」、「①日本人夫側の家族の動員、②地域活動への積極的な参加に伴う資源動員、③結婚仲介業者を通じた資源動員」(2013: 175) を指摘している。

　しかし、これらの研究が提起する結婚状態の継続を前提とするサポートは、離婚した移住女性には得られない場合があるだろう。つまり、「結婚」を中心としていないタイプの移民を把握することの必要性があるとも言える。

第４節　調査の概要

　本章の研究対象は、東京在住で会社を起業した離婚経験のあるニューカマー[1]の韓国移住女性である。また、これまでの結婚移住女性の研究であまり取り上げられてこなかった、離婚経験者の生活と起業に至る過程に着目している。聞き取り調査の期間は、2014年3月から2015年12月まである。インタビューは、約1時間から3時間の対面式の半構造化形式を採用し、深層インタビューの形式で、1回から3回ほど実施した。対象者を集めるため、韓国人教会を訪ねることやインターネット上のコミュニティに連絡する

1　1980年代以前の日本における外国人は、主に「在日」と総称される韓国・朝鮮人とその子孫が多数を占めており、オールドカマーと分類されるのに対し、その他のアジア諸国からの移民が1980年代以降、増加し、ニューカマーと呼ばれるようになった。「ニューカマー」は日本で生まれ育った在日韓国人朝鮮人とは違い、新たに日本語や日本文化を学びながら、住居や仕事など定住する過程で困難に直面している。

Part I　家族・女性

といった方法を取り、その後、インタビュー対象者に知り合いからの紹介をたどっていくスノーボール・サンプリングの手法を採用した。離婚という個人的な経験を共有することには、過去の辛い経験を話したくないという理由で拒否感を持つ人がいたため、複数回の面会を重ねることで信頼関係を築いた。具体的には、事前に準備したアンケート用紙に年齢、最終学歴、職業、年収、婚姻関係、子どもの数、日本語のレベル、永住権の有無などの項目を記入してもらい、その後、「離婚」と「起業」を中心に聞き取り調査を実施した。

　本章で紹介する起業した移住女性は、経歴のタイプによって次の2つに分類することが出来る（表2.3）。第一に、離婚後母国で経験した自身のキャリアを再び活用して起業した女性、第二に、離婚後、主に生活維持のために働き始めキャリアのステップアップを経験した上で起業に至った女性である。

表2.3　調査対象者

| | No | 対象者(仮名) | 年齢 | 滞在期間 | 滞在資格 | 学歴 | | 婚姻関係(子ども有無) | 就業内容 | |
						来日前	来日後		来日前	来日後
1	1	ヘジン	42	20年	配偶者	高校卒	専門学校卒	韓国人夫と来日後離婚→日本人と結婚→離婚→日本人と再婚（韓国人夫と子供2）	会社で部品管理の事務就労	エステアルバイト→就労→経営
	2	ラヒ	59	16年	永住権	高校卒	専門学校卒	韓国人夫と韓国で離婚→来日後日本人夫と再婚→離婚（韓国人夫と子供1）	アパレル会社で就労	食堂アルバイト→アパレル会社で契約社員→アパレル店経営
	3	ヨンザ	43	19年	永住権	専門学校卒	専門学校卒	来日後日本人の夫と結婚→離婚（子供1人）	免税店で就労→イベント会社で小物造り担当	食堂アルバイト→インテリア会社就労→イベント会社経営
	4	ムンジ	56	28年	永住権	高校卒	無	来日後日本人との夫と結婚→離婚（子供2）	母の食堂でアルバイト	コンビニアルバイト→韓国食堂の厨房で就労→韓国食堂経営
2	5	ジヒ	55	31年	帰化	専門学校卒	大学卒	来日後日本人の夫と再婚→離婚（子供2）	化粧品販売→会社社長秘書	アルバイト→医療関係の会社で就労→医療関係会社経営→エステサロン経営
	6	オクザ	64	36年	帰化	高校卒	無	来日後日本人の夫と結婚→離婚（子供2）	自動車部品工場で就労→家政婦として就労	韓国食堂の厨房で就労→韓国食堂経営
	7	ドクザ	53	30年	帰化	高校卒	専門学校卒	来日後、日本人の夫と結婚→離婚（子供1）	部品工場で単純労働者として就労	工場でボタン直し就労→韓国食堂で就労→貿易会社の経営

50

第5節　移住女性3人の事例

　本節では、移住女性が来日・結婚・離婚・起業といった決断に至った個人的動機や個人的事情、社会的背景を深く理解するために、調査対象のうち3人の女性事例を紹介する。

　1人目のムンジさんは、父親を幼い時に事故で亡くした。韓国の高校を卒業した後、母が1人で経営する料理店で働くようになる。朝から晩まで働き続ける日々が何年も続き、結婚適齢期を迎えた。韓国人とのお見合いをしていたが、韓国に出張で来た日本人を紹介され、3ヶ月後に日本で結婚することになった。10年間の結婚生活を送る中で、子どもが2人生まれた。「配偶者ビザ」を取得後、在留資格更新等の問題を解決するために永住権を申請し許可された。夫は勤める会社で役員になったのだが、その会社から独立し起業したものの、事業は失敗した。次第にギャンブルに依存し精神的に自暴自棄になる夫の隣で生活しながら、彼女は離婚を決意した。離婚後は、夫から子どもの養育費や慰謝料を受け取ることができなかった。生活のために、コンビニのアルバイトやホテルの清掃のアルバイトに明け暮れる日々を過ごしていた。韓国へ帰国しなかった理由は、母からの助言であった。韓国に帰国しても、母の店は赤字続きで、居場所はないと心配されたという。東京で韓国料理店を経営する友達の紹介で調理の仕事を始めるようになる。韓国にいるときに、長年母の店を手伝いながら母から韓国料理を習っていた彼女は、その実力を認められ厨房の中心メンバーとなる。6年間、2つの韓国料理店で働きながら彼女の料理を目当てにくる常連さんも増えていった。新たな夢として自分の店を持ち、日本で落ち着いた生活を送りたいと決心した彼女は、韓国にいる親族に助けを求めた。兄弟と親戚から資金を借りた彼女は、韓流ブームの波にも乗り、自分の店を開くことができた。離婚前は、家事と育児中心の生活で日本語教室に通うことが唯一の交流の機会で経済活動には従事していなかった。離婚後は、今までは夫に任せていた区役所での手続きやアルバイト求人の応募・仕事を通じて、韓国人コミュニティへの参加や経済活動を行う機会を得て自分の居場所を得たという実感を抱くようになっている。老後も日本に住み続ける気持ちを持っており、なおかつ日本には生活基盤があり子供も住んでいるため、日本への定住意志が強くなった。

2人目のジヒさんは、韓国の専門学校で日本語を勉強し、卒業後、化粧品販売員として働いていた。その後、日本で日本語学校に通った後で、都内の大学へ進学した。将来の起業を夢見て、食堂の掃除、通訳・翻訳の仕事を続け、大学卒業後には、医療関係の会社へ就職した。会社の上司の紹介で知り合った建築会社の経営者の日本人男性と結婚。しばらく会社を一緒に経営していたが、経営状況の悪化・夫の浮気に嫌気がさし、離婚を決意した。日本で育った2人の子どもは韓国社会で生活した経験がなく韓国語も話せなかったため、ジヒさんは日本滞在を決めた。結婚前に働いていた医療機器の会社から再就職の機会を得た彼女は、日本の医療機器が韓国の病院関係者たちの間で需要があると知り、個別に医療機器関連の会社を訪問し事前調査を行う。最初は日本で医療機器を購入し、韓国へ販売する方法をとっていたが、ビジネスを拡大したことで、起業が可能となった。元夫とは子どもたちを通じて交流をしていたので、彼に事業内容を相談したところ、彼の名義で銀行から資金を借りることが出来た。そして、医療関係の協会で知り合った貿易会社の2人の社長から出資を受けた。8年前には、日本での帰化を申請し、日本国籍を取得した。子どもたちと一緒に日本で永住することが理由の1つである。経営者としても日本国籍を取得した方が有利な状況であることも影響している。現在は、医療機器販売の会社を売却し、エステサロンの経営を行っている。

3人目のドクザさんは、韓国で高校卒業後、工場で電気製品を組み立てる仕事をしていた。体が不自由な親の生活費と親の学費を稼ぐため3年間働き、日本へ海外転職する機会を手に入れた。知り合いの韓国人に紹介された日本人男性と出会い、結婚を決め、会社を退社した。子どもは身体が弱く病気がちであったが、日本人夫は、育児放棄のような状態で、子どもの入院や薬の費用を支払うことはなかった。離婚後は、午前中は工場で働き、午後は韓国料理店で働いた。偶然、道端で配っていた韓国人教会のチラシをみて教会に通うことになった。最初の目的は、他国で頼れる場所が欲しいことや韓国語で話せる友達が欲しいことからだった。彼女には、それがとても嬉しかった。皆が家族のような小さな教会で、彼女のように離婚を経験した女性も2人おり、彼女の生活の辛さや寂しさを理解してくれて、彼女たちも教会のイベントやボランティア活動に積極的に取り組んでいた。東京にある幾つ

かの韓国人教会の老人たちへのボランティアをする中、韓国から食品を注文・輸入するアルバイトを始めた。韓国にいる親に会えることもあり、日本と韓国を行き来することで満足していた。教会の人たちは彼女が韓国に出張に行く時に娘の面倒を見るなど彼女のことを応援してくれた。そして、日本にある韓国教会で出会った韓国人から資本金を借り、韓国から輸入した商品を、日本で販売するビジネスを本格的に開始した。また、教会を通じて出会った韓国人と一緒に、韓国の野菜を作り、韓国スーパーに販売するビジネスを始めた。今住んでいる家の部屋を外国人留学生に貸し出す事業も同時に行っている。

第6節　調査結果の分析

(1)離婚
①離婚の理由と在留の動機
　前節の3人の語りは、離婚を経験した移住女性の来日から起業に至るライフコースを理解することに役立つ。以下では、他の調査対象者へのインタビューを含め、調査結果をいくつかの観点から分析する。
　国際結婚した夫婦が離婚を選ぶ理由として、どのようなものがあるのだろうか。劉は、「国際結婚によって韓国文化から日本文化へと適応・変容していく過程」(2006: 69)を分析し、「家庭内が良好なケース、家庭内が多少困難なケース、どちらともいえないその他のケース」(劉 2006: 78)に類型化し、特に「家庭内が多少困難なケース」では、「夫や夫の両親は韓国にそれほど関心がなく、妻は近所の日本人との付き合いをしていない」(劉 2006: 78)ことを指摘している。
　本調査の3人の場合、離婚の最も大きな理由は、夫の経済的困窮が挙げられる。夫が事業に失敗したことが、妻に対する家庭内暴力や夫の浪費につながり、自暴自棄な生活を送る要因になり、離婚の動機になった。もう一つの離婚の理由は、育児放棄（ネグレクト）だと言える。ドクザさんの事例では、夫は子どもの通院等の負担とそれに関わる経済的負担を受け入れなかったという。
　それでは、移住女性は、なぜ離婚後に外国である日本での滞在を選択した

のだろうか。滞在の主要な動機として挙げられたのは、子どもの教育機会の維持である。日本で生まれ育った子どもは、韓国社会での生活経験が乏しく、韓国語の能力も低いことが、日本の教育を受けさせたいという動機につながっている。次は、経済的動機である。韓国に帰国するよりも、日本でエスニック・ビジネスに従事すること、つまり韓国料理店でアルバイトとして働く方が容易であることも影響している。日本で長年滞在した移住女性にとって、韓国に帰国した場合の韓国社会への再適応は困難である。韓国社会においては「離婚女性」に対し否定的なイメージが持たれる場合が多く、ムンジさんの親が言うように、居場所を見つけるのは難しいというのが現実であろう。

②移住女性の離婚後の変化

　移住女性は、離婚後に生活面での変化を経験している。離婚前の生活では、育児と家事に専念することを期待する日本人の夫からのプレッシャーによって、移住女性が就労する機会が奪われていたという側面がある。日本人の夫の存在は、日本社会と移住女性の接点を作り出すことを困難にしていた。それに対し、離婚経験は、移住女性に経済活動を強いる。さらに、孤独な状況を乗り越えるため、移住女性は、日本在住の韓国人コミュニティへの参加を再開するようになる。これにより、就労機会を獲得し、地域社会への社会参加というエンパワーメントの機会を創出することに成功したのである。

　起業の結果としては、「①経済的に自立した女性として、地域住民との関係性を形成し拡大していった。②個人では実現不可能であった地域社会とのネットワークの形成を実現した。③地域社会の行事へ積極的に参加し、地域社会との関わりがより緊密となった。④日本人や日本社会に対し、肯定的な見方をするようになった」(南　2010: 53) ことなどが挙げられる。本研究の調査対象者の7人のケースにおいても、こうした結果が見られている。

(2)起業
①起業に至った動機
　柳は、韓国人ニューカマー起業家女性の起業要因を「生計維持のため」、

「来日前の技術的資源を生かして」、「来日後に得た多様な資源を生かして」、「日本への移住を主体的な機会選択としてとらえて」に分けて分析している (2013: 156)。この分析を踏まえた上で、起業に至った動機を説明する。

　離婚を経験した女性は生計維持のためにも、子どもの養育のためにも働く必要性があるが、それより7人の対象者に共通していた理由としては、「海外で自分がどこまで出来るか、挑戦してみたかった」ということである。特に、ラヒさんは、いつも頼っていた日本人の旦那さんとの離婚後、すぐに外国にいる感覚を体験するようになり、何もかも自分でしないと他国では生きて行けないプレッシャーと責任感を持ったと答えた。女性たちは結婚の間、夫というフェンスに囲まれ外の日本社会と関わる機会が特になかったと言う。来日前も来日後も結婚する前まで就労の経験があった彼女たちは、働くということに対する抵抗がなかった。ただ、最初から起業を目的に始めた労働ではなく、離婚後の生活を落ち着かせるための労働であった。「経済活動をし始めた頃が日本語能力・日本文化や出会う人々への再適応を行う時間となった」とヨンザさんが答えたように、離婚後に日本社会で働くことは、新たな挑戦であっただろう。

　これらの女性たちは、起業する際に母国でのキャリアを再び活用するか、来日後及び離婚後に新しい就業経験を得てキャリアをステップアップし起業に至るかに分類することができる。

　ムンジさんは、日々の生活費を稼ぐために、離婚後アルバイトとして韓国料理店で働くことを選択する。彼女の場合、韓国で母の料理店を長年手伝ってきた経験から、料理の能力を発揮し得る仕事を選択した。また、来日前にアパレル会社での就労経験を持っていたラヒさんが、離婚してから最初に面接を受けたのはアパレル業界だったが、日本語能力と日本での仕事経験が不十分なため、不採用が続いた。料理店でのアルバイトを続けながらアパレル会社のみ17カ所に履歴書を提出した。その結果、あるアパレル会社から採用の連絡がきた。ヨンザさんも似たケースである。韓国で通った専門学校で学んだ小物作りの技術を活用し、イベント会社に就職した。オブジェ作りは日本での結婚後は趣味でしかなかったが、離婚後に就職したインテリア会社では、インテリア用の置物を作るために必要な能力となった。

　一方、ドクザさんは、来日する前は自動車部品工場で単純労働者として働

き、日本に来日した後も工場で働いていた。離婚後、韓国食堂でアルバイトをしていたが、主に活動のメインの場所となった教会で知り合った人を通じて、韓国の物産を日本に輸入するアルバイトや、韓国の野菜を日本で育てる農場に出会った。アルバイトや農場の手伝いをすることが、自身の可能性を試すきっかけとなった。現在は、新しくチャレンジした貿易と農業の仕事を上手く両立させている。ジヒさんは、日本の大学を卒業後、就職先で医療機器販売の営業職として働いた。結婚前に医療業界で働いた経験を持っていたことは、離婚後に同じ業界で翻訳のアルバイトをするきっかけとなり、再就職につながる重要な要因となった。あるいは、オクザさんのように、結婚前のキャリアと関係がないとしても、生計維持のため始めた食堂のアルバイトから、自分の店の経営や独立を再び夢見る動機となっていることもあった。

②起業の方法と業種

一般に、離婚を経験した移住女性たちが実際に起業を行うには、①元夫の慰謝料、②個人の貯蓄、③銀行からの借り入れ、④ビジネスパートナー・個人の投資、⑤エスニック・コミュニティなどの支援を得られることが必要である。今回の調査で聞き取りを行った7人のケースに見られる、起業を始めるための資本金を準備する方法には、このうち①元夫の慰謝料、⑤エスニック・コミュニティ（教会）の支援が見られ、その他には親族からの支援が見られたというのも特徴である。

兄弟と親戚から資金をもらって店を開くことができたムンジさんは、来日するまで事故で亡くなった父の代わりに母の店の手伝いをしながら兄弟の面倒をみていた。来日するときは10年間働いて貯金した全てを兄弟の学費として渡してきた。来日後も、元夫から生活費をもらって実家へ送金したこともある。彼女が資金を必要とした時に家族が快く同意したことには、このような背景があったのだろう。

エスニック・コミュニティの役割を通じて起業が可能となったのは、ドクザさんのケースである。離婚後に通い始めた教会に深く関わり、教会で行う多数のイベントを通じてネットワークを広げたことで、投資者とも出会うことができ、お客さんも教会を中心として集まり始めた。一方、元夫から支援を得たジヒさんは、離婚して他人になったものの、日本で最も頼っていた人

であると同時に子どもの父であるという理由から、夫の名前で銀行から資金を準備することをお願いした。

　エスニック・ビジネスとは、「民族的背景や移住経験を共有する女性たちが、エスニック資源を活用することによって、可視的・不可視的に展開する企業活動であり、かつエスニックな要素を商品やサービスの背景とする企業活動」（柳　2013: 154）を指す。韓国料理店を始めたムンジさんは、韓国教会に通う人から紹介された韓国料理店でアルバイトとして働き、事業を開始する資金を貯めた。アルバイトで培った韓国料理を作る技術を活用するためには、韓国料理店を開くことが自然な流れであったようである。日本の銀行では、外国人であること、社会的信用やビジネスの経験が乏しいこと等の理由から、資金の融資を得ることは難しかったので、韓国にいる兄弟と親戚に資金を借りて店を開くことになった。

　韓国とのつながりを利用したビジネスである、韓国食品輸入会社を立ち上げたのは、ドクサさんである。彼女は、元夫から慰謝料や事業開始のための投資を得られなかったが、韓国の教会に通うことで、ビジネスの支援を得ることができた。具体的には、会社の事務所を無償で提供してもらう協力業者の紹介を受けるなど、会社の起業に必要な資源を獲得することに成功した。韓流ブームの中で、アルバイトをしていたレストランの２店舗目を出すことになり、責任者を任された。その経験と日本国籍を取得していたことから、日本の銀行で資金を調達し、個人で会社を起業することができた。店の内装等は、韓国の教会の人脈を活用し、安く済ませることができた。

　医療機器販売の会社を立ち上げたジヒさんは日本と韓国の間で医療機器を販売する事業を立ち上げた。彼女は、元日本人夫の投資・慰謝料と日本在住の韓国人・日本人のビジネス関係者から資金の投資を受けることに成功した。これらのビジネスへの投資は、事業の拡大を支える要素である。また、ジヒさんは韓国の会社の支社を日本で設立するという依頼を受け、日本支社の責任者として事業に携わっていた。その経験を通じて知り合った韓国のビジネスコミュニティから資金を提供してもらったことも、起業を可能とした要因であった。

第7節　まとめ

　以上、本章では来日して日本人の配偶者との結婚後、離婚を経験し、子どもの教育と生計のために韓国に帰国せず、日本に在留することを決めた女性たちを対象に行ったインタビュー調査の分析を示した。調査対象者7人のうち、移住女性の3人の事例を紹介した上で、①「離婚の理由と在留の動機」、②「移住女性の離婚後の変化」、③「起業に至った動機」④「起業の方法と業種」について考察した。その結果、母国ではない日本での離婚経験は、移住女性の自発的な社会参加を促し、出身国のルーツを活用したエスニック・ビジネスや韓国とのつながりを利用したビジネスの分野に携わることができること、また結婚前のキャリアの再活用を通じて、新たな会社を立ち上げるという結果をもたらしたことを明らかにした。

　離婚が女性の貧困につながるケースも多数あるだろう。しかし、本章で紹介した移住女性は、日本で自立した生活を送ることを目標に起業に至ったケースである。彼女たちの事例は、結婚移住女性の地域社会への参加や家族との関係を明らかにしてきた従来の研究において見られてきた移住女性の姿とは異なるものである。起業するためには、母国にいる家族や日本のコミュニティからの支援、元夫や日本人からのサポートが必要であった。本章で明らかにした移住女性の起業のプロセスは、女性たちがいかにして「離婚」と「移住女性」といった現状を乗り越え、エスニック・ビジネスの分野で起業が可能であったのかを示している。

　今後は、日本に住む移住女性労働者としての側面を強調し、経済的自立をどのように獲得してきたのかを論じる必要があるだろう。東北地方を除いた地域、特に首都圏では、結婚移住女性に対する就労支援のための政策は限定的であるのが現状である。離婚経験のある移住女性は、日本社会から孤立する傾向が強いと考えられるが、同郷コミュニティとの関係を再構築し、エスニック・ビジネスに関連する会社を起業することもある主体的な存在でもあることを認識することが大切である。移住女性の就労支援の可能性を地方自治体・地域社会と協働してサポートしていけば、その可能性は広がっていくと考えられる。こうした外国人労働者の活用は、労働人口の減少が深刻な問題として認識される日本社会における一つの活路となるのではないだろうか。

［文献］

伊藤るり，1996,「もう一つの国際労働力移動――再生産労働の超国境的移転と日本の女性移住者――」駒井洋監修，伊豫谷登士翁・杉原達編『日本社会と移民』(講座外国人定住問題第1巻)，明石書店.

―――・足立眞理子，2008,「序文」伊藤るり・足立眞理子編著『国際移動と〈連鎖するジェンダー〉：再生産領域のグローバル化』作品社 , pp5-17.

江淵一公，2011,「多文化共生のまちづくりの変遷」『異文化間教育15』異文化教育学会，pp119-120.

落合恵美子・山根真理・宮坂靖子（編），2007,『アジアの家族とジェンダー』(Vol. 15). 勁草書房.

大曲由起子・髙谷幸・鍛治致・稲葉奈々子・樋口直人，2011,「家族・ジェンダーかあらみる在日外国人――2000年国勢調査データの分析から」岡山大学大学院社会文化科学研究科『多文化共生学研究』44: 11-25.

嘉本伊都子，2014,「結婚移住女性と多文化共生：震災と離婚という視点から」『現代社会研究科論集：京都女子大学大学院現代社会研究科博士後期課程研究紀要』8: 1-33.

佐伯芳子，2015,『移住女性と人権――社会学的視座から』尚学社.

髙谷幸・大曲由起子・樋口直人・鍛治致，2013,「2005年国勢調査からみる在日外国人女性の結婚と仕事・住居」岡山大学大学院社会文化科学研究科『文化共生学研究』12: 39-63.

髙谷幸・大曲由起子・樋口直人・鍛治致・稲葉奈々子，2014a,「1990年国勢調査からみる在日外国人女性の結婚と仕事・住居」岡山大学大学院社会文化科学研究科『文化共生学研究』13: 97-114.

髙谷幸・大曲由起子・樋口直人・鍛治致・稲葉奈々子，2014b,「家族・ジェンダーかあらみる在日外国人――1980・1985年国勢調査データの分析」岡山大学大学院社会文化科学研究科『文化共生学研究』38: 57-76.

髙谷幸・大曲由起子・樋口直人・鍛治致・稲葉奈々子，2015,「2010年国勢調査からみる在日外国人女性の結婚と仕事・住居」岡山大学大学院社会文化科学研究科『文化共生学研究』14: 89-107.

武田里子，2011,『ムラの国際結婚再考――結婚移住女性と農村の社会変容』めこん.

中嶋和夫監修，尹靖水・近藤理恵編著，2013,『グローバル時代における結婚移住女性とその家族の国際比較研究』学術出版会.

樋口直人，2012,「序章」樋口直人編著『日本のエスニック・ビジネス』世界思想社.

南紅玉，2010,「国際結婚女性の起業を通じた社会参加」『東北大学大学院教育学研究科研究年報』63: 53-70.

柳蓮淑，2013,『韓国人女性の国際移動とジェンダー――グローバル化時代を生き抜く戦略』明石書店.

劉榮純, 2006,「日本における国際結婚: 韓国人妻のアンケート調査・分析を通して」『プール学院大学研究紀要』4: 669-85.
Chin, Christine B.N., 1998, *In Service and Servitude: Foreign Female Domestic Workers and the Malaysian Modernity Project*. New York: Columbia University Press.
Oishi, N., 2005, *Women in motion: Globalization, state policies, and labor migration in Asia*. Stanford University Press.
Piper, Nicola, 2004, Rights of Foreign Workers and the Politics of Migration in South- East and East Asia. International Migration, 42(5), p.71-97.

第3章　就学前児童支援と移住女性へのエンパワーメント
――シドニーの日本人永住者によるプレイグループ活動の発展

塩原良和

第1節　プレイグループと移住者

　移民定住支援施策においては、就学前児童の移住先社会への適応を円滑にするために「早期介入（early intervention または early childhood intervention）」の重要性が強調されることがある。早期介入の目的には、子どもの心身の健全な成長や知性・社会性の発達などがある（Wise et al. 2005: 4）。ただし子どもたちの成長と移住先社会への円滑な編入のためには、親や保護者の子育てへの支援も欠かせない。すなわち移住者の子どもへの就学前支援は、家庭や親への支援と表裏一体とみなすことができる。そこで本章では、早期介入としての移住者の子どもへの就学前支援が親たちにとってもつ意味を検討する。そのためのひとつの題材として、オーストラリアのニューサウスウェールズ（NSW）州シドニーにおける日本人永住者の親たちによる、就学前児童向けの「プレイグループ（playgroup）」活動について考察する。そのうえで、移住者の子どもへの早期介入支援は親である移住女性へのエンパワーメントの方法としても活用しうることを示す。ただしそれと同時に、そうした支援には移住女性をオーストラリアにおける既存の社会秩序の枠内に位置付けようとする側面があることも明らかにされる。それゆえ本章での考察は、移住者の社会的編入を国民国家の政策として制度化する際に出現しがちなアンビバレンスを例示するものでもある。

　NSW州プレイグループ協会（Playgroup NSW）はプレイグループを、リラックスした友好的な雰囲気のなかで、ゼロ歳から学齢前の幼児や児童、両親、保護者たちが集う非公式な会合と定義している[1]。プレイグループは子

---

[1] Playgroup NSW ウェブサイト http://www.playgroupnsw.org.au/AboutUs/Whatisaplaygroup （2017年1月3日アクセス）。

どもには遊びを通じて友だちをつくり、社交的・感情的・心理的・知的スキルを育む機会を、親や保護者には子どもと楽しく遊びながら他の親や保護者と知り合い、考えや経験を共有して子育てに活かす機会を提供する。非営利で通常は週1回2時間ほど、教会やコミュニティセンターなどの場所を借りて行われることが多い。

　プレイグループは運営の主体によって、コミュニティ・プレイグループと早期介入プレイグループに大別される。前者は親や保護者がボランティアで組織するもので、とくに母親たちが組織し参加する場合が多い。ただし、父親や祖父母の世代の高齢者が参加するプレイグループ、LGBTのカップルとその子どものためのプレイグループなどもある。それに対して早期介入プレイグループは、行政から事業委託を受けた団体が有給のコーディネータやスタッフを雇用して実施する。NSW州内ではプレイグループ協会の他にも、多くの団体が行政からの事業委託を受けて早期介入プレイグループを運営している。本章では早期介入プレイグループだけではなくコミュニティ・プレイグループに対する支援、さらに行政ではないが公的な性格が強いプレイグループ協会による支援も、広義の早期介入施策として扱うことにする。

　NSW州プレイグループ協会は、1972年設立時から同州内のコミュニティ・プレイグループの設立・運営支援の中心的な役割を担ってきた（Playgroup NSW 2014: 4）。2013-14年度において、同協会に登録されたコミュニティ・プレイグループは約1,100であり、週に約15,000人の子どもたちがプレイグループに参加していた（Playgroup NSW 2014: 14）。NSWプレイグループ協会は全豪プレイグループ協会の傘下にあり、2013年には全豪で8,000以上のコミュニティ・プレイグループが毎週開催され、およそ20万人の親子や保護者が参加した（Cahir 2013: 2）。

　こうしたコミュニティ・プレイグループに参加する親子は、その州のプレイグループ協会に会員登録する。それによって親が自分たちでプレイグルー

2　Playgroup NSW ウェブサイト http://www.playgroupnsw.org.au/AboutUs/Whatisaplaygroup（2017年1月3日アクセス）、また2008年12月当時Playgroup NSW の理事であったA氏（本文参照）から提供された資料より。

3　同上。

4　Playgroup NSW ウェブサイト http://www.playgroupnsw.org.au/AboutUs/Whatisaplaygroup（2017年1月3日アクセス）。

プを組織した際も、遊びのアイデア集、遊具や工作キット、プレイグループ活動を発展させるための情報や訓練の機会などが無償ないし低額で提供される。また乳幼児関連のさまざまなサービスの割引特典が受けられ、プレイグループ活動についての保険が適用される。[5] NSW州プレイグループ協会はプレイグループに参加したい保護者のために、ウェブサイトを通じて、どこでどのようなコミュニティ・プレイグループが行われているか、情報提供を行っている。[6] なお同協会は早期介入プレイグループ事業も行っており、障がいをもつ子どもや自閉症の子どもがいるなど、何らかの事情でコミュニティ・プレイグループに参加しづらい家庭のためのプレイグループを連邦政府や州政府からの事業委託を受けて行っている。そのうち州政府ソーシャルサービス省（Department of Social Services）から委託された「サポート付き（supported）プレイグループ」事業は、CALD（Culturally and Linguistically Diverse）[7]の親子を主な対象としている（Playgroup NSW 2014: 16-17）。

第2節　日本人コミュニティ・プレイグループの発展

コミュニティ・プレイグループのなかにも、CALDの親が運営したり参加しているものが含まれる。しかし実際には、NSW州プレイグループ協会に登録されたCALDによるコミュニティ・プレイグループの数はそれほど多くはない。[8] その理由としては、非英語系（Non English Speaking Background: NESB）移民の場合、プレイグループ協会とやり取りして手続きを行うのが比較的困難であること、プレイグループという活動に文化的に馴染みがない可能性があること、[9] またオーストラリア社会で一定程度の人口規模がある

5　Playgroup NSW ウェブサイト http://www.playgroupnsw.org.au/Playgroups1/PlaygroupSupport および http://www.playgroupnsw.org.au/Membership/MembershipBenefits （2017年1月3日アクセス）。

6　Playgroup NSW ウェブサイト http://www.playgroupnsw.org.au/Explore/FindaPlaygroup （2017年1月3日アクセス）。

7　CALDは主に英語を話すオーストラリア生まれの移民第2世代以降や先住民族を含む概念であるのに対し、後述するNESBは外国生まれで英語を母語としない移民第1世代を指して用いられることが多い。

8　Playgroup NSW ウェブサイト http://www.playgroupnsw.org.au/Explore/FindaPlaygroup （2017年1月3日アクセス）。

9　A氏提供資料より。

移民集団の場合、同胞互助組織が類似の保護者・子どもどうしの交流の場を提供している可能性があることなどが考えられる。また経済社会的に不利な立場にある NESB 移民のなかには、コミュニティ・プレイグループに参加するだけの生活の余裕がない家庭も多いであろう。

　NSW 州には、全豪でもっとも多い日本人永住者が住んでいる。同州、とりわけシドニーにおいて日本人永住者の親によって運営されるコミュニティ・プレイグループは、NESB 移民ないし CALD 住民としては例外的にかなりの数が存在する。NSW 州プレイグループ協会に登録されているものだけでも 2015 年 2 月時点で 18 グループあり、CALD のプレイグループとしてはもっとも多かった[10]。こうしたシドニーにおける日本人コミュニティ・プレイグループ活動の広がりには、日本人永住者女性の A 氏が深く関わっている[11]。A 氏は 1994 年に留学生として来豪し、現在の夫と知り合って結婚した。そして妊娠・出産を機にシドニー西部近郊に転居した。それ以前から日本人永住者や駐在員家庭が集住していた北部近郊とは異なり、当時のシドニー西部近郊では日本人永住者間のネットワークはそれほど形成されていなかった。A 氏は家庭では夫と英語で会話しており、移住前に日本の大学などで教育学や言語学を学んでいたこともあり、子どもと日本語で遊べる環境の必要性を感じていた。しかし、当時はシドニー全体でも日本人が運営するプレイグループは少なかったという。

　1999 年のある日、地域の幼児保健センターから A 氏に連絡があり、子育てに困難を抱えていた近隣の日本人女性 2 名を紹介された。A 氏はその親子を自宅に招いて、茶話会を始めた。やがて幼児保健センターの会議室を借りて定期的に集まりを開くようになり、参加する日本人親子の数も増えていった。そこで自治体の集会所に開催場所を移し、NSW 州プレイグループ協会に登録した日本人プレイグループとして運営することになった。A 氏はプレイグループを運営するなかで、集会所の使用や設備の充実のための陳情を通じて当地の地方議員と顔見知りになったり、移民定住支援団体とのつながり

10　Playgroup Australia ウェブサイト http://www.playgroupaustralia.com.au/nsw/go/find-a-playgroup（2015 年 2 月 13 日アクセス）。

11　以下、2008 年 9 月から 2015 年 2 月にかけて複数回実施した A 氏へのインタビューの内容に基づく。

もつくっていった。

　2005年になると、CALDによるコミュニティ・プレイグループの拡充の必要性を認識していたNSW州プレイグループ協会はA氏を理事会のメンバーとして招いた。その後2009年まで、A氏は唯一のCALDのバックグラウンドをもつ理事として活動することになった。

　その頃になると、国際結婚移住女性などの日本人永住者とその子どもは北部近郊以外にも多く住むようになった。そうした地域でA氏は、何人かの日本人女性が独自のプレイグループを立ち上げるのに助力・助言した。A氏をはじめとする日本人女性たちのこのような活動が発展していくことで、西部近郊を含むシドニー郊外全域で日本人コミュニティ・プレイグループが増加していった。

第3節　早期介入プレイグループと日本人移民

　先述のように、コミュニティ・プレイグループは原則として親自身が運営するボランティアの会合である。それに対して行政からの業務委託によって運営される早期介入プレイグループは、就学前児童とその家族、とりわけ特別な事情を抱えていたり経済社会的に不利な立場に置かれた親子の問題を早期に把握し支援／介入する施策としての意味合いが強い。連邦政府が早期介入の方法としてのプレイグループに注目するようになったのは、1996年から2007年まで続いたハワード保守連合政権の時期であった。ハワード政権は2000年に、自立した家族を育成することによる「福祉依存」とされる状況の解消を目指した家族政策として「より強いファミリーとコミュニティーズ戦略（Stronger Families and Communities Strategy）」を策定したが、その方策として就学前児童への早期介入も重視された（藤田2008: 167-174）。2004年に策定された「就学前児童に関するナショナル・アジェンダ（National Agenda for Early Childhood）」の草案においても、就学前児童に対する学びやケアの提供の手法としてプレイグループが位置づけられた（Commonwealth of Australia 2004: 16）。そして2009年に策定された「全国就学前児童発達戦略（National Early Childhood Development Strategy）」においても、就学前児童支援の手法としてのプレイグループについての言及があった

(Commonwealth of Australia 2009: 23)。

　連邦政府のこうした政策と並行して、NSW 州政府は 1999 年に「家族第一（Families First）プログラム（のちに Families NSW と改称）」を開始した。これは州政府のいくつかの組織が協力して実施する早期介入事業であり、特別な事情を抱えていたり経済社会的に不利な立場に置かれた家族への、地域ぐるみの支援の促進を目指した（Hudson 2000: 79）。そしてプレイグループ（NSW 州政府の助成で実施されるものは「サポート付きプレイグループ」と呼ばれることが多い[12]）は、そうした家族への早期介入施策の手段として位置づけられた。こうした早期介入プレイグループは CALD 家庭、とりわけ先住民族家庭と NESB 移民家庭をその主要な支援対象としていた（塩原 2010: 76）。

　日本人永住者も NESB 移民ないし CALD 住民ではあるが、経済社会的に不利な階層に属する家族は比較的少ないとされる（濱野 2014: 134-144）。しかし、一般に国際結婚移住女性は分散して住む傾向があるため地域社会で孤立しがちであり、家庭内で問題が発生しても行政や支援事業実施団体に把握されにくい（石井・関根・塩原 2009: 142-158）。その意味で、早期介入プレイグループを通じたアウトリーチ支援のニーズは存在する。しかし実際には、早期介入プレイグループに通う日本人の母親の数は少ない。たとえば筆者は 2000 年代半ばに、シドニー南西部郊外の社会階層が比較的低い住民が集中する地区でサポート付きプレイグループのボランティアスタッフとして参与観察を行った（塩原 2010: 49-81）。もともとその地区周辺に日本人住民は少ないのだが、あるとき近隣の行政の事務所から、窓口にやってきた日本人の母親にプレイグループに行くように勧めておいたという連絡が入った。しかしその女性は結局、われわれのプレイグループに現れることはなかった。筆者の参加していたサポート付きプレイグループは多種多様な NESB 移民の親子が集まる多文化プレイグループであり、資格をもった専従の保育士や

12　行政からの委託を受けて実施されるプレイグループ全般を「サポート付きプレイグループ」と呼ぶ場合もある（塩原 2010）。しかし先述のように NSW 州プレイグループ協会は、NSW 州政府からの委託事業をサポート付きプレイグループと呼び、他の行政からの委託によるプレイグループ事業とともに「早期介入プレイグループ」の一種として位置づけている。そのため本章では混乱を避けるため、NSW 州政府の事業として行われるものを「サポート付きプレイグループ」、それを含めて行政からの委託事業として実施されるプレイグループ全般を「早期介入プレイグループ」と呼んで区別する。

家族支援ワーカーが運営していたが、プレイグループ内の共通語は英語であった。それゆえ、日本人の母親にとっては敷居が高く感じられたのかもしれない。のちに2010年3月、そのすぐ近くの地区にA氏の支援でコミュニティ・プレイグループを立ち上げた日本人女性たちを訪問した。近年ではインターネットを通じて日本人のコミュニティ・プレイグループの所在や連絡先を容易に発見できるようになったため、日本人以外が運営する早期介入プレイグループに日本人の親子があえて参加するケースは、さらに限定的になるかもしれない。

　2013年3月、西部近郊のある街で、Families NSW によって開始された Schools as Community Centres (SaCC) と呼ばれる事業の一環として実施されている、日本人永住者の親子を主な対象とした早期介入プレイグループを訪問した。[13] SaCC は学校の敷地内にコミュニティセンターを設置することで、地域住民と学校・行政サービスをつなげ、支援へのアクセスと社会参加を促進することを目指したものである。就学前児童が学校教育に円滑に移行できるように支援することもその目的のひとつであり、日本人の母子向けグループもそのために実施されている。SaCC のコーディネータは日本人ではなく日本語も解さないが、プレイグループは日本人国際結婚移住女性のファシリテータを中心に日本語で運営されていた。グループが行われている様子を見学し、参加している日本人の母親たちにも話を伺うことができたが、特に難しい事情を抱えている親だけが集まっているわけではなく、他の日本人コミュニティ・プレイグループと変わらない感覚で運営されていた。先述のA氏などを介して、このSaCCと日本語環境のプレイグループを実施することに意欲をもつ親が偶然つながったのが、このグループの設立のきっかけのようであった。とはいえ母親たちの多くは、子育てをしながら自身のキャリア形成を模索しており、このグループが提供する保護者間のつながりが、彼女たちの悩みや不安を緩和する一助になっているようであった。

　13　厳密にいうと、このグループは「日本人の母親のためのグループ」と呼ばれていたが、その内容はプレイグループとほぼ同じであった。

第4節　日本人プレイグループ活動の実際

　プレイグループが運営されている実際の様子を、ここで描写してみよう。プライバシーの保護のために、以下では筆者がA氏に紹介されて訪問した、シドニー西部近郊もしくは南西部郊外の複数の日本人コミュニティ・プレイグループで見聞した出来事を再構成して記述する。

　プレイグループは午前10時頃から、自治体の集会所や教会の集会室といった場所で行われる。それぞれのグループには代表や会計担当といった中心メンバーがおり、その多くは国際結婚日本人女性である。彼女たちはプレイグループ協会や行政とのやりとり、参加する親子の募集、毎回の活動内容の決定などを行う。日本人男性がプレイグループに参加することは多くない。プレイグループの参加費は原則として無料だが、茶菓代として年間数ドル程度の実費を徴収することもある。子どものアクティビティとして工作やお絵かきなどを実施する際には、教材費も実費徴収されることがある。子どもたちは集会所の備品の遊具を使えることもあるし、親たちがお金を出しあったり、プレイグループ協会からの支援で遊具を購入することもあれば、家で使わなくなったものを持ち寄って会場で保管していることもある。

　1回のプレイグループには、10家族から20家族程度が参加する。その多くは日本人国際結婚移住女性とその子どもだが、日本のルーツをもたない子どもが何らかの理由で参加していることもあるし、日本人の夫と結婚している日本人以外の女性が参加することもある。さまざまな出自の移住者が多く住むシドニー西部近郊や南西部郊外では、日本人の母親のパートナー、つまり子どもの父親は英語系白人オーストラリア人であるとは限らず、中南米など非英語系の白人やアジア系の移民男性であることも多い。筆者が見学したプレイグループに参加していた日本人女性の多くは専業主婦か、パートタイム労働をしながら育児をしていた。彼女たちはしばしば、オーストラリアのチャイルドケアの使用料が高額であることや、英語や必要なスキルの壁によって日本人女性が出産後にフルタイムの仕事をすることが難しいと語った。

　参加する親たちは思い思いの時間に、子どもを連れてやってくる。会場近隣に住んでいる親子が多いが、日本人プレイグループの情報を見つけて遠方

から参加する場合もある。自家用車でやってくる親子もいるが、公共交通機関の便が比較的良い立地のグループではバスなどが用いられる。子どもたちは友だちと一緒に遊んだり、お気に入りの遊具で独り遊びを始める。プレイグループの会場の施設にはフェンスで囲まれた庭が併設されており、子どもたちが安全に遊べるようになっている。本格的に言葉を話し始める前の子どもも多いが、言葉を発する場合は英語であることも、日本語であることもある。まだ自力では歩けない乳児を、ベビーカーに乗せて連れてくる親もいる。

　親たちはプレイグループのあいだ、子どもの遊びに付き添ったり、他の親たちと日本語でおしゃべりをしたりして過ごしている。世話役の母親たちが連絡事項を伝えたり、独りでいる母親に話しかけたりしている。彼女たちはオーストラリアでの生活や子育ての経験が比較的豊富であり、若い母親や比較的最近移住してきた母親から相談事をもちかけられることもしばしばある。相談内容は育児や家庭のことであったり、ビザをはじめとするさまざまな公的手続きのことだったりする。こうした様子からは、専門家である家族支援ワーカーや保育士のいないコミュニティ・プレイグループであっても、参加した母親の子育て支援やストレスの緩和に貢献していることが伺える。

　お昼頃になると、参加した母親が一品ずつもちよった料理がテーブルに並べられ、ランチを皆で食べる。海苔巻など、日本食がふるまわれることもある。ランチが終わると後片付けをし、解散となる。なお筆者が知り合ったプレイグループを運営している親たちは、子どもたちがのびのび遊べる環境と親たちの育児ストレス緩和を重視していた。しかし早期幼児教育や日本語教育に意識的に取り組み、より体系化されたカリキュラムを実施している日本人コミュニティ・プレイグループもあるという。

　こうした日本人コミュニティ・プレイグループの様子を、筆者が2004年から2005年にかけて参与観察を行った、シドニー南西部郊外の非英語系移民親子向けサポート付きプレイグループ（先述）と比較すると、後者では参加する親や運営スタッフの共通語が英語であり、持ち寄りのランチなどはほとんど行われなかったが、それ以外はほぼ同じような活動内容であった。もっとも異なるのは、後者は資格をもった保育士が作成したプログラムにもとづき、保育士や主催団体の専従スタッフ主導で運営されるのに対して、前

者ではコーディネートやファシリテートを日本人の親自身が行うことである。日本人永住者女性にとって、会場の手配やNSW州プレイグループ協会との折衝など、プレイグループを運営することはオーストラリアの社会制度に接触する貴重な経験となっている。

　日本人の母親たちの多くは、プレイグループに参加することで子どもの日本語能力が維持・向上されることを期待していた。シドニーの日本人永住者のあいだでは1990年代という比較的早い時期から、現地で生まれ育つ子どもへの日本語継承が課題として認識されていた。そして永住者の子ども向けの週末コミュニティ日本語教室が、州政府の支援のもとに設立・運営されるようになった（Shiobara 2004）。2000年代に入ると、国際結婚移住者の増大もあってこうした日本語教室への需要は増加し、筆者が把握する限り2016年時点で、シドニー大都市圏で9箇所がNSW州政府のコミュニティ言語教室として認定され、1,000人近くの小中学生が週末に日本語を学んでいる。

　それに対して日本にルーツをもつ就学前児童が日本語環境で社会生活を送る施設としては私立の日系の幼稚園が1箇所あるだけで、親たちの家庭での努力に委ねられている部分が依然として大きい。しかし国際結婚移住女性で夫が日本語を解さない場合、家庭内で主に使用されるのは英語であり、子どもに日本語を習得・維持させることは決して容易ではない。それゆえ日本語で運営されるプレイグループに通うことは、子どもが日本語に接するための貴重な機会として母親に認識されている。

　日本人プレイグループへの参加が子どもの日本語能力の維持・向上にほんとうに効果があるのかどうかは、本章で使用できる限られたデータからは評価できない。しかし保護者のボランティアによって運営される、ゼロ歳児を含む就学前児童が集うプレイグループで、本格的な言語教育を実施することは難しい。また実施される頻度や時間も週1回2時間程度であることから、子どもへの日本語継承にプレイグループが果たす役割はあくまで補足的なものであると推測される。ただし親が他の日本人と知り合いになり日本人永住者の社会的ネットワークにつながることで、コミュニティ日本語教室をはじめとした地域リソースに接触する機会が増えることは予想可能であり、それが長期的にみて子どもの日本語習得や日本人としてのアイデンティティ形成に影響することはありうる。

第3章　就学前児童支援と移住女性へのエンパワーメント

第5節　移住女性へのエンパワーメントとして

　むしろ本章での分析から明確に示されるのは、プレイグループへの参加は親である日本人永住者、特に国際結婚移住女性へのエンパワーメントの機会になっていることである。彼女たちにとって、プレイグループへの参加は地域社会における孤立の緩和や育児ストレスの解消に寄与するだけではなく、コミュニティ・プレイグループを組織して運営することそのものが貴重な社会参加の経験となる。A氏はNSW州プレイグループ協会の理事になってから、自分のプレイグループに遠方から通ってくる日本人女性や相談をもちかけられた日本人女性に、自分たちでプレイグループを立ち上げて協会に登録して、その支援を受けながら運営していくノウハウを伝えるなど、彼女たちのメンターとしての役割を果たすように心がけた。その結果、彼女たちはプレイグループの設立・運営を通じて地域社会との交渉の経験をもち、周囲の日本人の親たちを取りまとめる存在に成長していった。またA氏と同時期にプレイグループ活動に関わり始めた日本人女性のなかには、その後コミュニティ日本語教室や、日本人永住者コミュニティ組織であるシドニー日本クラブなどで中心的役割を果たすようになった人々も多い。

　NSW州プレイグループ協会も、コミュニティ・プレイグループへの参加を通じた母親の社会進出の後押しをしている。たとえばコミュニティ・プレイグループの会計担当といった役職は親たち自身のボランティアによって担われるが、それもひとつの職務経験とみなされ、就職活動の際にプレイグループ協会から推薦状を得ることができる。A氏自身が関わった日本人プレイグループの運営に参加していた母親たちも、現在ではその多くがフルタイムで働き、専門的なスキルを活かした職についている人もいるという。

　もともと素養や能力のある日本人女性がプレイグループを運営するようになったのか、それとも、彼女たちはプレイグループ活動への参画をつうじてそのような能力を発展させていったのか。A氏は、その両方の側面があるという。彼女が長年住み、活動してきたシドニー西部近郊は、専業主婦よりは働く女性が目立つ地域である。行政も地域社会も、女性の就労をあたりまえのこととし、後押しする雰囲気が強い。それゆえ、移住してきた日本人女性

が家庭の外でプレイグループのような経験をすることで就労への気構えが育まれ、それが彼女たちを成長させるのではないかとA氏は述べた。

おそらくA氏自身も、プレイグループ活動への参画の経験がその後のキャリア形成のきっかけとなり、コミュニティのリーダーとして成長していった日本人永住者女性のひとりであろう。A氏はもともと大学院に進学するために渡豪し、英語も堪能で現地企業での勤務経験もあったが、プレイグループの運営やNSW州プレイグループ協会の理事として活動する過程のなかで就学前児童教育への関心をいっそう深めていった。そして再び大学院に進学して修士号を取得したのち、公教育の学校の一環として3歳〜5歳の児童が通うプレスクールの教員という専門職に就いた。その傍ら、地元の自治体の職員に請われて、日本人永住者の保護者向けにオーストラリアのプレスクールや小学校の仕組み、入学にあたってのアドバイスを伝える情報セミナーの講師などを務めるようになった。

第6節　「限定された」エンパワーメントをこえて

本章では日本人永住者にとってのプレイグループ活動の意義、とりわけ国際結婚移住女性の社会参加をエンパワーメントする側面を肯定的に評価してきた。ただし、ここでいう「社会参加」とは何を意味していて、そこにどのような限界があるのかについて、批判的に吟味しておくことも必要である。コミュニティにせよ早期介入にせよ、プレイグループは親子同伴での参加を前提とした制度である以上、親が子どもを預けて働くための託児所の代わりにはなりえない。そしてプレイグループに参加する親の多くが母親である以上、そこでは就労女性が仕事を中断ないしパートタイムに切り替え、少なくとも一定期間育児に専念するという性別役割分業が暗黙のうちに想定されている。オーストラリア社会においても、近年は改善されてきたとはいえ、就労女性が育児のためにフルタイムの仕事を中断してキャリアの遠回りをせざるを得ない傾向はある（Stilwell and Jordan 2007: 126-147）。プレイグループ活動の普及はこうした状況を変えることに直接的にはつながらないし、託児所利用料が非常に高額であるという、フルタイムで働こうとする日本人国際結婚女性たちを悩ます問題の改善にも寄与しない。

もっともオーストラリアでは、育児のために一定期間就労から離れた女性がフルタイムの仕事を得られる機会は比較的多い（Baird and Heron 2013: 244-245）。それゆえ復職した女性が努力してキャリアを発展させることは、一般的な日本社会の状況に比べれば困難ではないのかもしれない。ただしそれは英語が十分に話せて、オーストラリアで通用する学歴や職歴をもち、なおかつオーストラリアにおける労働事情に通じた相談相手が周囲にいる女性にとっての話である。NESB の国際結婚移住女性は、そのような条件に恵まれていない場合が多い。その結果、彼女たちの自己実現の方途は、育児という役割を通じた「社会参加」へと限定されがちになる。

　もちろん、家庭で育児中心の生活を送ることは価値の低い生き方では決してない。しかしそうした生き方を選ぶことが、ある社会のマジョリティ女性にとっては比較的開かれている人生の他の選択肢が、移住女性には比較的閉じられているという社会構造に影響された結果だとしたら、それは公正な社会的編入のあり方とはいえない。プレイグループを通じた日本人国際結婚移住女性の「社会参加」が、こうした移住女性をめぐる性別役割分業とマイノリティーマジョリティ国民間の社会的不公正の再生産という意図せざる結果になっていないかどうか、言い換えれば、プレイグループによって提供される彼女たちへのエンパワーメントが、エスニック・マイノリティ女性を周辺化する社会構造を前提とした限定的なものになっていないか、慎重に検討する必要がある。

　以上の批判的考察は、やや悲観的過ぎるかもしれない。A 氏のように、プレイグループ活動をひとつのきっかけとしてオーストラリア社会における自己実現の選択肢を広げていく日本人女性たちも確かに存在する。おそらく、たとえあらかじめ構造的に制限されたエンパワーメントであっても、それがエンパワーメントである以上、その制限を乗り越えて構造を変えていく潜在能力を人々にもたらしうるのだろう。プレイグループという早期介入の手法を子どものスムースな社会的適応のためだけの装置とみなすのではなく、移住者の親子がオーストラリア社会にマジョリティ国民と対等な立場で参加していくための契機と捉えて発展させていくことが、より公正な社会的編入の実現に寄与するかもしれない。親たちが主体的に運営するコミュニティ・プレイグループがもつ、支援団体によって運営される早期介入プレイグループ

にはない可能性がそこに見出される。たとえばNSW州プレイグループ協会はサポート付きプレイグループ事業を、親や保護者がコミュニティ・プレイグループを主体的に運営する能力を身に付けるための移行措置（transition）として位置づけている（Kervin 2013: 9）。それが移住女性たちがよりいっそう対等な社会参加を目指す意志と能力を高めることにつながるかどうかが、プレイグループという制度が移住者の社会的編入のあり方にもたらす含意を評価する際の鍵となるだろう。

　　［謝辞］調査にご協力いただいたA氏をはじめとするシドニー在住日本人永住者のみなさま、および移民定住支援団体のみなさまに厚く御礼申し上げます。本研究はJSPS科研費JP24402034, JP25380695, JP16K04094の助成を受けたものです。

［文献］
石井由香・関根政美・塩原良和，2009,『アジア系専門職移民の現在――変容するマルチカルチュラル・オーストラリア』慶應義塾大学出版会．
塩原良和，2010,『変革する多文化主義へ――オーストラリアからの展望』法政大学出版局．
藤田智子，2008,「『ファミリー』を巡る言説とその政治――ハワード豪連邦政府の新自由主義的家族政策と市民意識」関根政美・塩原良和編『多文化交差世界の市民意識と政治社会秩序形成』慶應義塾大学出版会，163-185．
濱野健，2014,『日本人女性の国際結婚と海外移住――多文化社会オーストラリアの変容する日系コミュニティ』明石書店．
Baird, Marian and Alexandra Heron, 2013, "Women, Work and Elder Care: New Policies Required for Inclusive Growth," Paul Smyth and John Buchanan eds., *Inclusive Growth in Australia: Social Policy as Economic Investment*, Crows Nest NSW: Allen & Unwin, 242-257.
Cahir, Pam, 2013, "Community Playgroups: Building Children and Parents Capacity and Sense of Community," Playgroup Australia, *40 Years of Playgroup: Celebrating Our Story of Connecting Communities*, ACT: Playgroup Australia, 2-4.
Commonwealth of Australia, 2009, *Investing in the Early Years - A National Early Childhood Development Strategy: An Initiative of the Council of Australian Governments*, Canberra: Commonwealth of Australia.
―――, 2004, *The National Agenda for Early Childhood: A Draft Framework*, Canberra: Commonwealth of Australia.
Hudson, Dianne, 2000, "Progress on Families First: A Support Network for Families Raising Children," *New South Wales Public Health Bulletin* 11 (5): 77-79.
Kervin, Sandy, 2013, "Supported Playgroups Play & Laughter: Life Long Friendships for Tomorrow," Playgroup Australia, *40 Years of Playgroup: Celebrating Our Story of Connecting Commu-*

nities, ACT: Playgroup Australia, 9-10.

Playgroup NSW, 2014, *Playgroup NSW Annual Report 2014*, Sydney: Playgroup NSW.

Shiobara, Yoshikazu, 2004, "The Beginnings of Multiculturalisation of Japanese Immigrants to Australia: Japanese Community Organisations and the Policy Interface," *Japanese Studies* 24(2): 247-261.

Stilwell, Frank and Kirrily Jordan, 2007, *Who Gets What?: Analysing Economic Inequality in Australia*, Port Melbourne: Cambridge University Press.

Wise, Sarah et. al., 2005, *The Efficacy of Early Childhood Interventions* (A report prepared for the Australian Government Department of Family and Community Services), Melbourne: Australian Institute of Family Studies.

Part II

教育

第4章　学齢難民の社会統合と言語習得
―― 西オーストラリア州の中等教育学校における取り組み

松本浩欣

第1節　学校教育と難民

　移民や難民¹は生まれ育った土地を離れ、環境の違う新たな土地でそのホスト社会に適応し、さらに大きな成功を収めることを期待している。従ってそのホスト社会で必要とされる言語の習得と社会化を成し遂げることは、そのホスト社会で最低限度の生活を保障される命綱ともなりうる。特に難民について言えば、その機能を付託される教育の使命は重い。

　本章では、「移民国家」オーストラリアにおける、難民の社会統合を目的とした学校の実践事例を元に、難民にとっての学校教育の意味と意義を考察する。そのうえで、ここに見られる学校教育が、結果としてホスト社会における難民のその後のキャリアパスにおけるゲートキーパーの役割を果たしている事実を示すとともに、一般的に語られる「依存する難民像」を乗り越えるモデルとして、学校教育が難民の主体化を支える上で重要となる「コミュニティ感覚」の醸成の意義についても示したい。

第2節　オーストラリアにおける難民の受入とIntensive English Centreの概略

　多文化主義を国是とするオーストラリアにおいて、多様性はその根幹を成

1　オーストラリア人権委員会によると、「アサイラム・シーカーや難民と移民は、他国に移動するに際して大きく異なった理由を持ち、異なった経験をしている。移民は他国への移動を選択し、どこへ行くか、いつ帰るかを選ぶ事が出来る。他方アサイラム・シーカーと難民は、安全の為に国を逃れ、国を離れる元となった状況が変わらない限り帰る事が出来ない」と定義されている。(オーストラリア人権委員会website 2015/2/22閲覧) http://www.humanrights.gov.au/publications/asylum-seekers-and-refugees#who

すものである。そしてその多様性を維持したまま国家としてのアイデンティティを強固に持つことの難しさは、これまでも多く語られて来た。アボリジニの大地にヨーロッパからの移民が流入し、その後も様々な背景を持つ移民を労働力として取り込み、時に応じて政策を変えながら、オーストラリアは移民とともに発展して来た。「移民国家」オーストラリアでは、現在居住者の四人に一人が外国生まれとされる。

　難民についても同様で、白豪主義の時代にはヨーロッパから、次いでベトナム、インドシナ難民が、最近はその他のアジア地域やアフリカ、中東、南米などから流入している。特に2007年の政権交代で、ハワード保守連合政権の後を受けた第一次ラッド労働党政権は難民受入に寛容な姿勢を打ち出し、近年は毎年1万人以上の難民を受け入れてきた。

　受け入れた難民を国民として統合する際、彼らを社会に適応させ、公用語である英語の運用能力を付与するための教育は不可欠である。実際「オーストラリア英語を話す人が、正当なオーストラリア人だという意識は、社会の主流ではかなり根強い」(杉本　1997: 227) ため、英語の運用能力は何よりもその要請が強い。そのため「オーストラリアが国是とする多文化主義は、英語という特定の言語を基底に据えた上での多様性の承認だと捉えられる」(青木・伊井　2003: 78) 傾向が強く、移民・難民に対する英語教育は、その文化的背景の尊重以前に国民としての前提条件と捉えられている。従って言語教育は社会への適応教育そのものであり、その意味でホスト社会に移民・難民を適応させるための社会化機能を付託されているとも言える。

　成人の難民に対しては連邦政府より TAFE (Technical And Further Educa-

2　例えばチャオ埴原 (2014) は、オーストラリアの移民政策を歴史に即して記述している。また、塩原 (2005) は、オーストラリアの公定多文化主義がどの様に語られているか／来たかを丁寧に論じている。

3　オーストラリア大使館 website「オーストラリアについて― 多様なオーストラリア人」http://australia.or.jp/aib/people.php (2015/2/22閲覧)

4　ACARA (Australian Culture, Assessment and Reporting Authority) により、「Standard Australian English (SAE) とは、オーストラリアにおいて公的もしくは公共的な目的など、より公の場面で使われ、辞書や文例集、文法書などに記録される話し言葉、書き言葉の様式。常に動的で発展して行くものである一方、オーストラリア人の「共通の言語」として認知されている」と定義されている。
http://www.australiancurriculum.edu.au/Glossary?a=E&t=Standard+Australian+English (2015/02/22閲覧)

tion)[5]における120時間の学習機会が無償で保証されており、それをもって英語習得などに充てることとなる。また、学齢の移民がオーストラリアの中等教育に転入する場合、英語を母語としない一時移民や留学生のための英語学校である ELICOS (English Language Intensive Courses for Overseas Students) が窓口となる。しかし本章が対象とする学齢の難民は事情が違う。難民には永住権が付与されるため ELICOS の守備範囲外となる上、難民の多くは就学経験がないため、学校制度に接するのが初めてだったり、そもそもリテラシーが確立されていなかったりするなど、単に英語の習得だけが問題ではない。そのような難民を対象とした学びの場が Intensive English Centre[6]（以下 IEC）である。IEC はその名の通り、第一義的には英語学習を目的とする学校であるが、ここでは「多文化のこども」である難民の生徒たちをどのようにホスト社会であるオーストラリア社会に統合しているかを、多文化主義を軸に地域と学校を俯瞰し、公教育と多文化主義、学校選択と多文化主義の視座も踏まえつつ見ていく。

第3節　2つの IEC における実践

　本節では西オーストラリア州パースに所在する2つの中等教育学校の IEC の実践を示す。2つの学校は地域性、成り立ちなどで対照的であり、その違いは IEC を理解する上で到達点と課題をはっきりと際立たせてくれる。

　まず共通している点だが、IEC の目的は通常の学校課程（メインストリーム）に合流することであり、語学学校の形態を取る ELICOS とは違い、学校に附置されている。また IEC への就学には連邦政府から一人当たり年間 $12,000- の予算がついており、これは学校に支払われて学費や制服代などに充当されるため、生徒は原則的に無償である。パースでは小学校8校、高校4校と大学予科学校2校に IEC が付設され、最大2年を年限とし学習を行う。本節では、都市部の私立校 A Catholic College（以下 A 校）と郊外の

5　石附・笹森（2001: 103）では「学卒者や有職者への職業教育・訓練や個人の自己実現に向けての成人教育を提供する」と説明されている。

6　永住権を持ち、英語の初学者であることが入学要件となるが、空きがあれば一時移民の生徒も受け入れる。つまり IEC は ELICOS としても機能する。これが就学経験者コースにあたる。

公立校 B Senior High School（以下 B 校）の取り組みについて、それぞれ紹介したい。なお IEC を付設している学校のうちカトリック校はこの A 校のみで、他は全て公立校だが、これはカトリック学校協会が自主的に社会貢献の一つとして行っているためで、協会からこの A 校が指名を受けて実施しているのである。

1. A 地区・A 校 IEC の取り組み

　A 校はパースの中心地（CBD: Central Business District）に位置する、私立共学のカトリック中等教育学校である。この地区は州内有数の高級住宅地であり、2011年の統計[7]によると、週当たりの世帯収入は州平均に対し約1.4倍である。住民の出生地は国内が55%、以下イングランド、アイルランド、イタリア、ニュージーランド、スコットランドと続く。アボリジニ及びトレス海峡島嶼民の人口比率は0.44%である。本章ではこの地区を仮にA地区と呼ぶ。

　その様なA地区の丘の上に立つA校は、生徒数約600人、ひと学年に100名程度と比較的少人数制の中等教育学校である。学校案内[8]の最初のページには次のような記述がある。「その歴史の始まりから、私たちは常に移民を迎えてきました。今日、本校生徒の国籍は60を超えています。これは西オーストラリア州の多様性を反映しているだけでなく、生徒たちにグローバルな視点を提供しています。」

　学校は中等教育学校（西オーストラリア州では8年生から12年生）だが、高等学校（10年生から12年生）のみの IEC が付設されている。IEC1 から IEC3 までのレベルがあり、IEC3 が一番上級である。レベルの振り分けは政府による識字テスト[9]で行う。現在は約70名の IEC 生徒がおり、スーダンやミャンマー、アフガニスタンなどの出身者が多い。

7　Australian Bureau of Statistics（2013/08/02閲覧）
　　http://www.abs.gov.au/websitedbs/D3310114.nsf/home/home?opendocument
8　A 校2012年度募集要項
9　3, 5, 7, 9年生が対象の全国規模の識字テストである NAPLAN (National Assessment Program Literacy And Numeracy) や、5, 7, 9年生を対象とした理科、社会、環境に関する西オーストラリア州独自の到達度テストである WAMSE (Western Australian Monitoring Standards in Education) による到達度評価。

Part II 教育

　IEC1の最大の目標は「考える」事の習慣化である。学習経験のない生徒たちに、学びとはどういうことなのかを教え込み、考える習慣がついてから統合的な学びが始まる。学習習慣を身につける事はオーストラリア社会で望ましいと考えられる価値を内面化する過程の第一歩と言える。IEC主任教師は、IEC2が一般的な意味で学習の始まりだが、IECの真の学びはIEC1にあると語った。

　IEC2では学習内容は一気に高度化する。参与観察時は truth / fact / opinion の違いを、辞書を見ずに説明するという授業をしていた。教師は語彙を選びながら、ゆっくり明瞭に全ての指示を英語で行い、誰かの発言がある際には周りに注意を促し、しっかり聞くように教室をコントロールするなど、ほぼオーストラリアの授業の形が完成していた。その意味で社会化はIEC1の間に完成されていると言える。基本的な学習に対する姿勢をIEC1で丁寧に教え込んだことにより、飛躍とも言える差が生じるのである。

　IEC3では授業はさらに高度である。スマートボードを利用し、インドに関するスライドを元に、未知の情報について時事問題を絡めて説明していた。生徒たちの英語は流暢で読み書きの水準も高い。IEC主任の教師は「Sheltered Instruction」[10]について言及していたが、これは有意の題材を通して実用的な知識を習得し、同時により高度な学術的英語力も習得させる指導法である。IECの授業はこのSheltered Instructionを具現したもので、IEC3はその完成形と言える。またA校IECでは英語力測定の為にケンブリッジ英検が用いられており、FCE（CEFR B2、英検準1級程度、英語を日常使用する職場で働くレベル）の取得が目標であった。2013年度にはPET（CEFR B1、英検2級程度、英語圏で日常生活が送れるレベル）に目標を修正したが、この取り組みは客観的に自分の英語力を知る上で役に立つという。

　A校では、在籍する生徒の60%-80%がA校のメインストリームに進み、

10　Echevarria and Graves (2011) によると、「Sheltered instruction とは、理科や社会、数学といったグレード別のコンテンツを、英語学習者にとってよりアクセスし易く、且つ英語力の向上にも役立つように活用するための手段である」(p.45) と述べられている。また、このSheltered instructionの理論的・技術的背景となっているのが、"Scaffolding language learning" (Gibbons 2002) である。Scaffoldingとは「仮設の足場架け」であり、学習者がやがて自立できるよう、必要な「仮設の足場」をかけてやり、学習を効果的に進めるという考え方であり、当然ヴィゴツキーの学習理論を下敷きにしたものである。

TEE (Tertiary Entrance Examination) を経て大学に進学する者もいる。残りの20%-40%のうち年齢の高い者は成人教育を受け持つ ACE (Adult and Community Education)[11] へ進学したり、学年の低い者はより家から近い他校のメインストリームへ進んだりする。他の州へ移住する者もいる。

IECの生徒たちは、金曜日の午前中には隣接する教会の建物に集まって歌を歌う。この活動は、「学校には楽しいこともあるぞ」「来週もまた来よう」と思わせる目的で行っているという。参与観察時には54名の IEC 生徒の参加を確認したが、シスターと教師によると、金曜日はムスリムの生徒が来ないため、全員は揃わないという。A校はカトリックの学校だが IEC には宗教的多様性が認められている。人種も様々で、アフリカ系とアジア系の生徒がそれぞれ2/5程度、ヨーロッパ系が1/5程度であった。どの生徒もみんな、大きな声で楽しそうに歌っていた。IEC主任教師はこの活動を "Community Building" と呼んでいた。午後には徒歩10分ほどの公共体育館に IEC 全員で出かけてスポーツを行う。活動が始まる前に IEC 主任教師が全体に向けて注意を述べた。彼が生徒に笑顔を交えて語りかけたのは、以下のような内容であった。教師はボスではなく、生徒の仲間でありサポートをするということ。生徒をコントロールするのは生徒自身であり、生徒は自分をコントロールするそのやり方を学ばなければいけないこと。今日のスポーツでも自分をしっかりとコントロールし、色んなことにチャレンジすること。この呼びかけにはA校のIECが大切にしている一つの哲学が凝縮されている。生徒たちはそれぞれ熱心にバスケットボールやバドミントン、サッカー、バレーボールなどに興じ、教師や筆者にも一緒に遊ぶように積極的に働きかけた。僅か6日間しかA校IECに帯同しなかった筆者にとっても、確かにそこには自分の「居場所」と思える空間が存在しているように思えた。

2. B地区・B校IECの取り組み

B校は郊外の公立中等教育学校である。この学校が位置しているのは、'70年代にパブリックハウジングのために宅地開発された地域である。2011年

---

11 石附・笹森（2001: 108）によると、その目的は「知識、技能、生活の質を改善する為の機会を成人に提供することであり、(中略) 伝統的にその主眼は高等教育や職業教育・訓練部門の顧客対象とならない層、特に社会的弱者に向けられてきた。」

の統計[12]では週あたり世帯収入は州平均を20%ほど下回っており、低所得者が多い地区と言える。A地区と比べると2/3以下である。住民の出生地は国内が49.1%で、以下イングランド、ニュージーランドに続き、ミャンマー、スーダン、インドなどが並ぶ。アボリジニ及びトレス海峡島嶼民の人口比率は3.7%である。本章ではこの地区をB地区と呼ぶ。

先述のように、B地区は低所得者やアボリジニの定住促進に向けて自治体が斡旋した賃貸住宅地であり、その安価な住宅地に移民・難民が流入する。難民の出身国はスーダン、エリトリア、コートジボワールなどアフリカ諸国が多いが、ミャンマーなどアジア系移民・難民も増加している。この地区に行くという事を地元の人びとに告げると、ほぼ例外なく「ボディーガードをつけて行けよ」とか「車上荒らしが多いからね」などの好意的とは言えない反応が返って来るし、この地区を語る際には「社会関係資本」という、平均的な日常会話にはまず登場しない語彙が話題に上る。[13]

そのようなB地区の公立学校であるB校は、①高校・②中学・③IECの他、アボリジニの文化継承を目的とした④アボリジニ・スポーツ・プログラム（以下ASP）、そして2013年度に新設された、障害を持った生徒向けの特別教育である⑤教育支援ユニットの合計5つの領域からなっており、それらが一体となってB Senior High Schoolとして運営されている。副校長（2012年当時）は「非常に難しい取り組みで困難も多いが、多様性が国を豊かにすると信じている。今のところうまく行っていると思う」と話していた。IECには一時160名もの生徒が在籍していたが、現在は65名ほどだという。在籍しているのはミャンマー、スーダン、リベリア、コートジボワール、コンゴ民主共和国（旧ザイール）、セルビア、ユーゴスラビア、ベトナムなど40カ国以上からの難民で、キリスト教徒が多いが宗教に制限はない。

B校では、IECの生徒たちは学力ではなく就学経験の有無で分けられており、年度進行で上級に進む。年齢による学年はない。A校の様にクラスの選

12　前掲 Australian Bureau of Statistics website
13　このB地区及びB校に調査に入っているニューサウスウェールズ大学（UNSW）とエディスコーワン大学（ECU）の研究チームがまとめた報告書（Dandy and Pe-Pua 2013）には、地元住民のインタビューで、「B地区に勤めていると言うと、大方の反応は「まぁ…」って感じ」とか「勤め先を聞かれたら、いつも「コンゴ」って答えているわ」などの記述が見られる。

別に試験は行わず、全員が共通して学ぶ基礎科目として英語や数学があり、担任がそのクラスを教える。選択科目も用意されている。IEC で学習できる期間は就学未経験者で 2 年間、就学経験者は 1 年間だが、事実上全員が 2 年間在籍する。生徒たちは英語で会話をするが、読み書きには困難が伴う。年限が終了すると彼らはメインストリームに合流することになるが、2 年間のうちにそれに足る英語力をつけることは極めて難しい状況である。そこで B 校では「トランジション・コース」というものを運営している。これは IEC に加えさらに 12 ヶ月間の学習を行うもので、11 年生を 2 度行い、12 年生になる前に 1 年足踏みをするのである。生徒が学校からドロップアウトしギャング化するのを防ぐ手だてでもある。生徒は無償で、この実践は A 校では見られない。授業では語彙の増強とその語彙を使った英作文を行っていた。

B 校は職業準備校という位置づけで TEE を実施していないため、B 校のメインストリームを選んだ段階で原則的に大学進学の道は閉ざされる。卒業後の進路は TAFE への進学や、看護、介護、建設業などへの就職が主である。ただ B 校には別枠で大学準備コース（UPC）というルートがあり、12 年生が放課後週 1 日、地元のエディスコーワン大学（ECU）のコースを受講することで、TEE を経ずに入学が許可されるというものである。毎年約 15 名程度がこのプログラムを経て B 校から ECU に入学している。

IEC の授業は基本的に全て教師と補助教師の 2 名体制で行われている。上級コースの授業では、ベトナム人の女性教師と補助教師の女性によって、11 名の生徒が英作文の学習をしていた。2 名の教師が代わる代わるほぼ付きっきりで教えていたが、生徒は基本的に受動的で、学習に対する積極性や楽しみは見られなかった。

B 校について見ていくと多くの問題が見えてくる。そしてそれらをたどっていくと、浮き彫りになるのは地域と家庭の問題であり、どちらも率直に言って深刻である。特にアフリカ系難民は親や祖父母の代から学校や教育に馴染みがないため、学校の役割が全く理解されない上、子供の行動の責任を親に求める事もできない。家庭環境は子どもの修学にとって理想とはほど遠いし、地区には窓の割れた家や荒れた街路、家の前の歩道に積み重ねられた粗大ゴミなどが散見される。B 校の生徒は一般的に粗野で、教師たちも忍耐を重ねていた。生徒が教師に向けて極めて汚い言葉を投げつけるなどは茶飯

事で、それをコントロールするように教えるのは難しい。副校長は、教師の役割はソーシャルワーカーのそれに近く、学習よりも寄り添う姿勢が大事だと何度も力説していた。

B校には問題行動を律するためのダイアリー[14]（松本 2011）がない。厳格な「校則」の運用が生徒を学校から排除してしまっても、受け皿となるべき家庭の機能を期待できないからだ。副校長は、学校にいる限り生徒たちは危険や誘惑に晒されないため、生徒たちを学校に置いておくこと自体が重要な挑戦なのだと語った。そのためB校でも学校に生徒を結びつける努力は行われており、アーティストを学校に呼び、昼休みにロックコンサートを行う「学校ロック」イベントなどが行われていた。

B校は、IECの問題とメインストリームの抱える問題、またその他のプログラムが抱える問題が混然としたまま、有効な手だてを打てていないように見える。IECの話をしていると、いつの間にかそれが学校や地域全体の問題に拡大してしまう。このことは、難民を受け入れる地域の社会関係資本が、難民を受け入れることで更に下落して行く負のスパイラルにも見える。地元紙 The West Australian の記事[15]は、州内全校から生徒一人当たりの欠席率が高い学校を名指しで掲載していたが、B校は34.6%で都市部のワースト2位であった。これは全校生徒が年間授業日数の1/3以上を欠席するということであり、一般的な日本の高等学校であれば全員が進級要件を満たさない水準である。

その一方、IECの授業は困難ながらも総じて機能しており、むしろメインストリームより手厚いようにさえ見える。IECからメインストリームに合流する過程で、その地域性に否応なく晒される難民の生徒たちは、この学校のメインストリームに通うことをあまり好ましくは思っていない。実際メインストリームに合流したIECの生徒が、「うるさくて勉強ができないのでIECに戻してほしい」と嘆願に来ることもあると言う。またIECに資源を集中する（あるいはそのように見える）ことは、本来公教育が主務とすべきメイ

---

14 いわゆる「生徒手帳」で、予定表や「校則」など学校生活に必要な情報が全て記載されている。
15 The West Australian, Aug 9, 2012 "Cheap fares link to truancy rise"
飛行機代の安い時期に保護者が生徒を欠席させ、教育を受けさせる義務を果たしていないという記事。当然、旅行のための欠席ばかりではない。

ンストリームの教育よりも難民の教育を優先することを意味する。このジレンマをどのように受け止めるべきなのだろうか。

第4節　IEC 実践の考察

　本節では2校 IEC の実践の差異と共通点から、その到達点と課題を示して考察を加える。
　まず学びのデザインだが、A 校では IEC1 で社会化や識字教育を固め、IEC2 以降に学びがスタートするのに対し、B 校では社会化、識字教育と学習は並行的に行われていた。A 校の実践はよく機能していたし、Sheltered instruction などの工夫や、TESOL の理論に則った教育も行われ、ケンブリッジ英検を用いて自己相対化を試みる工夫もなされていた。メインストリーム移行後も、大学進学までのキャリアパスが開かれている。
　一方 B 校では、IEC そのものに問題がある訳ではないが、A 校と比べて生徒の伸びは遅いと言える。メインストリームへの合流も問題を抱えているように見える。B 校 IEC では担任教師が授業を持つため、生徒管理も丁寧で問題行動の発見も早い。一方メインストリームは教科担任制で教師の目が届きにくく、生徒は道を踏み外し易い。
　B 校では地域性もさることながら、その運営形態が問題を複雑にしているように見える。IEC とアボリジニ向けの ASP は「制度化された識字」と「自分のための識字」(青木　2006: 146-149)[16] を同じ学校の中で同時並行的に行う非常に高度な挑戦であるが、キムリッカ (1998: 270) によれば、これはそもそも無理な取り組みである[17]。5つのプログラムが混然と絡み合い、あらゆる所に困難が見え隠れする。その中でバーンナウトする教師もいる。
　地域での争いも絶えない。母国での民族紛争がそのまま持ち込まれ、難民同士の Fight Night と呼ばれる夜ごとの暴力騒ぎも頻発している。B 地区がアボリジニの定住促進地区であることも見逃せない。アボリジニからアフリ

16　「社会システムにアクセスするための言語」を「制度化された識字」、「自らのアイデンティティを確立するための別の言語」を「自分のための識字」と呼んでいる。B 校の場合、IEC は前者の、ASP は後者のプログラムであると言える。

17　それぞれの歴史を持ち、その国内で異なった立場に置かれている移民と先住民を同じ枠組みで論じるのは無理があると主張している。

カ系移民に対して激しい差別があり、実際 B 地区に住む A 校 IEC の 2 人のアフリカ系生徒が襲撃され、大けがをした。

　しかしこの事実は、B 地区から A 校に通う生徒が一定数いることを示しており、その生徒たちは A 校で、ホスト社会に受け入れられる力をつけているのである。つまり同じ B 地区に居住していても、通う IEC によって差が出るということであり、逆に言えば B 地区の社会関係資本が絶望的に将来を規定する訳ではないことを示していると言える。

　一般的な感覚では、2 つの IEC を比較すれば A 校 IEC を選びたくなるが、オーストラリア入国後の難民は生活する州を選ぶ事は出来る一方、住宅や通学する IEC は州政府によって決定され、難民の側に選択権はない。学校選択を肯定する場合、IEC によってその後のキャリアに差があるということは質の保証という点で不十分だし、選択の余地がないにも拘らず均質化が図られていないのは制度の欠陥である。IEC 修了後、必ずその学校のメインストリームに通わなければならない訳ではないが、IEC によって、そもそもメインストリームに進めるかどうかが変わる現実がある。その点で B 校の学習は十分とは言えず、専門職を夢見る生徒たちに、この IEC が無限の未来を切り拓いているとは言いがたい。

　このように見ると、IEC の持つ社会化機能が、結果として難民のキャリアパスにおいてゲートキーパーの役割を果たしているようにも映る。田中は、学校における子どもの変容の媒介（田中　1980: 105-108）として以下の 3 点を挙げている。①意図的な教育作用である「教育関係」、②無意図的な教育作用である「空間としての学校」、そして③将来を見据えた価値の内面化である「予期的階層関係」である。この中で特に最後の③「予期的階層関係」は、例えば学歴などが個人のその後のキャリアパスに大きな影響を与えることを価値として内面化し、周囲と競争的な関係を意識したり自らの階層的な限界を意識したりすることである。田中は、これは「学校制度全体の問題であって、社会に階層差があり学校の段階・種類がある程度それに対応している限り、一つの学校、一人の教師にはどうしようもないものである」（田中　1980: 107）と述べている。そして「そのことがたとえ成績の悪い生徒に将来の希望を失わせるようなことになったとしても、教師はその機能を放棄することができない」（田中　1980: 107）とも述べる。つまり B 校の子どもた

ちが「どうせ自分の未来は明るくない」と考えているとしたら、それはIECからメインストリームという一連の社会化に向けた機能が不十分だということになる。

1. 学校選択とネオリベラル多文化主義

　ではなぜ学校選択を認めないのか。少なくともオーストラリアは新自由主義的多文化主義の国家である。そこで、ここで少し学校選択と社会化についての議論に触れておきたい。広田（2004: 55）は学校選択を批判する文脈で、均質な社会の中での社会化は他者との断絶に基づいたものであり、アイデンティティの確立は容易になる一方で、それは孤独にしか繋がらないと論じている。さらに「「異質な他者」同士が互いに直接的に接触し影響し合う経験は、短期的には（中略）葛藤を引き起こすこともあるだろう」（広田　2004: 56）と述べた上で、混乱や差別、いじめが生じても、長い目で見れば相互理解の手がかりとなるのだから、「選択によるコミュニティ形成」には、一定の制限を掛けるべきだと主張する。選択によってそれぞれが均質な空間で社会化されれば、それはゲーテッド・コミュニティやホワイト・フライト[18]に繋がる。それは排除の装置で、他者の存在しない孤立した社会観であり、学校が同質化を進めるという発想を転換する必要があると結論づけている。

　この広田の「学校選択（＝新自由主義）批判」は80年代公定多文化主義言説の想定、つまり本質主義的多文化主義[19]と同一の内容である。広田の結論は選択＝排除＝同質化・均質化＝孤独＝エスニック＝（本質主義的）多文化主義、「だから学校選択（＝新自由主義）は制限すべき」となる。

　しかし、オーストラリア公定多文化主義は、集団としてのエスニシティを

18　アメリカにおいて見られた、外国人集住地域から白人が逃げ出す動き。
19　個別の文化を、固定的で不変のものと捉える考え方。本質主義に依拠すると、多文化主義は不変の文化同士の衝突を内包し、それぞれの文化を主張し合うことで一体感を無力化すると理解される。さらに、一元的な価値観を教化する傾向のある学校教育と多文化主義は相反するもの、あるいはその接点はバランスであるとされて来た。塩原は、「1980年代のオーストラリア公定多文化主義言説が「エスニック」と「ナショナル」の二項対立の論理を前提と」しており、「「集団」としてのエスニシティを本質化する（＝民族を固定視する：筆者注）傾向のある多文化主義は、「国民の分裂」を防ぐために「制限」されるべきである、という想定を伴っていた」（塩原2005: 105）と述べている。

解体し個人として国家に包摂するという、反本質主義の立場をとる。するとその様相は反転する。それは「「エスニック」な境界を取り払うことで「包摂」的なネイション形成を目指すナショナリズムとして再定義され」(塩原 2005: 128) る。つまり「選択」は「コミュニティ形成」であり「エスニック」なもので、逆に「選択しない」ことは「異質な他者との共存」で「ナショナル」なのだ。ここでは、非選択＝包摂＝異質な他者との共存＝ナショナル＝（反本質主義的）多文化主義、「だから学校選択（≠新自由主義）は制限すべき」あるいは「だからこそ学校非選択（＝新自由主義）」となる。一般的に学校選択は新自由主義と親和性の高い概念だが、オーストラリアのネオリベラル多文化主義では、「選択」はエスニシティの固定であり、本質化につながり、ひいては国家の解体につながるものなのである。

2.「異質な他者」たちが集う「リビングルーム」

B地区は社会関係資本が低く、コミュニティ形成が機能しないばらけた社会である。しかしそれは「異質な他者との共存」とは違う孤立した場である。そのようなB地区の中で、B校が目指すコミュニティ形成は困難に違いない。A校IEC主任教師は、個人的な意見と前置きした上で、B校の教師は努力をしているが、地域的な問題もあり「居心地のいい場所」という感覚は育ちにくいかもしれない、と語っていた。一方でB地区からA校に通う生徒にとって、B地区から離れたA校に通うことはすでに「異質な他者」との接触である。逆にA校はカトリックの私立学校であり、宗教や社会階層が切りそろえられた均質なコミュニティであるが、多文化を謳うA校にとってIECは「異質な他者」であり、そのことが良い意味での交流を生み出しているのかもしれない。

A校IECについて言えば、それは「異質な他者との共存」を基盤とした、「ナショナル」な社会であることになる。もちろんそれは様々な価値観が渦巻き、利害が衝突する複雑な場であることは間違いないが、学校に付託された社会化機能が、一見拡散する価値観を内包する多様性に満ちた社会の中で、なんの矛盾もなく機能しているのである。

前述の田中は、「学校における（社会化の：筆者注）担い手を明らかにするということは、言いかえれば子どもが学校で参入するところの「他者やモ

ノとの関係・行為」を明らかにすることに他ならない」(田中1980: 100) と述べているが、そのヒントがA校IECの主任教師とのインタビューにある。A校IECが機能する鍵として彼が挙げたのは「コミュニティ感覚（Sense of community)」であった。彼によると、学校は移民・難民にとって社会であり、より大きな社会へ自然に移行する為の窓口でもある。従って教師は知識を伝達するだけではダメで、啓蒙的な姿勢ではなく一緒に悩み考える姿勢が大事だという。誰でも「受け入れられている」実感無しに主体的に何かを「貢献」しようとは思えないし、「居場所」があるという感覚はその後の積極性に繋がるからである。これはB校副校長が言っていることと完全に符合するが、A校のIECがIEC1をほぼそのためだけに特化して運営し、社会化の基礎や「受け入れられている」実感を固めてから学習に移行する一方で、B校ではこのための活動と学習を同時に行っていることが、必然的な差となって表れているように見える。またこれは、前述したScaffolding Learning (Gibbons 2002：仮設足場架け学習) の発想とも一致する。A校においては学習者がより高いステージに上がれるように、常に仮設の足場が用意されており、学習者は無理なく社会化を成し遂げ、さらなる高みを目指しやすい状況が整っていると言える。

　この「受け入れられている」実感、「貢献」「居場所」という視点は、社会的包摂の基礎となる人と人との関係性や人と社会との関係性、阿部が「「つながり」「役割」「居場所」」（阿部 2011: 97）と列挙したものそのものであろう。それらを学校が提供することで、生徒のその後の社会化を成し遂げようとするシステムだと言える。つまりこれは、「異質な他者」同士の相互承認の共同体に基づく社会化の仕組みとも言える。その意味でA校IEC主任教師の「学校は家庭のリビングルームと同じだ。受け入れられていると感じられる場所を作る事によって、生徒たちは次のステップに自ら進んで行くと思う」という言葉は象徴的である。

　「家庭のリビングルーム」と表現される学校像は、デランティ（2006: 260-272）が指摘する「対話的なプロセスの中で構築される」場やフレイザーの議論、あるいは公共圏の議論とも重なり合うものである。そのような「居場所」への帰属意識が、生徒たちに社会の構成者としての自覚と、自分が構成する社会への主体的な「貢献」を促す。そしてその「リビングルーム」にお

いて、教師はボスではなくサポート役だという宣言である。これはこの「異質な他者」同士の相互承認によって生じた共同体が、単にホスト社会の常識を啓蒙的に当てはめる機能を果たしているだけではなく、相互に影響を与え合い、承認し合う中で、より高次のハイブリッドを目指すという力強い宣言であるようにも見える。これが「コミュニティ感覚（Sense of community）」の正体であり、A校IECの成功の鍵に見える。この「コミュニティ感覚（Sense of community）」構築に成功していることが、B校で起きる問題がA校で起きない理由かもしれない。そしてそのように主体的に「貢献」する難民像は、メディアによって語られる「依存する難民」(渡辺 2003: 25-36)[20]というステレオタイプを乗り越えて行く力強い挑戦と言えるのかもしれない。

第5節　居場所、人の流れ、主体的な貢献、それらを支える教育

　本章では西オーストラリア州のIECにおける実践事例を紹介したが、本事例は、例えば我が国における移民の集住地区における学校のあり方や日本語学習支援のあり方、コミュニティのあり方などについても、非常に示唆的である。ホスト社会として移民や難民とどう向き合い彼らをどう包摂していくか、教育や学校という場がどう機能するかは、さらに深められなければならない。

　これまで見てきたように、鍵を握るのは「コミュニティ感覚（Sense of community）」あるいは「居場所」の確保であり、それらに基づく関係の構築、更に言えば社会関係の形成である。それによって「異質な他者との共存」は間違いなく進み、地域の社会関係資本は上がって行く。実際B地区に隣接するショッピングセンターが2013年4月に改修され、割れたガラスが散乱して誰も近づけなかったGlass Areaが解消した。人の流れが戻り、その後Fight Nightは起こらなくなった。B地区の堆く積まれた粗大ゴミも目に見えて少なくなり、人の流れが街を浄化し始めたようにも見える。それに伴ってB校の雰囲気にも改善が見られた。2013年度の調査ではSWPBS

20　多文化主義においては言語マイノリティの社会参加を促すサービスが「国の責任」、移民の「当然の権利」であるという理解が共有されておらず、移民はお荷物で依存的であるという安易なイメージに繋がっている様子が描かれている。

(School Wide Positive Behavior Support)という、全校にまたがる生徒の行動管理、進級・進学、健康管理など、いわゆるSchool Policyを扱うプログラムができていた。ダイアリー策定に向けても動き出したという。生徒を学校に引きつける事を唯一の目標としていたところから、より生徒の行動を向上させる方向に一歩を踏み出したように見える。

　一方課題として浮き彫りになったのは、多文化主義の文脈に照らして学校選択があり得ないとしても、IECごとに水準が違い、社会化の手段である学校が難民のキャリアパスに対し、結果としてゲートキーパーとして機能している点は否定できない。人の流れを取り戻した地域が「異質な他者との共存」を進め、孤立した社会を抜け出すことが出来れば、やがてこの点は改善されるのだろうか。

　本章の元となったフィールドワークは、2013年の連邦議会下院選挙に前後して行われた。移民・難民は非常に重要な政治課題であり、特に選挙前のテレビには難民を載せたボートの映像が連日報じられていた。そして9月7日、オーストラリアは労働党ラッド政権から自由党アボット政権へ、再び政権交代を経験した。移民・難民「問題」が選挙戦の主要トピックの一つであったこともあり、本章で見て来たそれまでの移民政策が大きく転換することが予想されていたが、実際に政権交代後には、その影響がA校IECにも出ている様子が伺えた。政策の変わり目に駆け込みで生徒数が若干増加し、ソフト・ハードの両面で対応を求められているというし、その一方で難民認定自体は厳しくなっているため、今後の大幅増加は考えにくいという。制度的にも先が読みにくいと、担当者は困ったような表情をした。これまでの「異質な他者」との交流によって相互に承認し合う場として機能してきたA校が、今後どのようにその活動を拡大していくのか、またB校における組織的な実践がどうなっていくのか、政策が本章で扱った実践にどう影響を与えていくかは、今後も注視していくべき課題となろう。

［文献］
青木麻衣子，2008,『オーストラリアの言語教育政策——多文化主義における「多様性」と「統一性」の揺らぎと共存』東信堂.
青木麻衣子・伊井義人，2003,「多文化主義国家オーストラリアにおけるリテラシー教育——先住民・移民を視点として」『教育学研究』第70巻、第4号.

阿部彩，2011，『弱者の居場所がない社会　貧困・格差と社会的包摂』講談社現代新書．
石附実・笹森健編，2001，『オーストラリア・ニュージーランドの教育』東信堂．
キムリッカ，W.（角田猛之ほか監訳），1998，『多文化時代の市民権――マイノリティの権利と自由主義』晃洋書房．
塩原良和，2005，『ネオ・リベラリズムの時代の多文化主義―オーストラリアン・マルチカルチュラリズムの変容』三元社．
杉本良夫，1997，「ポスト・エスニック・マルティカルチャリズム」西川長男ほか編『多文化主義・多言語主義の現在――カナダ・オーストラリア・そして日本』人文書院．
田中節雄，1980，「社会化の担い手としての学校の分析」『教育社会学研究』第35集．
チャオ埴原三鈴，2014，「オーストラリアの多文化政策と移民」『別冊環20　なぜ今、移民問題か』藤原書店，pp.226-231．
デランティ，G.（山之内靖・伊藤茂訳），2006，『コミュニティ――グローバル化と社会理論の変容』NTT出版．
広田照幸，1999，『日本人のしつけは衰退したか』講談社現代新書．
広田照幸，2004，『思考のフロンティア　教育』岩波書店．
松本浩欣，2011，「オーストラリア中等教育における「校則」の運用――エスノグラフィを中心として」『東京大学大学院教育学研究科教育行政学論叢』第31号．
松本浩欣，2013，「多文化主義社会における難民の社会統合と学校――西オーストラリア州のIntensive English Centreを事例として」『東京大学大学院教育学研究科紀要』第53巻．
渡辺幸倫，2003，「オーストラリアにおける成人移民英語教育の研究――1990年以降の「シドニー・モーニング・ヘラルド」紙上におけるNSW Adult Migrant English Service(AMES)関連記事の分析」『環境創造』第5号，pp. 25-36．
Dandy, J. and Pe-Pua, R. 2013, "Research into Current and Emerging Drivers for Social Cohesion, Social Division and Conflict in Multicultural Australia," Joint Commonwealth, State and Territory Research Advisory Committee: pp. 176-221.
Echevarria, J. and Graves, A. 2011, "Sheltered Content Instruction –Teaching English Learners with Diverse Abilities Fourth Edition," Boston, Pearson Education, Inc.
Gibbons, P., 2002, "Scaffolding Language, Scaffolding Learning –Teaching Second Language Learnesr in the Mainstream Classroom" Heinemann
Parsons, T., 1970, "Social Structure and Personality," New York, The Free Press: pp. 129-154.

第5章　日本在住ベトナム難民第二世代の編入モードについて
　　　——1.5世世代の教育達成と支援者の役割に注目して

長谷部美佳

第1節　問題意識

　日本に在住する外国人の中でも、いわゆるニューカマーという人たちが日本に定着するようになって、すでに30年以上が経過した。最初に日本に移り住んできた移民の一世世代だけでなく、幼少期に日本に来日して教育を受けた1.5世代、そして日本生まれの二世世代、三世世代が登場しているのが現状だ。日本で「育った」若者たちは、どのように日本社会に定着し、社会に参加していくのだろうか。本章で考察を通して明らかにしようとするのは、ポルテス（2014）の「編入モード」の考え方を参照しながら、こうした移民の1.5世、二世世代の社会統合のあり方に影響を与える要素である。

　ポルテス（2014）は、移民の社会適応に影響を与えるものとして、3つを挙げている。1つ目は、年齢や学歴、スキルなどの人的資本、2つ目は移民を受け入れる社会的環境としての移民政策やホスト社会の人々の態度、移民コミュニティのあり方などを挙げ、最後が移民の家族構成である。特にこの中の2つ目の「社会的環境」である、「移民政策・受け入れ社会の態度・移民コミュニティのあり方」の3つの組み合わせを「編入モード」と呼び、それによって移民がホスト社会でどの程度まで社会経済的成功を収めるための、人的資本を活用できるかが決まると述べている（p.105）。

1　本章では1.5世世代を、幼少期に日本に来日し、基本的な教育を日本で受けた移民の世代として使う。日本生まれの2世とは異なる。

2　社会統合という言葉を使用することについては、様々な議論がある。またそもそも「統合」とは何かという定義が、日本社会では十分確定しているとは言い難い。本章では井口（2001）の定義に基づき、「外国人の社会的な底辺化を防止あるいは阻止する過程である」と考える。

Part II 教育

　ポルテスの議論は、いわゆる「移民国家」である米国の社会のあり方を基礎にして組み立てられたものであり、必ずしも日本の移民の第二世代の適応を分析するのにすべてがふさわしいとは限らない。しかし、移民の持つ「社会的環境」が「人的資本の活用」のあり方を決める、という考えは、日本の移民の第二世代の社会統合の有り様を分析するうえでも有効であると考える。

　特に本章が注目するのは、移民の第二世代の教育達成についてである。ポルテスが言うように、「人的資本」を活用できるかどうかは、社会で成功を収めるために重要であるが、移民の第二世代の「人的資本」を向上させるのは教育である。教育は英国内務省の統合の指標の中でも、「統合の基盤」と位置付けている要素であり[3]、移民が社会に適切に統合されるためには必要であることは明白だ。しかしOECD（2007）などの調査でも明らかなように、移民の子どもの教育達成には、ホスト社会の子どもの教育達成に比べて困難が伴う。実際、日本で外国につながる子どもでも、教育達成が難しいことが明らかになってきている（例えば小林　2014）。そもそも子どもの教育達成は、親の社会階層、文化資本、親の教育アスピレーションなどに影響を受ける（新城　2010）ことが様々な研究から明らかにされているが、移民の第二世代の子どもは親の経済資本、文化資本などに乏しいことが予想され、OECDの調査結果のような現実につながっているのだろう。

　本章では、ニューカマーの中でも、ベトナム難民[4]の家族として日本で成長したベトナム系1.5世代の子どもたちが、どのように教育を達成していたのかを考察する。本研究では、この目的のために大きく2つの調査を実施した。1つはベトナム系1.5世代の、日本で教育を受けた若者への聞き取りである。聞き取りの際の焦点は、先に挙げた「親の経済状況」、「文化資本＝日本語力」、「親の教育アスピレーション」であり、これが彼らの教育達成へどの程度影響を与えているかを考察する。もう1つは、支援者への聞き取

3　英国内務省が発表した「社会統合の指標」では、統合の指標を10項目挙げており、このうち「就労、住居、教育、健康」の4項目を「統合の道具、手段であり統合の過程で不可欠な要素」と位置付けている。

4　ベトナム難民は、1975年のベトナム戦争終結以降、共産主義政権の樹立による政治的混乱を逃れ、国外脱出を図った人たちのことである。ベトナム戦争終結後に、同じく共産主義政権の樹立とそれに続く内戦を逃れ母国を脱出した、カンボジア難民、ラオス難民と合わせて、「インドシナ難民」と呼ばれる。

りおよび支援団体での参与観察である。支援者への聞き取りでは、支援者が対象としている若者たちの現状認識と、あるいはその支援団体などの役割について聞き取りを行った。

　本章の構成は以下の通りである。第2節で先行研究から、インドシナ難民の若者が教育達成上抱える問題点を整理し、第3節で調査の概要を概説した後、第4節で調査結果、第5節で結果の考察をし、それに基づく結論を述べる。

第2節　先行研究

　ベトナム難民を含むインドシナ難民の第二世代の教育上の問題と、支援者の役割については、長谷部（2014）で確認してきた。彼らの教育達成には、OECDが指摘するような困難が確認でき、またそれに対して、支援者ができることも示している。以下では、長谷部（2014）の中で論じた教育達成の問題点と、支援団体の代表の聞き取りから見える支援団体の役割を述べる。

1. 移民の第二世代が抱える教育達成上の問題

　インドシナ難民の第二世代の特徴の一つは、彼らの大半が両親ともに外国人であることだ。もちろん、インドシナ難民の中には、国籍を取得している人も多いので、法的には外国人でない人もいるし、日本人と結婚している人もいないわけではない。しかしもともとのバックグラウンドは、ベトナム、ラオス、カンボジア出身なので、家庭内言語が日本語ではない場合が大半である。インドシナ難民の未成年世代の大半は、日本で教育を受ける場合、二世であろうが1.5世であろうが、学習言語と家庭内の言語が異なっている。二世と1.5世の違いと言えば、彼らにとっての確立した母語が日本語か、ベトナム／ラオス／カンボジア語かの違いであり、日本語を第二言語として学習しているかどうかの違いである。

　こうした背景から、彼らが教育達成をするに当たり、直面する障害は次の

5　1.5世代でも来日時年齢によって母語は異なる。おおむね10歳以上で来た場合は、母語が親の言語と同じ場合が多いが、来日時年齢が未就学の年齢だった場合は、母語が日本語である場合もある。

3点である。まず1点目は、家庭内言語と学習言語が異なることによる、学習言語習得の難しさにある。これはすでに OECD などの調査 (2007) や、日本の事例に関する調査 (後藤 2011) などからも明らかにされていることであるが、家庭内での使用言語と学習言語が異なる場合、学力が低くなる傾向がある。その要因として OECD (2007) は、「親に子どもの宿題を見るだけのスキルがないか、子どもが学習言語に触れる機会が少ないため、言語的に習熟していないか」が大きいと指摘しているが、これは後述する支援団体の HY 氏も同様のことを指摘している。彼は日本生まれの子どもたちに、抽象的概念への理解の遅れを感じることがあるとし、さらに日本生まれの子たちは、普段の生活言語である日本語には不自由しないので、自分たちは日本語ができないという自覚がなく、学力の低さを純粋に自分の能力が欠けていると認識しがちだという。結果、自分が馬鹿だから、高校に行けない、とあきらめる場合もあるという。両親が使う母語（継承語）[6]もホスト社会の言葉である日本語も、十分に発達しない「ダブル・リミテッド」の問題は、インドシナ難民の若者世代の教育達成の、大きな障害と言える。

　2つ目の問題は、1つ目の問題とも絡んでくるが、親子での使用言語が異なるようになり、家庭内での親子のコミュニケーションが難しくなることだ。家庭内の使用言語は、基本的に両親の使用する、両親の母語である場合がほとんどだ。そのことが子どもの学習言語の習得に負の影響を与えることは確かだが、同時に子どもの生活言語は、両親の母語ではなく、学習言語と同じであり、子どもは、両親との会話を面倒くさがるようになる。親が母語で話しかけても、日本語で返事をする、という程度で会話が成立すればまだよいが、母語で返事をするのが面倒だから、口を利かないと言った子どもの

6　母語と継承語については、中島 (2003) が次のように述べている。彼女は、母語を「初めて覚えたことばで、今でも使えることば」と定義しているが、その初めて覚えた言葉の言語形成期に、国を超えて移動をした子どもの場合、母語は確かに親の母語と同じであるが、学齢期になると、現地の言葉が「強いことば」となり、母語が「弱い言葉」となるという。結果、その母語を子どもの「母語」と呼ぶには、適切ではなくなるが、ただし外国語でもない。また同時に、現地の言葉をネイティブ並みに話せるようになったとしても、現地語を「母語」とするのは、難しい。結果、親から呼ぶ言葉を「継承語」と呼ぶのがふさわしい、としている。本章ではこの定義にほぼ同意している。だが一般的に移民の子どもたちが、自分の両親の言葉を学ぶときに「母語教室」と呼ばれることも多いため、本章では母語（継承語）と併記している。

話も聞いたこともある。親の方も、子どもから返ってくる言葉が日本語になると、それが理解できないため、なかなか話かけられないという場合もある。結果、親とのコミュニケーションは非常に限定的になる。また、コミュニケーションの限界は、必ずしも言語的なものだけが要因ではない。インドシナ難民の両親は、経済的にゆとりのある生活をしているケースが少なく、常に親は働いていて、物理的に親と子がコミュニケーションをとる時間がない場合もある。日本での教育達成、特に高校進学に際しては、家庭での親のコミットが重要であることを考えれば、ただでさえ年齢的に親子のコミュニケーションが難しい時期に、それ以外にコミュニケーションを取ることへの障害が多いことは、高校進学に決してプラスには働かない。

　3つ目の点は、親の教育に対する情報の欠如、あるいは文化資本の欠如である。親がホスト社会の言葉を理解できない、という単純な言語の問題だけでなく、そのことによって日本の教育制度についての情報が正しく入らないということも問題となる。さらに難しいのは、外国人の両親の場合、親に教育達成のために身体化したハビトゥス＝文化資本が足りない、ということにもなる。日本での高校入試や大学入試など、日本人の親の多くが経験してきている事柄を、両親が外国人の場合、親は体験していない。経験的な理解ができないというのは大きなハンディキャップだ。特にブルデュー（1991）の言う「身体化された形態の文化資本」ともいうべき、高校入試、あるいはそのために学校生活でどのように振る舞えばいいかなど、教育を達成するための文化資本としてのハビトゥスが親に欠けている場合、教育達成には困難が伴うと言っていいだろう。

2．移民第二世代の若者に必要なもの

　ではこうした子どもたちに対し、ホスト社会とのつながることがどのような意味を持つのだろう。長谷部（2014）は、外国につながる子どもの支援団体の聞き取りを実施したが、まとめると以下のようなことが言える。

　1つ目は、こうした支援団体を利用する子どもたちの背景だ。ここに来る子どもたちは、基本的に教育達成上、何らかの問題を抱えている。自力で問題を解決できる子は、そもそもこういう支援団体には来ないという。また反対に、実際に問題を抱えながら、この団体のことを知らない子は当然のことな

がら利用できない。この団体を利用できる子は、周りの同級生からの口コミ、あるいは中学校に入る前からこの団体のことを知っていた子、さらにはこの団体の他の活動（例えば親が日本語教室に通っている）に参加している子、のいずれかという。また、学力的には中堅高校から少し下回る学校に進学する子が多いというが、定時制高校や、近年は成績が伸び悩み公立高校への進学を早い段階であきらめ、私立専願で受験する子も多いという。さらに大変な年は進学できない子も存在したというが、進学できない子の家庭は、環境が深刻な場合が多く、日本語力以外の問題で高校進学できない子もいるという。

　２点目は、それに対して支援団体が提供しているのは、家庭内でのコミュニケーション不全、あるいは「聞いてもらいたい欲求」を満たすことであるという。この支援団体に来る子どもたちの大半は、日本語のできない親とのコミュニケーション不全があり、自分を聞いてもらいたいと思う子たちが圧倒的に多いという。また学習に対しての意欲があまり高くなく、それに対しての意味づけが必要だという。それに対して、親以外の大人が、根気よく丁寧に意味づけしていかなければならない。ここをできるだけ多様な大人、できれば年齢の近い大学生に支えてもらうようにする。中には、この支援団体でコミュニケーションをとったことにより、家庭で暴れなくなった子どもがいるという。

　この支援団体に関わる子どもたちは、決して学習環境が恵まれているわけではなく、また本人が問題解決の能力を持っているわけではない。こうした子どもたちに対し、その存在を「承認する」ことと同時に、学習の意味づけをしているのが、こうした支援団体の役割といえるだろう。

第3節　調査概要

　先行研究で見たように、ベトナム系の第二世代の子どもたちの教育達成には様々な困難が伴っている。それに対しある支援団体は「承認」と「学習の意味」を与えるようにしていた。それでは、実際にある一定の教育達成を果たし、高校、大学へと進学した子どもたちは、自分が与えられた環境をどのように捉え、その中でどのように行動していったのだろう。また、先行研究以外の地域でのベトナム系の若者を支援する団体は、現状をどのように捉

え、支援団体の役割をどのようなものだと考えているのか。この点を明らかにするために、次のような調査を行った。調査の概要は以下の通りである。ちなみに、当事者への聞き取りは、前述の支援団体に関わる若者に行っている。

1. 調査期間

　聞き取り調査は、1.5世代の若者へのインタビューを2013年3月に3回実施（神奈川県4名）、支援者への聞き取りは、2014年3月2回（静岡、大阪）、2014年10月（兵庫）の計4回実施した。それぞれ1時間から1時間半の聞き取り調査を行った。支援団体での観察は、2013年に神奈川県で数回、兵庫県で1回実施した。

2. 調査地の概要

　調査地は日本のベトナム人コミュニティが存在する3県4都市である。日本のベトナム系住民の集住地域は、神奈川県大和市を中心とした県央部、兵庫県姫路市と神戸市、静岡県浜松市、大阪府八尾市、群馬県伊勢崎市などにある。神奈川県と兵庫県にベトナム系住民が多いのは、神奈川県大和市と兵庫県姫路市に、インドシナ難民の定住支援を目的とした「インドシナ難民定住促進センター」があったことに由来する。定住促進センターは、1979年姫路市に、1980年に大和市と東京都の品川区にそれぞれ設立され、そのためこの2市には多くのベトナム出身者が在住している。インドシナ難民を受け入れた直後に、日本は国際人権条約に加盟し、その結果として公営住宅の入居要件から国籍条項が廃止された。そのため特に神奈川県の公営住宅では、ベトナム難民が多数入居することになり、また1990年代半ばに公営住宅の福祉目的化によって所得制限が厳しくなったことから、ベトナム系住民の集住が加速した。神奈川県在住のベトナム人は2015年1月現在で8,532人[7]、兵庫県在住のベトナム人は2014年末現在で、6,580人となっている。

7　在留ベトナム人の数は、近年技能実習生や留学生も含んでおり、必ずしもベトナム難民のつながりである人だけではない。

Part II 教育

3. 調査方法

　1.5世代の若者への聞き取り調査については、神奈川県内の外国人支援団体である前述のNPOに調査協力を依頼し、関係する若者に面接調査を行った。質問紙は特に用意しなかったが、進学時の「親の経済状況」、「文化資本＝日本語力」、「親のアスピレーション」に関する質問を行い、その際に親の状況、行動に対し、自分がどのように思い行動したかという質問を中心に回答してもらった。インタビューは日本語で行った。基本的には、このNPOに関わる若者であり、また以前から調査者が既知の対象者である。また4名に聞き取りを行っているが、現在も、あるいはこれまで積極的にこのNPOの活動に参加しているので、対象者選択の時点でバイアスがかかっていることは付記しておく。

　支援者への聞き取りは、静岡、大阪、兵庫でそれぞれ、ベトナム系住民に日本語教室やあるいは学習支援を行っているNPO団体に対して行った。すべての団体は、静岡では浜松市国際交流協会から、大阪と兵庫の団体は、関西のベトナム系コミュニティを調査している人からの紹介を受けた。

　支援団体での観察は、神奈川の支援団体での学習支援に参加し、また兵庫ではベトナム寺での学習支援活動の様子を見学した。

4. 調査対象者

　1.5世代の若者には4人のインタビューを実施した。4人中1人が日本国籍保持者で、残りの3人はベトナム国籍者である。1人を除いて全員、大学か短大に進学している。うち2人は大学に在学中であり、大学・短大を卒業した対象者は正規に雇用されている。また、来日時の年齢は、2人が未就学の時点、2人は義務教育年齢を超えたときに来日している。1.5世代の対象者の属性は以下の表5.1にまとめた。

表5.1　調査対象者の属性（年齢は聞き取り調査当時）

	国籍	年齢	来日時年齢	最終学歴	雇用状況
A	ベトナム	24	3	高校	正規雇用
B	日本	18	6	大学（在学中）	大学生
C	ベトナム	26	15	大学（在学中）	大学生
D	ベトナム	29	15	短大	正規雇用

支援者への聞き取りは、静岡ではNPOの代表と顧問、大阪ではベトナム系住民に対しての補習や母語教室の担当者、兵庫の聞き取りではNPOの代表のみ、それぞれ若者の現状とそれに対しての団体の取組などを中心に、回答してもらった。

第4節　調査結果

1. 1.5世代への聞き取り
(1)親の経済状況

まず彼らが高校に進学する際の親の状況だが、1人を除いて全員親が働いていなかったと答えている。

Aは母子家庭で、Aの下にも年の離れた妹がおり、母親は働けなかった。働いたとしても、短時間のパート労働で、その職も安定せず、生活保護を受給していたという。また、Bの家庭も、父親に安定的な収入がなく、彼の高校進学時も失業していた。母親が働いていたと言っていたが、パート収入なので、生活を支えるのに精いっぱいか足りてなかったと推測される。生活保護の受給については触れなかった。

Cの家庭では、両親が来日時にすでに高齢だったため、来日以降、親は一度も働いていないという。ただし、Cにはきょうだいが多く、先に来日していた兄弟による呼び寄せで来日している。そのため、来日当初は生活の安定していた上の兄弟と一緒に生活していたということであり、両親と彼女はそのきょうだいの家で生活していた。そのため彼女の進学時には、親の収入以外のところで生活している。

Dも状況は同じである。彼女も大勢のきょうだいの下の方で、いちばん上の姉に呼び寄せられた。そのため、彼女の両親が日本に来た時点で年齢が高く、仕事を探しはしたが、不安定な収入だったようだ。そのため、やはり年長のきょうだいが家族の生計を支えていた。

調査対象者の家庭は、基本的にどの家庭も経済的に余裕のある家庭はなく、進学に際して金銭的なサポートはほとんどしていない。

Aはさほど勉強が好きではなかったということもあり、当初から大学への進学は考えていなかったそうだが、大学に関心はあったと述べていた。しか

し家庭の事情を考えれば、大学へ進学することは難しいと考え、中学校卒業後、就職のしやすい高校に進学したという。Bは大学進学しているが、その際にも最初からすべて自分で賄う計画を高校時代から立てていたと述べていた。Cも現在大学に通っているが、「費用が大変でしょ」と聞いてみると「大変ですよ！」との答えが返ってきた。いくつもバイトをかけもってしのいでいるとのことだ。Dの家では進学に対する反対もあったようだ。しかし家族の反対を押し切って、やはり自分で奨学金などを探してきて進学した。

(2)文化資本

ブルデュー（1991）によれば、子どもの教育達成は、親がどのような言語を使用するかによって影響があるとする。社会階層が高い家庭では、社会の上層を構成する階層で利用される言語が使用されることになり、それが社会の主流で使用される言語に対する理解、使用能力を向上させ、結果、子どもの教育達成に影響するという。ブルデューの議論は、移民第二世代の教育達成について論じたものではないが、家庭内言語の使用と教育達成の関連についても示唆があることは明らかだろう。

調査対象者の両親の日本語能力について、調査対象者に質問したところ、調査対象者すべての両親が、日本語が話せなかった。またそのため、調査対象者の家庭内言語は、ベトナム語ということになる。家庭内言語がベトナム語ということになれば、家庭での学習習慣がなかなかつきにくい。親は宿題を見ることもできないし、日本語の本や新聞を読ませたりすることもできない。調査対象者は全員、家庭学習で親にサポートしてもらったか、との質問には、してもらっていないと答えている。

また日本語話者ではないということは、情報弱者であるということになる。調査対象者の両親の中で、彼らが進学の際に、日本の教育制度を知っていた人は皆無であり、それを補うような情報にアクセスできた人も皆無である。そのため調査対象者の全員が、親に頼ることができなかったと述べており、また進学時に適切なサポート（メンタル面、費用面含め）をまったく受けていないと述べた。

(3)親のアスピレーション

親が日本語の情報へアクセスできないという状況の中で、親は子どもの教育に対して過剰な期待をしにくい。そうした様子も調査対象者から述べられた。ただし、経済状況が悪いから進学するなと止められたという調査者はいなかった。
　Aの母は、自身が日本語を話せないこと、経済的な基盤もないことから、高等教育への進学を過度に期待するようなところはなかったという。教育に対し何もできないので、対象者の好きなようにやればよいと言われたという。またBの父は、大学に進学した方がよいのでは、と子どもころから話していたとのことで、本人は漠然と大学に進学するものだと考えていたとのことだ。

⑷それに対し、自分はどう行動したか
　これまでベトナム系住民の1.5世代家庭の、親の経済状況、文化資本、アスピレーションについて、調査対象者の答えから振り返った。どの家庭も3点すべてが乏しいと言わざるを得ないだろう。とすれば、本来彼らの教育達成は非常に困難だったと思われるが、彼らはすべて義務教育以上の教育を受け、3人は短大以上に進学している。Aについては、高校進学の際、B、C、Dについては、大学以上の進学の際に、自分でどのように対処したかを質問した。
　Aは、母にまったく頼ることができなかったので、自分で情報を集めるなどできることは全部やったという。また、Bも先に述べたように、大学に進学するために、最初から金銭的にも、情報源としても親を頼ることはできないとわかっていたので、高校時代にバイトをしてお金をため、進学先についても、自分で様々調べたようだ。Dも短大や奨学金の情報を自分で調べたという。基本的には、調査対象者の全員が、自分の置かれた環境を十分理解し、そのうえで進学に対しての計画を練っていたと言えるだろう。
　そんな彼らが持っていた「社会関係資本」＝日本社会との社会的つながりと言えるのは、支援団体とのつながりだ。調査を実施した支援団体は代表のHY氏が学生サークルからスタートさせた非営利団体で、日本語学習の支援から、中高生の補習、進学情報の提供など様々な活動をしている。中でも中高生に対して、事務所を開放し居場所をつくっているのが特徴である。中学

生以上の子どもたちは、放課後、自由に事務所に来てよい。ここで勉強すれば、HY氏が指導をするし、ただ友達と話すだけでも良い。HY氏と話すだけの子たちもいる。また、ここに大学生のボランティアなども多く関わり、HY氏以外にも学習のサポートをする体制となっている。

　Aは小学校時代からHY氏のことは知っていたといい、中学に入るとすぐに事務所に来るようになった。高校の進学の際、試験勉強も、進学情報の入手もこの事務所でできたと言っていた。Bは、この支援団体以外にも、同じ地域内で活動する学習支援の団体に所属しており、双方で学習している。Bにとってのこの支援団体の意義は、もう一つの団体でリーダー的な役割があるので、少し息抜きをするために来ている場合が多いという。Cは、高校時代はとにかくHY氏が運営する日本語教室で、ひたすら勉強していたと述べており、必ずしも開放されていた事務所に来ていたわけではなかったが、集中的に勉強していたとのことだ。またDは、中学時代に同じ境遇だった同世代の友人数人とこの支援団体で知り合い、一緒に高校進学の勉強をしていたという。また、保育士になるための国家試験を受けるに当たり、ピアノの実技試験があったため、自宅で購入することができず、代表のHY氏が調達してきた電子ピアノで、ピアノの練習をしていた。

2.　支援団体への聞き取り

　それでは、そのほかの支援団体では、問題をどのように認識し、それに対しどのように対処しようとしているだろう。静岡、大阪、兵庫の支援団体の代表、あるいは担当者に話を聞いた。この3つの団体とも、ベトナム系住民に対する日本語教室や、学習支援、生活相談、母語（継承語）教室などを実施している団体で、静岡と兵庫の団体は、ベトナム難民が設立した団体であり、大阪の団体は、在日コリアンが設立し、その後の地域住民の多国籍化に伴って、対象者をベトナム難民の家族や中国帰国者にも広げている。

　静岡の団体の特徴は、活動の拠点がカトリック教会であり、かつ代表者も元難民であるが、メンバーはカトリックにかぎらず、仏教などの他の宗教の信者も関わっていることだ。また、顧問が地域の名士であり、ソーシャルワーカーでもあるので、生活保護の受給などや就職などベトナム系住民が陥りやすい問題の解決方法をいくつか持っている人であり、そのために住民か

らの信頼が篤い。代表者のEさんは、警察の通訳や市内の小学校への指導にも出かけており、地域での活動に大きく貢献している。顧問のFさんによれば、日本生まれの子の中には、親子でのコミュニケーションのギャップはあるものの、おおむね安定して就職しているという。多くは地元の中規模の企業に就職し、また日本人との結婚も増え、一戸建てを購入する家庭も多いという。そのほかに大学進学の相談にのることもあり、ベトナム系の第二世代の子どものうち、大学に進学する人も複数みられるようになっている。特に、こうした子たちの中から、次世代のコミュニティのリーダーを作り出そうというところであるとのことだ。

　一方、移民コミュニティの弊害について述べていたのは、兵庫の支援団体の代表だ。この団体はもともとベトナム難民だった女性が設立したが、その後代表が変わり、現在は日本人と結婚したベトナム女性が代表となっている。この地域は、近隣に零細の靴工場が多数存在し、多くのベトナム難民はこの工場で働いているという。そのため、それほど日本語が必要なく、反対に日本語を勉強しても日々の生活では使わないため、日本語は必要ないと考えてしまうとのことだ。結果、日本での生活上の情報は、ベトナム人同士の中での手に入れることになるが、ここで誤った情報が伝わる場合もあるという。また、親が教育にあまり関与せず、学校や塾に任せきりになってしまうので、二世代の教育達成が難しいという。大学に進学する子どもはあまり多くなく、難民の優遇枠を持っている大学に稀に入る子がいるだけだという[8]。本来であれば、大学、そして就職をするうえで日本語、特に読み書きが重要だが、それができていない子が多いのが実情とのことだ。ただしこの団体が実施している母語（継承語）教室には、現在23人ほどの子どもが通っているとのことで、こうした子たちが、ベトナム語を勉強したうえで、例えばベトナムの日系企業に就職できるような道が開ければと考えているようだ。

　継承語教室の大きさは、大阪の団体が一番大きかった。年間80名近くが学んだこともあるという。大阪の団体の周りも雇用促進住宅が並び、いわゆ

8　国連高等難民弁務官事務所（UNHCR）は、難民に高等教育の機会を与えるため、「難民高等教育プログラム」という奨学金および特別推薦枠を持つプログラムを設立、現在毎年6名が、関西学院大学、青山学院大学、明治大学に推薦で入学している。詳細は http://www.unhcr.or.jp/html/2012/07/rhep-fq.html 参照

る団地に外国人住民が多数入居し、その多くがベトナムや中国からの人たちとのことだ。多くは近隣の工場などに仕事を求めているという。週末に継承語教室や学習支援をし、現在では所在地の市からの委託なども受け入れている団体だ。ここで継承語教室を担当している日本人女性の方が、ベトナムの第二世代のサポートを直接担当し尽力している。親と子のコミュニケーションの断絶、あるいは進学に失敗し、定職に就けない子どもはいるものの、継承語教室には年間50人以上が参加し、それが10年以上続いているという。団体が教材をオリジナルで作り、その教材が修了した子にはアメリカで作られた教材を使用し、より高度な継承語の習得を目指しているという。こうした継承語教室に参加した子どもたちは、すでに自分がこの活動をひっぱっていかなければならないと自覚し、自分ではいると日本語の紙芝居を作り、年少の子どもに教える子が出てきている。

3. 宗教施設と支援団体

また、本節で付記しておきたいのは、支援団体の中での宗教施設の重要性だ。今回聞き取り調査と視察に回って、支援団体が宗教施設を母体とする団体は2つある。静岡の団体と兵庫の団体だ。この2つはどちらもキリスト教会の建物の中で学習支援や日本語教室を実施していた。また兵庫県内には、ベトナム寺院（といっても公民館のような建物の中に、仏像があるという感じだが）も存在し、そこを視察した時も、休日だが日本語教室や学習支援を実施していた。またキリスト教ミサにも参加したが、そこにはベトナム人の参拝者も多数いて、なおかつベトナム語で聖書の一説を語る場面があり、日本人とベトナム人の接点となっていた。特にキリスト教会は、日本人のキリスト教徒が参加しやすく、日本との「社会関係資本」をつくる場となっている可能性がある。

第5節　考察

1. 本人たちの学習の困難な環境への対処の仕方

今回の調査で聞き取りを行った4人のケースのうち、いわゆる教育達成に必要と思われている「親の社会階層」、「親の文化資本」、「親からのアスピ

レーション」をすべて備えているという人は皆無であった。親に経済力はなく、日本語の能力や、日本での高等教育を受けさせるための情報も、身体化されたハビトゥスもない。また、決して子どもに対しての期待も高いとは言えない。

　この環境の中で、彼らは自分の人的資本を伸ばすために、自分でかなり意識的に高等教育をうけようと努力をしていた。自分たちで情報を集め、日本語力を向上させる場、あるいは教科学習についていけるように勉強できる場を確保しようとしていた。彼らは自分たちの努力だけでは及ばないところについても自覚していて、そこを支援団体に頼っているように見える。支援団体で日本語を学び、教科の補習をし、高校の情報や奨学金情報などを集める。大学進学の際には、金銭的な支援についての情報だけでなく、必要な資材も提供される場合がある。その意味で、こうした支援団体が親の資源がない部分をカバーする範囲は広い。

　支援団体が提供するものの中でも、特に重要な要素は「安心感」あるいは「承認感」の提供であろう。聞き取り調査を実施した若者たちは、高校に入り、大学に入学し、あるいは社会に出た後も、この支援団体に顔を出している。2章で述べたように、支援の場に来る若者たちは、自分でどのように学習していいかわからない、という子も多いが、同時にコミュニケーションや大人からの承認欲求を満たそうとしている。自分の話が聞いてもらえる、自分の多少のわがままが認められる、欲しいものを否定されない、という承認への欲求が認められると思う場所だからこそ、安心して学習に取り組めていると考えられる。

　ポルテスが移民の社会適応に影響するものとして、ホスト社会の「移民政策」「一般の人の態度」「移民コミュニティ」の組み合わせ、と述べているが、教育達成に必要な親からの資源が少ない場合、「ホスト社会の一般の人の態度」などが重要になってくる。家族の中では得られない、ホスト社会の一員から認められたという実感が、教育達成を促進する大きな要素と考えられる。

2．支援者の役割
　一方、支援者への聞き取りから見える役割として注目したいのは、1.5世

世代（あるいは二世世代）の若者に対し、ロールモデルの提示や継承語の重要性を伝えることで、アイデンティティの確立を促すように見えることだ。もちろん、それと同時に日本での高等教育への進学が可能となるように、日本語の学習も教科学習も、すべての団体で行われている。そのうえで「ベトナム人」であることのアイデンティティを確立し、それを1.5世代のアドバンテージになるように、苦心している。

例えば静岡の団体では、様々な教室のほかに、継承語の教室を実施し、そのうえで団体の存続もかねて、次世代のリーダーを養成しようとしていた。次世代のリーダーの養成とは、さらに若い子どもたちにとっては、ロールモデルであり、目標である。ベトナム人の中から、自分が目指すべき姿としての指針となるだろう。それは大阪の団体も同様である。アメリカから教材を導入するなど継承語教室に力を入れ、その継承語教室を通じて若者をコミュニティのリーダーとして育て、さらに若い子どもたちの教育の場に、リーダーとして活用する。それによって身近な、同じ境遇の「お兄さん、お姉さん」が若い子どもの指針となる。兵庫の団体が示すのは、継承語のさらなる可能性だ。アイデンティティの確保以上に、継承語が将来母国での就職や起業に有利であると認識してもらえるように話をするなど、継承語を学習することの強みを若者たちに伝えようとしているようだ。日本社会への「統合」だけでなく、トランスナショナルな場での資源となる可能性も示している。

このようにみると、支援団体の役割とは大きく分けて、2つある。1つ目は、日本語の支援、教科学習の支援、さらには移民コミュニティの中で流通しやすい誤った情報ではない、正しい日本の教育制度、制度の中での適切な「振る舞い」など、日本の教育達成に必要な力の育成である。2つ目は、いわゆるアイデンティティに関わる部分だ。「承認される」という人間的に基礎的な部分と、自分が帰属するエスニック集団への理解の促進だ。裏を返せば、このコミュニケーションを通じた承認や、継承語の重要性と、ロールモデルの提示といったエスニック集団への理解促進を各支援団体が行っていたということは、親とのコミュニケーションや、あるいは移民コミュニティからは、現実的にこうした資源が得にくいということでもある。家族、そして移民コミュニティだけでは提供できない、こうした資源の不足を、ホスト社会とのつながりの中でカバーしていくことが、移民の第二世代の教育達成に

肯定的な影響をもたらすと考えられるのではないだろうか。

第6節　結論

　以上、移民の第二世代の教育達成の困難さと、それに対して本人たちが取った行動と、ホスト社会の役割について論じてきた。そもそも生活言語と学習言語の異なる子どもたちの教育達成は難しいという指摘がある中、さらに、子どもの教育達成に影響を与える「親の社会階層」、「親の文化資本」、「親のアスピレーション」の、それぞれの要素が満たされない若者のケースを取り上げた。親の経済力、文化資本、アスピレーションがほとんどない若者でも、それぞれ自分の努力と、その不足分を補うホスト社会との関係性を持つことによって、教育達成を成し遂げることができる事例を示した。その際、特にホスト社会の支援団体が提供するものは、親や移民コミュニティでは必ずしもふさわしく提供されない、日本語力や正しい情報、教科学習の支援であり、承認欲求を満たすためのコミュニケーションであり、あるいはアイデンティティの確立を支援するものであった。

　ここに示した事例、特に第二世代本人たちの聞き取りについては、社会とのつながりを持つことによって教育達成を成し遂げた事例ばかりである。親の資源が乏しい子どもたちにとって、ホスト社会とのつながりが親の資源をカバーして教育達成を促進する、というためには、実際に教育達成がされなかった若者たちとの比較が必要であろうし、あるいは教育達成をした人たちの中で、ホスト社会とのつながりがなかった人たちとの比較検討が必要であることは言うまでもない。その面で、この調査の結果には限界があり、バイアスがかかっていることは否定できない。

　しかし同時に、笹川平和財団の報告書（2014）で示されているが、親が子どもの教育達成のために、必死で日本語を覚え、家庭の中での言葉を日本語にしたという事例も散見される。またそうした事例の方が、より教育達成に必要だと思われている親のあり方と適合的であることを考えると、必ずしも親の資源が十分でなくても、ホストとの適切な関係性を持てることで、教育達成を促進できると示せたことは、一定の意義があったと思われる。

　移民の第二世代の教育達成に必要な要素を検討することは、日本の社会の

中で、移民の第二世代がよりよく適応し、人的資本の可能性を最大限に伸ばすために重要であることを考え、今後も多面的な視点から、検討を進めていきたい。

［文献］
井口泰，2001，『外国人労働者新時代』ちくま新書．
OECD編（斎藤里美監訳），2007，『移民の子どもと学力——社会的背景が学習にどんな影響を与えるのか』明石書店．
小林普子，2014，「新宿の事例から見える日本社会」川村千鶴子編著『多文化社会の教育課題——学びの多様性と学習権の保障』，明石書店．
笹川平和財団，2014，「インドシナ難民の受け入れの経験——社会統合の観点から」「「難民受け入れ政策の調査と提言」事業調査報告書』57-101．
新城優子，2010，「子どもの教育達成プロセスに関する理論的検討——社会関係資本論の視点から」『ソシオロゴス』34号，85-103．
中島和子，2003，「JHLの枠組みと課題：JSL/JFLとどう違うか」『母語・継承語・バイリンガル教育（MHB）研究』(プレ創刊)，1-15．
長谷部美佳，2014，「インドシナ難民家族の高校進学と支援者の役割」川村千鶴子編著『多文化社会の教育課題——学びの多様性と学習権の保障』明石書店．
バトラー後藤裕子，2011，『学習言語とは何か——教科学習に必要な言語能力』三省堂．
ブルデュー，ピエール（宮島喬訳），1991，『再生産（教育，社会，文化）』藤原書店．
ポルテス，アレハンドロ　ルンバウト，ルベン（村井忠政・房岡光子・大石文朗・山田陽子・新海英史・菊池綾・阿部亮吾・山口博史訳），2014，『現代アメリカ移民第二世代の研究——移民排斥と同化主義に代わる「第三の道」』明石書店．
Ager, Alastair and Strang, Alison, 2004, *Indicators of Integration: final report*, Home Office, London, UK.

Part III

地域社会

第6章 「編入モード」から見る
　　　　日系ブラジル人の位置と第二世代の課題
　　　　──リーマンショック後の外国人集住地域の事例を通して──

渡戸一郎

第1節　はじめに
　　──日系人帰国支援事業とブラジル経済の変動のはざまで

　2008年秋のリーマンショックによる世界経済危機で失業し、日本での再就職を断念してブラジルへの帰国を希望する日系人に対して、日本政府（厚生労働省）は翌年4月から1年間、「日系人帰国支援事業」（1人当たり本人30万円、扶養家族20万円の帰国支援金を支給）を実施した。この事業を利用した場合「3年間は日系人（定住資格）として再入国できない」と告知されたが、ブラジル国籍者約2万人が同事業により帰国した（ブラジル20,053人、ペルー903人、その他719人。計21,675人。県別の帰国者数は、愛知県5,805人、静岡県4,641人、三重県1,681人、群馬県1,458人、滋賀県1,449人、長野県1,345人、岐阜県1,185人など）。
　それから3年を経た2013年春には、同事業でブラジルへ帰国した日系4世の女性が、静岡地裁に「日本での在留資格を認定しないのは不当」として日本政府を相手に訴訟を起こす[1]。こうしたなかで、政府は、同年9月末、「帰国支援を受けた日系人への対応について」を発表し、「昨今の経済・雇用情勢等を踏まえ、10月中旬より、一定の条件のもとに、再入国を認める」こととした。一定の条件とは、「再入国をしようとする日系人の安定的な生活を確保するため、日本で就労を予定している者については、在外公館におけるビザ申請の際、1年以上の雇用期間のある雇用契約書の写しの提出」を義務づけるというものだ。しかし予めこうした雇用契約を結んで再入国でき

---

1 「出稼ぎ日系人、一度帰国すると戻るのは大変」(朝日新聞、朝刊、2013年8月23日)、「10月15日から再入国「日系人帰国支援事業」該当者」(サンパウロ新聞、2013年9月28日)。

る人はきわめて限定的とみられる。それゆえ、グローバル金融資本の動向に大きく規定されるブラジル経済の景気変動を背景に、新たに来日するブラジル人には日系3世との婚姻や永住者・定住者の家族呼び寄せが相対的に増えていくと予測される。また、すでに日本定着を決意した人びとも一定数いるが、ブラジルとの間を行き来する日系ブラジル人の波も絶えることはないだろう（堀坂 2012: 192）。

　このようにグローバルな経済変動と受入国の政策に翻弄される、「トランスマイグラント」としての日系ブラジル人は、果たしていかなる存在として捉えられるべきなのか。本章では、「移民の適応は、一定の文脈的要因に規定された、特定の国家への編入の結果である」という、A. ポルテスらによる「編入モード」の理論的枠組みを用いて、1990年代以降に急増し、リーマンショック後に大幅に減少した日系ブラジル人の現時点でのマクロな位置づけを試みる。また、2000年代以降、日本でも移民第二世代の教育達成や進路の問題が注目されているが、日系ブラジル人二世の現状をあわせて検討する。具体的には、静岡県内のブラジル人集住地域の事例調査によって得られた知見を踏まえながら、日系ブラジル人という、一定の歴史的段階に集中的に来日し、定住した人びとの今後を展望するとともに、日本の移民政策に関する示唆を探究したい。

第2節　移民の適応過程と「編入モード」

　序章で述べたように、アメリカでは1965年の移民法改正後のアジア系やヒスパニック系などの新移民が、従来の同化理論では説明できない適応をみせる。とくに1980年代以降、自らの民族文化や価値観を選択的に維持することによって、比較的短期間にアメリカ中産階級への経済的統合を遂げるコリア系やキューバ系などの移民に対し、アフリカ系、メキシコ系、プエルト

2　「トランスマイグラント」とは、出身国家と定住する国家のあいだの地理的・文化的・政治的境界を跨ぐ社会的領域を作り出す移民たちをいう（Basch et al. 1994: 7）。なお、日系ブラジル人とは、1990年入管法改定で急増した「日本人の配偶者等」または「定住者」（三世の日系人とその配偶者）のビザを取得して来日したニッケイをさす。そこには、父母ともに血統的に日本人の場合だけでなく、混血の日系人やその配偶者である非日系人も少なからず含まれている（山脇 2013）。

リコ系などは全体としてアメリカ文化に染まるほど経済的下降傾向にある。このような差異が生じる要因を説明するために A. ポルテスらは、移民の同化プロセスは分節化されているとする「分節同化理論」(segmented assimilation theory) を構築した (Portes and Zhou 1993)。

そして、分節同化理論を構築する際、ポルテスらは「編入モード」(mode of incorporation) という理論的枠組みを導入し、移民の送出国からの離脱条件と移住先での受入の文脈といった構造的要因と、移民自身がもつ人的資本との相互作用に着目して、移民集団がさまざまな形態で受入社会に定着・定住していくことを説明しようとした。移民集団は受入社会に一様に同化していくのではない。①送出し国からの離脱条件、②移民たちの出身階層、③受入国の社会的な文脈により、多様な移住経路が生み出される。すなわち、第一に労働移民か難民か、第二に移民が保持する人的資本のタイプ、第三に受入国政府の態度、雇用主とネイティブの反応、エスニック・コミュニティの有無が、移民の移住経路を方向づける（人見 2013）。

1990年代以降の日本における日系ブラジル人の編入過程については、梶田らの『顔の見えない定住化』(2005: 第3章) における移住システムと移民コミュニティの比較分析がある。そこでは移住システムの下位類型が示されると同時に、国家・市場・移民ネットワークのあいだの相互連関が移動局面と居住局面でどのように変容するかが仮説的に提示されているが、さらに国際比較を通じた特殊性や、「編入モード」の観点からの位置づけが検証される必要があろう。

第3節　日本におけるブラジル人人口の推移

1980年代後半から90年代前半にかけて、ブラジルはハイパーインフレに見舞われ、北米、欧州などに大量の移民を流出させていた[3]。そのような

---

[3] Margolis (1994) は、1990年代前期のニューヨークにおけるブラジル人移民を調査し、短期的なデカセギの予定が次第に滞在の長期化に変化している様子を捉えている。日本でも同様の過程が進行していた訳だが、ニューヨークでは、日本でみられたような製造業への不安定就労ではなく、男性は皿洗い等のレストラン業務、運転手、建設業、もの売り、靴磨き、清掃などの多様な短期的な仕事に、女性は半数以上が家事サービスに就いていた。

なか、日本では1989年の入管法改正によって、翌年から日系人ブラジル人（三世までの日系人とその配偶者等）が活動に制限のない「定住者」の在留資格で来日し、自由に就労することが可能になった。これを機に、80年代半ばから日本にデカセギに来ていた一世に続き、日系二世以降の世代とその家族が2000年代にかけて急増する（表6.1）。その移住のフローを支えたのは梶田らのいう「市場媒介型移住システム」（表6.2）であった（梶田ほか 2005）。日系人ブラジル人の編入過程では、このトランスナショナルな市場媒介型移住システム（総合デカセギ会社）(丹野 2007)が、日本におけるブラジル人の生活とコミュニティを基本的に規定していると指摘された（表6.3）。

2000年代後半以降、在日ブラジル人は「定住者」が減少し、「永住者」が増え続け（2014年末現在では、定住者25.4%、永住者63.3%）、実質的に「移民」と呼びうる存在に変容してきている。また、1990年末から2010年末に至る年齢別外国人登録者の推移（表6.4）を見ると、韓国・朝鮮では少子高齢化が顕著に進行しているのに対し、中国・ブラジル・フィリピンでは年少人口が爆発的に増加したことがわかる。その一方、ブラジルとフィリピンでは高齢化も同時に進行しつつあることにも注意が必要だろう。

だが、ブラジル人の日本への入国者数は2005年の46,680人をピークに減少し、08年のリーマンショック以降は2万人前後で低迷した。とくに短期滞在を除く新規入国者数は数千人台となったが、2013年秋以降の再入国解禁もあり、近年ふたたび増加している。

表6.1　日本におけるブラジル人人口のフローとストックの推移

年	1990	1995	2000	2005	2008	2010	2012[2)]	2014
入国者数	81,495	104,323	58,577	46,680	31,002	22,210	57,191	57,151
内、新規入国者数[1)]	-	-	45,546	33,943	14,402	4,719	5,790	34,241
外国人登録者数[2)]	56,429	176,440	268,232	302,080	312,582	230,552	190,581	175,410
一般永住者	164	474	31,203	63,643	110,267	117,760	114,632	111,077
日本人の配偶者等	40,384	99,803	90,732	78,851	58,445	30,003	19,519	15,565
定住者[3)]	12,637	69,946	139,826	153,185	137,005	77,359	53,044	44,559
その他	3,244	6,217	6,561	6,401	6,865	5,430	3,386	4,209

注 1) 入国者総数から短期滞在者と再入国者を除いた。
　 2) 2012年7月施行の改正出入国管理及び難民認定法で導入された新たな在留管理制度により、「中長期在留者」を中心とする定義に変更されている。外国人登録法は廃止され、2012年以降、「在留外国人数」に変わった。
　 3) 1990年6月に施行された改正入管法で、日系二世・三世がこのカテゴリーに含められ、就労可能となった。

表6.2 移住システムの下位類型

下位類型	相互扶助型移住システム	市場媒介型移住システム
媒介形式	互酬	市場交換
促進機能	移住過程の進展に伴い移住に必要な社会的資本が蓄積され、促進機能が強化される。	移住過程が進展しても、社会的資本は相対的に蓄積されにくい。そのため、促進機能は強化されない。
選別機能	互酬的集団への帰属が条件。コミュニティ内では移住層の拡大をもたらすし、コミュニティ間では特定コミュニティに移住層の偏りをもたらす。	渡航費用の支払能力による。そのため、コミュニティ内での移住層の拡大には、一定の制約が課せられる。ただし、特定集団への帰属を条件としないため、コミュニティ内とコミュニティ間では移住層の拡大が等しく起こりうる。
方向づけ機能	出身地から特定の親子コミュニティに水路づけられる。移民フローの方向は規則的。	労働市場の状況により、出身地域とは無関係に方向づけられる。移民フローの方向は不規則的。

出所:梶田ほか(2005)、94頁

表6.3 各類型における移民の支配的な行動

	労働者コミュニティ	エスニック・エンクレイブ	解体コミュニティ	新中間層コミュニティ
政治	集団を基盤とした参加	利益集団としての組織化	参加程度低	居住社会への同化
経済	二次労働市場に参入	エスニック経済内で上昇	二次労働市場に参入	一次労働市場に参入
教育	ホスト言語モノリンガル 上昇移動→同化	バイリンガルの維持 上昇移動	セミリンガル 下降同化	ホスト言語モノリンガル 上昇同化
具体例	在米インドシナ難民	在米キューバ人	在米メキシコ人 在日ブラジル人	在米インド人 在日新華僑

出所:梶田ほか(2005)、88頁

表6.4 年齢別国籍別外国人登録者の増減比の推移(1990年末=100)

		全体	韓国・朝鮮	中国	ブラジル	フィリピン
総数	1990年末	100	100	100	100	100
	2000年末	157	92	223	451	234
	2010年末	199	82	457	409	428
0〜4歳	1990年末	100	100	100	100	100
	2000年末	152	58	258	1,463	414
	2010年末	160	35	462	1,086	761
5〜9歳	1990年末	100	100	100	100	100
	2000年末	106	53	210	1,365	534
	2010年末	114	29	281	1,736	1,191
10〜14歳	1990年末	100	100	100	100	100
	2000年末	101	57	233	1,482	485
	2010年末	108	32	285	1,950	1,631

出所:各年版「在留外国人統計」より作成。

第4節　リーマンショック後の日本政府の政策対応

　90年代以降急増したブラジル人を中心とする日系南米人の多くは、派遣会社や業務請負会社等を通じた間接雇用の単純労働力として製造業などで就労し、「景気調整の安全弁」として活用された。しかし、彼らを受け入れた日本政府は、日本語学習や労働者としての権利学習などの機会を十分に保障することはなかった（結果的に地元の自治体と市民団体等に問題の対応が委ねられた）。一方、日系南米人はフレキシブルな「デカセギ」労働者として長時間労働を厭わずに働き、また相対的な高賃金を求めて転職を繰り返す者が多かったが、景気低迷の下、日本でのその生活は次第に長期化していった（「顔の見えない定住化」）。そしてブラジル人が30万人超に達していた2008年秋、リーマンショックが起きる。

　日本政府はリーマンショックの契機とする日系南米人労働者の失業の大量発生を受けて、2009年1月内閣府に定住外国人施策推進室を設置し、同年4月「定住外国人支援に関する対策の推進について」をまとめた。そしてその象徴的な施策として自発的帰国の支援プログラム（2009～2010年3月）を打ち出し、これを利用して2万人以上が帰国したことは前述のとおりである。

　他方で同推進室は2010年8月、「日系定住外国人施策に関する基本指針」を策定し、翌年3月にはこの「基本指針」に盛り込まれた日本語習得、子どもの教育、就労、情報提供等の施策について、より具体化することを目的として、次のような「日系定住外国人施策に関する行動計画」を策定した。[4]

「日系定住外国人施策に関する行動計画」における主要な施策
①日本語で生活できるために必要な施策：

---

[4]　また、2012年7月には入管法改正で非正規滞在者を排除する「新しい在留管理制度」が導入されるとともに、外国人登録法が廃止され、外国人は日本人と同じ住民基本台帳に登録することになった。さらに、同年5月、「外国人との共生社会」実現検討会議が設置され、より積極的に体系的・総合的な取り組みを推進する必要性が提起された。同会議は同年8月に「中間報告」をまとめたが、同年末の自民党への政権交代により同会議は廃止された。

日本語教育の標準的なカリキュラム案のデータベース化
②子どもを大切に育てていくために必要な施策:
帰国・外国人児童生徒受入促進事業、在留期間更新等の際の就学促進のためのリーフレットの配布、不就学の子どもの公立学校への円滑な転入を促進する「虹の架け橋教室」事業（2009年度の事業開始から2011年12月までに約900人が公立学校へ、約1000人がブラジル人学校等へ就学）
③安心して働くために必要な施策:
日系人就労準備研修（日本語能力等に配慮した職業訓練）、多言語での就労相談
④社会の中で困ったときのために必要な施策:
国の制度に関する情報の多言語化の推進

　こうして、日本政府は遅ればせながら、ようやく日系南米人労働者への政策的対応に乗り出した（なお、日系定住外国人施策は実際には日系人以外の外国人にも広く適用された）。

第5節　ブラジル人集住都市の変化

　一方、日系人労働者とその家族が集住する地域を抱える北関東、東海・中部などの自治体では2001年、共通する諸問題の解決を目指して「外国人集住都市会議」を創設した。同会議の自治体の首長らは、リーマンショック後の地域の急激な変化にローカルなレベルで対応しながら、中央政府の政策的対応を強く求めた。労働政策研究・研修機構の調査（2010年8月実施）では、外国人集住都市自治体の回答状況は、「外国人居住者の減少」78.9％、「外国人失業者の増加」80％以上、「外国人生活保護申請者の増加」80％以上、「地域住民との共生が進んでいない」66.7％、「今後外国人の生活・就労支援を充実させる必要性あり」68.4％となっていた（渡辺　2011）。2012年末現在の主要な外国人集住都市の外国人居住者の構成（表6.5）では、依然としていずれもブラジルがトップとなっている。

第6章 「編入モード」から見る日系ブラジル人の位置と第二世代の課題

表6.5 外国人集住都市会議参加都市のうち、外国人人口が5千人以上の都市における上位3カ国外国人人口

(2012年12月末現在)

都市名	総人口(人)	外国人数(人)	外国人割合(%)	外国人数1位(人)		外国人数2位(人)		外国人数3位(人)	
伊勢崎	211,535	9,984	4.7	ブラジル	3,456	ペルー	2,495	フィリピン	1,075
太田	220,643	7,333	3.3	ブラジル	2,851	フィリピン	1,062	中国・台湾	877
大泉町	40,716	5,859	14.4	ブラジル	3,920	ペルー	860	フィリピン	187
可児	101,420	5,561	5.5	ブラジル	2,703	フィリピン	1,969	中国	398
浜松	815,614	23,503	2.9	ブラジル	11,068	フィリピン	3,012	中国	2,954
磐田	172,073	6,255	3.6	ブラジル	4,072	フィリピン	719	中国	636
豊橋	380,724	14,787	3.9	ブラジル	7,684	フィリピン	2,026	韓国・朝鮮	1,590
豊田	422,527	13,422	3.2	ブラジル	5,472	中国	2,866	韓国・朝鮮	1,278
小牧	153,328	7,312	4.8	ブラジル	3,062	中国	988	フィリピン	901
津	287,009	7,215	2.5	ブラジル	2,160	中国	2,020	フィリピン	958
四日市	313,897	7,723	2.5	ブラジル	2,280	韓国・朝鮮	1,878	中国	1,541
鈴鹿	202,178	7,586	3.8	ブラジル	3,114	ペルー	1,283	中国	1,017

注:上記以外の市で外国人割合が3%を超えているのは、掛川市(3.0%)、袋井市(3.4%)、湖西市(4.8%)、知立市(5.8%)、亀山市(3.1%)、伊賀市(4.4%)、湖南市(4.2%)、愛荘町(3.5%)。
出所:『外国人集住都市会議東京2012報告書』225頁「住民基本台帳登録者数」から抜粋。

　このような実情を踏まえ、外国人集住都市では日本語の習得を含む社会統合政策のあり方への認識が高まる。2012年秋開催の同会議では、①「外国人住民とともに構築する地域コミュニティ」(日本語学習インフラの計画的整備／社会保険加入の義務化／高校・大学における受入枠の設置・拡大と奨学金の拡充／バイリンガル能力を活かした職業能力開発コースの新規開拓や起業支援／地域コミュニティ強化と外国人支援の専門職の育成・配置など)、②「外国人の子どもの教育」(多様な言語的背景をもつ子どもへの対応／授業の理解と進学につながる日本語の指導体制／高校入試制度及び高校における支援)、③「多文化共生社会における防災のあり方」(内容略)が報告・討議され、成人と子ども・若者の日本語教育の拡充に基づく教育達成と就職が、あらためて大きな焦点の一つとなった(同会議報告書 2012)。

第6節　外国人集住都市の事例研究——浜松市・磐田市

1.　リーマンショック後のブラジル人等の変化

　2000年代以降、筆者は外国人集住都市である静岡県浜松市・磐田市の事

例調査を断続的に行ってきたが、リーマンショック後、同地域の様相は一変した。周知のように、浜松市は楽器産業、オートバイ等の輸送機器産業、光技術・電子技術などの先端技術産業など世界的な企業が集積する地方工業都市であり、磐田市もヤマハ発動機、スズキなどの輸送機器関連産業が集積し、製造品出荷額県下第二位の工業都市を誇っていた。だが、両市の製造部門ともリーマンショック後、生産規模を縮小し、外国人とくにブラジル人人口を大幅に減らしている。浜松市におけるブラジル人は、最大値の2008年1月末19,515人から13年3月には9,979人へと半減（48.9％）とする一方、国籍が多様化しつつある（中国、フィリピン、ベトナム等のアジア系の割合が増加）。また、磐田市では2007年に1万人を突破したが、08年から11年4月末で約3800人減少し、6,073人となった。とくにブラジル人の比率が大幅に低下し、以前の8割となった。

　一方、こうしたドラスティックな人口減少下で残留したブラジル人は定住化を進展させている。「浜松市における南米系外国人及び日本人の実態調査（2010年度）」では、滞在9年以上が浜松で60.6％、日本で78.2％であったが、2012年5月末現在、永住者等長期滞在可能な在留資格が82.7％を占め、ブラジル人にはビザの問題がほぼない状況となっている。磐田市においても13年5月現在、ブラジル人は永住者56％、定住者35％となっている。30〜40代が最も多く、家を購入する人も少し出ており、積極的に日本社会に溶け込もうとする人が出ている。しかし、生活保護、就学援助の中で外国人は高止まりしており、社会福祉協議会の生活資金貸与も多かったという。

　両市の自治体、市民団体、自治会幹部らの関係者の聞き取り調査から[5]、ブラジル人の生活・労働の変化に関する指摘を摘記してみよう。

［浜松市］

①帰国支援事業で帰国した人の中には日本に戻りたい人もいるが、日本には仕事がない。それでも戻ってくる人もいる。就労環境の厳しさは依然として変わらない。大半が製造業で働いているが、雇用機会は大幅に減少した。職業相談件数が急増するとともに、住宅ローンの借り換えが急増した。残業も減り、ブラジル人の購買力も落ちた。こうした中で、ブラジル人のライフスタイルが変わり、生活保護に慣れてしまった人もいる。二世が結婚せず、

5　これら2市の現地調査は2008年9月に行った後、2013年6月、2014年2月に行った。

生活保護を受給している場合もある。

②再就職には日本語の読み書き能力が求められる。浜松市外国人学習支援センター（2008年1月開設）にはコンスタントに受講者はいるが、ブラジル人の受講者はそれほど増えていない。

③同市教育委員会の資料「外国人の子どもへの教育支援について」（2012.9.12更新）によれば、2012年4月に市内公立小学校に入学（1年生）した外国人の52％が日本生まれだが、近年、アジア圏の子どもたちが増えている。親の失業などで生活基盤が揺らいでいる子どもが依然多い。高校進学率は進路指導の充実により上がってきたものの（2011年末で82.5％）、日本人に比べ低い。公立定時制に進学する外国人生徒の割合が増加し、学年相当の学力が身についていない生徒への支援が課題となっている。他方、大学進学後、この地域の一流企業に就職する者もみられる。

④第二世代の若者のあいだに二極分化がみられる。大学に進学する人は「頑張ろう」と呼びかけるが、高校に行かない人はそれに乗らない。高校に行っても定時制で、環境はあまりよくない。二世の中には社会に発信する若者も出てきたが、他方で、セミリンガル（ダブルリミテッド）の子がいる。社会人としての言葉づかいができなくても、製造業の現場仕事では通用してしまう。帰国という選択も残っているが、教育は中途半端なままに留まる。

⑤全体としてのブラジル人も分化してきている。日本人と積極的につきあう人はブラジル人とはあまりつきあわない。コミュニティリーダーは、日本人にとってのそれと、ブラジル人にとってのそれで異なっている。ブラジル人のなかで階級差が大きく、また教育レベルの幅も大きいのが実情だ。

［磐田市］

①リーマンショック後、外国人の意識が変わった。「どんな仕事でも、賃金が高くなくてもOK」という感じになり、少しのお金で生きるというライフスタイルに変わった。一時的に成人の日本語学習者が急増したが、今ではぽつぽつ程度だ。日本国内で外国人は動いている。

②子どもの数は減っている。学齢期の子ども500人弱のうち、公立校在籍者300人弱。以前はブラジル人学校に子どもを行かせたが、日本語がまったくできなかった。しかし、最近再びブラジル人学校に行かせる人が増えている。同市の多文化交流センター「こんにちは！」に登録する小学生は40

人で、出席率はよく、勉強を頑張る子が出てきた。しかし、中学生になってから学力不振の子がいるので、中学生支援に力を入れている。高校進学、大学進学希望者が増えている。

2. 子どもの学習支援施策の変化

こうした変化に対し、自治体はどのように対応しているだろうか。ここでは、子どもの学習支援に絞ってみてみよう。浜松市は2012年度策定の「多文化共生都市ビジョン」で、「創造都市」の観点から外国人の存在を都市の強みとして位置づけている（ここにはEUの「インターカルチュラルシティ」の視点が導入されている）。主要な課題には、①外国人市民の生活基盤の安定と自立（経済危機後、引き続き不安定な経済状況が継続）、②将来の浜松を担う次世代の育成（日本で生まれ育った第二世代は既に成人しはじめている）、③地域の一員としての外国人市民の社会参画（権利の尊重と義務の遂行の中で）を掲げている。重点事業の一つとされる「未来を担う子どもたちの教育」に関しては、①不就学ゼロ作戦（市の単独事業、この間、緊急雇用対策の予算を充当）と、②学び直し支援（今年度は調査研究し、外国人学習支援センターで実施）が取り組まれている。前者は2011年に開始された3年間のプロジェクトで、不就学が生じないしくみづくりを試行してきた。11年度の不就学児は48名だったが、12年度は13名に減少した。後者では、地域で育ちすでに親世代になっている人びとがパソコン技能などを習得し、就労につながることを目指している。

一方、磐田市は2007年に「第1次多文化共生推進プラン」を策定し、新来外国人に転入オリエンテーションを実施していたが、リーマンショック後の「第2次多文化共生推進プラン」（2012～2016年度）では、「出稼ぎから生活者への変化」を踏まえ、「自立支援」をキーワードに据えている。重点施策は、①日本語を学びやすい環境の整備、②子どもの教育に関する外国人保護者への啓発、③災害等への対応、④外国人市民の社会参画の推進の3つで、とくに②の子どもの支援では、幼児の初期指導から中学生支援にシフトしている。ここには、「小学校5・6年から中学生頃からの自立支援が重要だ。日本で育った子どもは、日常会話はできても学習言語が身についていない。それを自覚した時はもう遅い」という、急迫した問題認識が示されている。

以上のように両市ともに、階層化が進むブラジル人を中心とする外国人住

民の雇用の安定と、第二世代の学習言語の習得を通じた教育と職業的地位の達成がより大きな課題になってきていることが、確認できよう。

3. その後の両市における変化
(1)浜松市の市民意識調査から

2014年8〜9月に実施された浜松市在住の日本人及び外国人の意識調査（浜松市企画調整部国際課　2014）の結果から、直近の状況をみておこう。この調査の外国人市民にはブラジル人以外の外国人も含まれており、回答者のうちブラジル国籍は約4割（39.4％）を占め、フィリピン17.8％、中国15.4％と続く。なお、ブラジル国籍者では非日系が41.5％ともっとも多く、2世23.5％、3世18.9％の順となっている。この調査の「結果の概要と考察」をまとめた丹野清人によれば（同上　2014：第2部）、外国人市民の長期滞在化の一方で外国人新住民が増え、家族を随伴する外国人市民の多様化が進行しているものの、全体としてフレキシブルな労働力として活用されている状況に変化はなく、外国人が正規労働者になる道は依然として閉ざされている（なお、在留資格では永住者57.0％、定住者13.9％、日本人の配偶者等11.7％と、2010年調査から大きな変化はない）。しかし他方では「滞在の長期化のプラスの影響がゆったりとだが確かな歩みを見せ始めて」いることが指摘されており、具体的には、社会保障関連で健康保険や年金への包摂が半数以上とかなり改善してきていること、また住宅では民間アパートや公営住宅が57.4％と過半数を占める一方、持家が25.0％に達していること、さらに子どもの義務教育への包摂が進んだが、高校以上への進学では日本人との格差があることが挙げられている。

なお、2015年秋に浜松で行われたシンポジウムにおけるイシカワ エニウセ アケミの報告「在日ブラジル人の25年間の歩み——第二世代の現状と展望」（池上・上田編　2016a所収）が、日本で生まれ育った第二世代が日本で家族をつくって暮らしていくとしても、「日本の社会では特に第二世代になると自分がブラジル人であると言わない方が楽に生活できる」ので、ブラジル人としてのアイデンティティを積極的に維持・表明していくことは難しいのではないかと懸念していることが注目される。イシカワは日系ブラジル人の25年間を振り返ると当事者として「悲しいことばかり」だと述懐しつつ、

日本が「ルールの多い社会」ではなく「柔軟性ある社会」になることが望ましいと強調している。

(2)磐田市における外国人集住団地の調査から

ここでは池上重弘らによる「磐田市東新町団地調査」(池上・上田編 2016b)の結果を通して確認しておきたい。この調査は、磐田市内でも外国人比率が高い公営団地に住む16歳以上の居住者全員を対象に2014年11月に実施されている(有効回収率54.7％)。このうち外国人回答者の国籍はブラジルが圧倒的多数を占め(87.9％)、回答はほぼブラジル人のそれと考えてよいだろう(残りはペルー5.3％、フィリピン1.6％)。彼らの回答からは、滞日が長期化し(10年以上77.4％)、在留資格における永住者(52.6％)・定住者(28.9％)など「移民」と表現すべき人が過半数となり、日本国籍取得希望をもつ者も約1割いることなど、定住化傾向の深まりがうかがえる。一方、今後の滞在予定を聞かれると「わからない」と答える者が6割を占め(ほかは「永住」13.2％、「3～10年未満」11.1％)、経済不況などを受けて当初の出稼ぎの目的を果たせないまま、やむをえず日本に長期滞在しているという、一種の"宙づり"の存在形態が基本的に変化していないようにみえる。しかし客観的には、こうした滞日の長期化ゆえに、ますます日本での生活に適応せざるをえない状況にあると言えよう。

他方、子どもの将来については「日本での生活を望む」が4割弱みられ、結果的に子どもが日本で教育を受け、就労する可能性が高いことが示唆される。ちなみに保護者の多くは子どもに対し高卒以上の学歴を期待しており、子どもの将来の職種についても専門職・管理職56.1％、事務11.0％と、圧倒的にホワイトカラーを望んでいる。また、この公営団地では母子世帯に属する子どもの割合が高く、子どもの貧困率が高いことが推測されており(池上・上田編 2016b: 75)、子どもの進学上の課題としても「家計への負担の大きさ」や「翻訳された進学情報の不足」が挙げられている。

なお、以上の2014年度調査の対象となった東新町団地を除く磐田市在住外国人に対する調査が、2015年度に実施されている(磐田市・静岡芸術文化大学 2016)。この調査は同市の多文化共生推進プランの更新に向けた基礎

---

6 外国人集住団地における共同管理のあり方については、稲葉・石井・渡戸ほか(2008)を参照されたい。

調査として行われた。国籍別上位の3か国の1500人に調査票を郵送し、有効回収数は465（回収率31.7％）であった（うちブラジル47.3％、フィリピン33.3％、中国19.4％）。回答傾向としては、子どもの教育への高い期待など、東新町団地調査とほとんど変わらない結果と言えるが、永住者の増加、滞在の長期化、家族滞在の定着に伴い、外国人を「生活者」として位置づける総合的な施策の展開が望まれるとしている。

第7節 「編入モード」からの考察

さて、「編入モード」の観点からは、この間のこうしたブラジル人の変化をどう位置づけられるだろうか。まず、関連する先行研究を要約し、その上で位置づけを試みたい。

1. 外国人の定住化の階層論的分析：階層間格差が固定化あるいは拡大する可能性

是川（2012）は、入管法改正から約10年後に実施された2000年国調データのうち、日本での人口規模が大きい6か国（韓国・朝鮮、中国、フィリピン、ブラジル、米国、英国）の15〜64歳の個票データを用いて、個人レベルでの階層達成と子の世代の教育達成を人的資本、社会関係資本の蓄積の個人間の差異から分析している。

その結果、日本での外国人の定住化における個々人の階層達成の差異は、主に人的資本の違いから説明されること、その一方で、階層達成における機会構造は、主に人的資本の効果を低減させることを通じて、集合レベルで層化／分断されており、その結果、日本人との格差及び国籍間格差がともに大きいことが示された（とくにフィリピンとブラジルの場合、日本人と比較してホワイトカラー上層比率と自営開業率がかなり低くなっている）。「子の教育達成においては、親の階層的属性の違いにより、子の高校進学率が大きく異なること、及び国籍間、日本人との格差が大きいことが示された。とくにいずれの国籍でも母子家庭でほぼ最低水準の高校進学率となることは、階層間格差が世代を超えて固定化される可能性を強く示したものといえる。このことは、外国人子女の教育問題が、文化的問題であるよりも、何よりも階層問題であるこ

とを示唆するものといえるだろう」(是川　2012: 22)。中でもフィリピンとブラジルの高校進学率は非常に低く、「定住化の過程で子の教育達成やその後の労働市場への統合の失敗が懸念される」(同上: 10) と指摘している。

2.　帰国か定住か：移住者の行動選択要因

　ウラノ (2011) は経済危機後のブラジル人の移住過程を再考し、移住者の定住、帰国を左右する主要な要因として、①子どもの年齢、教育の進路を含むライフサイクルへの配慮、②雇用機会の減少、収入の低下による日本で生活する「コストベネフィット」の判断、③子どものみならず、親の年齢、ライフサイクルと移動、④ブラジル・日本を跨いだ生活の形での生活設計、⑤今回の経済危機のように、生活手段が途絶えてしまうこと、⑥以上を左右する要因としての、受入体制の存在・不在、移住者の社会統合のための体制、を挙げる。そして、「経済危機により、コミュニティは縮小した一方で、残った人びとの定住指向が強まったとの見方もできる。今後、短期的な応急措置を超えた、長いスパンで在日ラテンアメリカ人のインテグレーションを考えた……制度づくりが一番大きな課題である (高齢者も増えてきているが、第二世代には30代の人も少なくない)」と提言している (ウラノ　2011: 197-198)。

3.　「定住化言説」の逆説

　一方、樋口 (2011) は、「定住化言説」の結果、労働者としての論点が消失してきたが、経済危機は労働者としての「移民が底辺層に固定化している状況」を広汎に顕在化させたと指摘する。日本の南米系労働者には、アメリカでのような「経済的同化仮説」がまったく該当しない。そして、リーマンショック以前は集団内部の求職ネットワークが機能していたが、ショック後はデカセギ労働市場内部の仕事の激減によりそれが機能しなくなった。日本語が出来ても社員・自営になる人は少数なので、日本語能力は必要条件だが、十分条件ではない。デカセギ労働市場から脱出するには、日本の一般労働市場とのつながりを持つことが必要になる、としている。

4.　トランスナショナルな移住システムの解体後の変化をどう考えるか

　Sasaki (2013) は、世界経済危機がトランスナショナルなデカセギ移住シ

第6章 「編入モード」から見る日系ブラジル人の位置と第二世代の課題

ステム（circular migration system）の崩壊後、日系の元デカセギ労働者が好景気のブラジルにおける日系企業の有望なバイカルチュラルな人材として雇用されるという新たな傾向を報告している。Sasakiによれば、サンパウロの日本デカセギ関連ビジネスはほぼ壊滅した。1990年代後半から2000年代前半までの日本デカセギからの若い帰国者は、ブラジルでの生活再建に失敗しても、日本に戻るという選択肢があったが、そうした選択肢はすでに大幅に消失している。そこで、帰国した元デカセギ移住者は、ブラジルでの再定住に向けて努力するように変わったという。2011年1月にはブラジル労働雇用省も帰伯労働者情報支援センター（NAITRE）を開設して、帰国者の支援に乗り出している。

また、2008年9月以降にブラジルに帰国したデカセギ家族を訪問調査（2013年5～6月）した丹野は、彼らの多くが半失業状態にあったと報告している（丹野 2013）。とくに小学校入学前後に来日しその後10年以上日本で暮らして日本の工場で労働していた30～40代の人は、その多くが半失業状態にあった。その一方で、高給取りのデカセギ帰国者もいたが、丹野が面接調査した人びとの1割以下に留まった。その人びとの共通点は、①ブラジルでの大学工学部の卒業者、②ブラジルでの大卒の資格を持っていないにしても、日本で班長以上の職に就いていて生産工程の全体像を理解している者であることだった。とりわけ、大卒の資格がない後者で高給の正社員職に就いている者は、会社側から現地法人の幹部に抜擢することを約束され、企業内転勤的に家族とともに帰国した者たちであった。他方、半失業状態になっている者の共通点はブラジルでの学歴がないことだ。ブラジルでは日本の学校を卒業していても、学歴を意味しない。日系企業もブラジルではブラジルの法に従うしかなく、日系人だからといって日系人だけを高卒以下でも平均以上の給与で雇うことはできない（企業内転勤で来た日本法人からの出向者は例外的にここから外れる）という（丹野 2013）。なお、サンパウロ大学の二宮（2013）は、ブラジルに帰国した13万人台の多くは25歳未満で、就学意欲が旺盛であり、高校に復学したり、予備校に通って就職に備えていると報告している。

さらに古沢（2013）は、日系企業のブラジル事業展開における「日系人」の活用戦略を研究し、本社所在国の文化と海外子会社所在地の文化を架橋する「バウンダリー・スパナー」としての可能性を探っている。調査の結果、

129

ブラジルでは日系企業における日系人の雇用があまり進んでいない現状が明らかになり、海外子会社への権限移譲、「日系コロニア」と連携した「バウンダリー・スパナー」の育成（日本語学習と日本文化普及のための取り組み）とデカセギ帰国者の活用などを提言している。そして、もし「現状に変化がないとすれば、混血の同化の進展や世代交代、さらには新規移民の途絶により、日系人の日本語能力や日本文化との接触機会は今後ますます低下・減少していく」（古沢 2013: 213-218）と予測している（傍点は引用者）。

5．「編入モード」の観点からの考察

　以上の先行研究からは次のことが明らかになったといえよう。

　すなわち、日本ではブラジル人の人的資本が評価されず、親の階層的地位が子どもの機会達成に影響していること。経済危機後に日本に残留したブラジル人が定住化を深化させていることを踏まえた社会統合政策が求められていること。その際、日本語能力は必要条件だが十分条件とはいえず、デカセギ労働市場から脱出するには日本の一般労働市場とのつながりを持つことが必要であること。一方、ブラジルに帰国した元デカセギ者はブラジルで生活再建に失敗しても、日本に戻るという選択肢は大幅に消失しており、ブラジルでの再定住に向けて努力するように変わったが、日本での学歴が評価されず、多くの若者が半失業状態となっていること。しかしブラジルの日系企業でも日系人の雇用があまり進んでいないこと、などである。

　これらの諸点を踏まえ、ポルテスの「編入モード」の枠組みで1990年代以降の日系ブラジル人を位置づけると、次のようになろう。

①送出し国からの離脱条件：
　圧倒的な賃金格差と、日系という「祖国」とのつながりに基づく、トランスナショナルな市場媒介型デカセギ移住システムを介した自由労働移民。
②移民たちの出身階層（人的資本のタイプ）：
　労働移民として合法入国したが、基本的に単純労働に従事し、たとえ出身国では高学歴の専門職階層であったとしても、その資格・職歴といった人的資本は直接的に評価されることはまれだった。ただし、日本語能力が高い場合、より有利な職を得る可能性はあった。

③移民のライフチャンスを決定する受入国の社会的な文脈：
日本政府による就労可能な身分的地位である「定住」ビザの発給、柔軟な労働力（temporary worker）に対する広汎な需要の存在、派遣会社による労働・生活面の総合的なサービスの提供などが「肯定的な」(advantaged)移住経路を形成する一方で、その編入過程はきわめて不安定だった。すなわち、圧倒的多くが派遣社員の不安定な地位という「不利な」(handicapped)文脈での受入であったため、より好条件の機会を求めて頻繁に就労先を変えるという高い流動性が生まれ、エスニック・コミュニティの形成も不安定なままに推移した。

さらに、鈴木による「編入モード」の応用（2006）を踏まえて日系ブラジル人の受入で最も重要な「文脈的要因」(contextual factors)を整理すると、次のようになろう。

---

①移動の歴史的背景
　特性：自由労働移民
　移動の主たる要因：1989年入管法改正、日伯間の雇用機会と賃金水準の大きな格差
　移動のタイミング：グローバルな市場競争の激化、ポスト・フォーディズム（フレキシブルな生産体制）
②受入国の国民政策及びその背景となるイデオロギー（国家レベル）
　社会的多様性に対する管理：単一文化志向、非移民国家＝体系的な移民政策の不在
　マイノリティ文化への対応：あくまでnational identityの一形態として「文化的多様性」を取り込む「うわべの多文化主義」(cosmetic multiculturalism)
　Nationhoodの定義：血統主義、系譜的（genealogical）
　基本的な居住者の分類法：国籍による二分法（外国人／日本人の二項対立）（「〇〇系日本人」の否定）
③ホスト社会を形成する民族・人種関係のパターン（社会レベル）
　民族・人種関係のパターン：マイノリティの潜在化（顔の見えない定住化）
　偏見・差別の源泉：人種的地位、日本語能力
　サバイバル戦術：エスニック市場内部での自営または起業（派遣会社、レストラン、メディアなど）
　　　　　　　　　自治体やNPO／NGOなどのサポート資源の利用
④エスニック・コミュニティの有無・特性（コミュニティ・レベル）
　親族・友人関係などを中心としつつも、転職などによる流動性の高い不安定なコミュニティ
　教会・スポーツなどのアソシエーショナル・コミュニティ

Part III　地域社会

　以上のような「文脈的要因」によって受け入れられてきた日系ブラジル人は、日本社会のなかで肯定的なアイデンティティを形成するのに困難を感じつつ、ブラジルへの帰還プランを常に念頭に置きながらも、意図せぬ形で日本滞在を長期化させた。形の上では永住権を取得する者が増えたが、他の主要国籍集団と比べて、世代間社会成層の上昇移動の可能性は依然として低いままに留まっていた。そこに世界経済危機が起き、従前のトランスナショナルなデカセギ移住システムはほぼ崩壊したが、皮肉にも、日本政府はこの時点になって初めて日系定住移民の統合政策構築への取り組みを開始した。しかし、それは応急的措置の性格に留まっている。そして、体系的な政策の構築に向けた取り組みは政権交代によって頓挫し、より労働力人口の減少時代を前になし崩し的に技能実習生の拡大政策が採られようとしている[7]。

第8節　むすびに代えて
―― 中期的展望からの日系ブラジル人第二世代の位置づけの試み

　トランスナショナルなデカセギ移住システムの崩壊とブラジル経済の好況により、日本への日系ブラジル人のフローが大幅に縮小したため、当面は新たなデカセギ労働者の大きな流入は見込めない。日本に残留した日系ブラジル人のコミュニティは貧困化、階層分化しながら縮小し、子どもの教育コストを切り下げる傾向も見られる。そうしたなかで、後続グループがほぼ消滅した第二世代が否定的なアイデンティティから自尊感情を回復させ、自らのライフチャンスをいかに切り拓きうるかが重要な課題となっている。第二世代の中には大学進学を果たす者も生まれているが、中卒あるいは定時制高校中退という場合も多い。「第一世代の貧困が進学格差という形をとって若年層ないし第二世代で再生産されつつある」(移住連貧困プロジェクト　2011: 13)。「南米人の若者は将来的に日本版底辺階級になる可能性が高い」(同書: 24) と指摘されたことが、まさに懸念されていると言えよう。

---

[7]　移住連、2016、「特集：引き続く人権侵害！――技能実習制度」『Mネット』187号では、2015年以降の技能実習制度の拡充に向けた政府の政策の動向に見られる問題点を指摘する論考が掲載されている。上林 (2015)、坂 (2016) も参照のこと。

日系ブラジル人は日本政府の政策変更に呼応して日本にやってきた。その背景に、労働不足に悩む日本の中小企業や、そこに新たな雇用機会を見出したブラジルの日系社会からの政治的な働きかけがあったにせよ、日系人を受け入れた日本政府の責任は否定できない。果たして日本政府や自治体は、すでに30代までに達しつつあるこの第二世代が自らのライフコースを選択しうる条件を整備できるだろうか。自治体や地域社会だけで対応できる範囲は限られていよう。

　当面は、ブラジルと日本の双方におけるライフチャンスを勘案しながら、生活戦略を模索する傾向が増大してこようが、それでも日本で生まれ育った世代にとっては（とりわけすでに新たな家庭を築きつつある場合はとくに）日本での生活が唯一の選択肢となる可能性が高いだろう。その意味で、定住移民としての第二世代の今後の推移に注目していくことが、日本の移民政策の重要なメルクマールのひとつになるのではないか。日本でも移民政策の構想は、少なくとも第二世代までを射程する必要が高まっている。その際、当事者である日系ブラジル人側の要因としては、縮小した日系ブラジル人のエスニック・コミュニティが、第二世代を含めて、今後どのように再編成されていくかが一つの大きな鍵となるだろう。[8]

　こうしたなか、中期的な社会統合政策の課題としては、非正規労働者の正規化や処遇の改善に向けた雇用政策のあり方とともに、第二言語としての日本語の教育カリキュラムと教材の確立、および日本語学習機会の保障、さらに夜間中学や通信制高校、日本語教育とセットになった職業訓練（託児サービス付き）などによる「学び直し」の機会の保障などが、その重要性を増している。そして何よりも、定住移民のエスニック・アイデンティティを否定せず、むしろ積極的に尊重し受容できる社会に、日本社会が変わっていくことが求められていると言えよう。

［文献］
池上重弘編, 2001,『ブラジル人と国際化する地域社会──居住・教育・医療』明石書店.

8　近年のブラジル経済の危機と日本政府の景気刺激策を背景に、在ブラジル日本総領事館によれば、日本で働くためのビザ申請が再び増加しているという（「ブラジルからの訪日就労／経済環境の変化で増加の兆し」サンパウロ新聞、2016年5月6日付け）。

池上重弘・上田ナンシー直美編，2016a，『シンポジウム「浜松で考える多文化共生のフロンティア」報告書』静岡芸術文化大学．
池上重弘・上田ナンシー直美編，2016b，『磐田市東新町団地の生活状況をめぐる調査の詳細分析報告書』静岡文化芸術大学．
移住連貧困プロジェクト編，2011，『日本で暮らす移住者の貧困』移住労働者と連帯する全国ネットワーク．
稲葉佳子・石井由香・渡戸一郎ほか，2008，「公営住宅における外国人居住に関する研究」『住宅総合研究財団研究論集』35．
磐田市・静岡芸術文化大学，2016，『磐田市多文化共生推進プラン基礎調査――外国人調査結果報告』．
ウラノ・エジソン，2011，「経済危機が示した「限界」と「機会」――ブラジル人移住者の移住過程の再考」北脇保之編『「開かれた日本」の構想――移民受け入れと社会統合』ココ出版．
大久保武，2005，『日系人の労働市場とエスニシティ――地方工業都市に就労する日系ブラジル人』御茶の水書房．
小内透編，2009，『講座　トランスナショナルな移動と定住』(第1巻：在日ブラジル人の労働と生活，第2巻：在日ブラジル人の教育と保育の変容，第3巻：ブラジルにおけるデカセギの影響)，お茶の水書房．
梶田孝道・丹野清人・樋口直人，2005，『顔の見えない定住化――日系ブラジル人と国家・移民・ネットワーク』名古屋大学出版会．
上林千恵子，2015，『外国人労働者受け入れと日本社会――技能実習制度の展開とジレンマ』東京大学出版会．
是川夕，2012，「日本における外国人の定住化についての社会階層論による分析――職業達成と世代間移動に焦点をあてて」(ESRI Discussion Paper Series No.283)，内閣府経済社会総合研究所．
坂幸夫，2016，『外国人単純技能労働者の受け入れと実態――技能実習生を中止に』東信堂．
鈴木和子，2006，「移民適応の中範囲理論構築に向けて――在日・在米コリアンの比較」広田康生・町村敬志・田嶋淳子・渡戸一郎編『先端都市社会学の地平』ハーベスト社．
丹野清人，2007，『越境する雇用システムと外国人労働者』東京大学出版会．
―――，2013，「半失業状態のデカセギ帰国者――帰国したデカセギ家族を訪ねて」『Migrants Network』165，移住者と連帯する全国ネットワーク．
永吉希久子・中室牧子，2012，「移民の子どもの教育に関する一考察――なぜ日本に住む移民の子どもの教育達成は困難なのか」大西仁・吉原直樹監修，李善姫ほか編『移動の時代を生きる――人・権力・コミュニティ』東信堂．
二宮正人，2013，「ブラジルに帰国した就労者子女の進学へのサポート」(移民政策学会冬季大会における報告レジュメ)
拝野寿美子，2010，『ブラジル人学校の子どもたち――「日本かブラジルか」を超えて』ナ

カニシア出版.
浜松市企画調整部国際課, 2014,『浜松市における日本人市民及び外国人市民の意識実態調査報告書』.
樋口直人, 2011,「経済危機と在日南米系コミュニティ——何をなすべきか」『Business Labor Trend』2月号, 労働政策研究・研修機構.
人見泰弘, 2013,「在日ビルマ系難民の移住過程——市民権・雇用・教育をめぐる諸問題」吉原和男編『現代における人の国際移動』慶応義塾大学出版会.
古沢昌之, 2013,『「日系人」活用戦略論——ブラジル事業展開における「バウンダリー・スパナー」としての可能性』白桃書房.
堀坂浩太郎, 2012,『ブラジル——跳躍の軌跡』岩波書店.
森本豊富・根川幸男編, 2012,『トランスナショナルな「日系人」の教育・言語・文化——過去から未来に向かって』明石書店.
山脇千賀子, 2013,「日系人／ニッケイと「血縁」幻想の崩壊」編集代表・吉原和男『人の移動事典』丸善出版.
渡戸一郎, 2010,「外国人集住地域における「ローカルな公共性の再構築」が意味するもの——日系ブラジル人の集住団地の事例から」藤田弘夫編『東アジアにおける公共性の変容』慶應義塾大学出版会.
―――, 2011,「多文化社会におけるシティズンシップとコミュニティ」北脇保之編『「開かれた日本」の構想——移民受け入れと社会統合』ココ出版.
渡辺博顕, 2011,『地方自治体における外国人の定住・就労支援への取組みに関する調査』JILPT 調査シリーズ No.87, 労働政策研究・研修機構.
Basch, L., Schiller, N.G., and Blanc, S.C., 1994, *Nation Unbound: Transnational Project, Postcolonial Predicaments and Deterritorialized Nation-State,* Gordon and Breach Science Publishers.
Castles, S. & Miller, J. M., 2009, *The Age of Migration: International Population Movements in the Modern World* (Forth Edition), Palgrave Macmillan.
Margolis, M. L. 1994, *Little Brazil: An Ethnography of Brazilian Immigrants in New York City.* Princeton UP.
Portes, Alejandro and Jozsef Borocz, 1989, "Contemporary Immigration: Theoretical Perspective on its Determinants and Modes of Incorporation." *International Migration Review.* 23(3). pp. 606-630.
Portes, Alejandro and Min Zhou, 1993, "The New Second Generation: Segmented Assimilation and Its Variants," *Annals of American Academy of Political Science.* Vol.530.
Portes, Alejandro and Ruben G. Rumbaut, 1996, *Immingrat America: A Portrait,* University of California.
Portes, Alejandro and Ruben G. Rumbaut, 2001, *Legacies: The Story of the Immigrant Second Generation* (＝2014, 村井忠敬訳『現代アメリカ移民第二世代の研究——移民排斥と同化主義に代わる「第三の道」』明石書店).

Sasaki, Koji, 2013, "From Breakdown to Reorganization: The Impact of the Economic Crisis on the Japanese-Brazilian Dekasegi Migration System", Working Paper of Symposium on Comparing Regional Perspectives of Transnational Sociology: North America, Europe and East Asia, Hitotsubashi Univ.

第7章　外国人集住地区における
　　　　日系ブラジル人第二世代の文化変容
――「選択的文化変容」の観点から

山本直子

第1節　はじめに

　　今は、日本で生まれてよかった、って心から思える。
　　私は唯一の私で、ユニークな私だから、大丈夫。
　　私は、外交官になりたい。世界飛び回ってみたい。[1]

　背筋をピンと伸ばし、大きな瞳でまっすぐにこちらを見つめて将来の夢を語るアリアナ（仮名）は、ブラジル人の両親を持つ17歳だ。日本で生まれ、日本で育った。日本語とポルトガル語のバイリンガルで、英語も得意だ。高校3年生の現在、外交官になることを夢見て、英語教育に力を入れることで有名な難関大学を目指し受験勉強の真っ最中である。
　1989年、出入国管理及び難民認定法が改正され（以下、改正入管法とする）、「定住者」という新しい在留資格の設置が決定された。翌年、改正された法律が施行されると、新設の在留資格により比較的安定した身分で就労することが可能となったことから、ブラジルやペルーからの日系人労働者が日本に急増した。それから約25年が経過しようとする現在、幼少期に親に連れられて来日し、そのまま日本で育った若者や、アリアナのように日本で生まれ、日本社会の中で育った若者が増加している。厚生労働省が示す人口統計によると、2014年の総出生数104万2,813人のうち、少なくとも父母のどちらか一方が外国籍である子どもの数は32,529人で、全体の3.1％であった（厚生労働省大臣官房統計情報部　2015）。このように多様な背景を持ち、日

---

[1]　アリアナ17歳　聞き取りは2015年8月16日、17日に行った。

本で生まれ育つ子どもたちが、自らの出自に対する自尊心を持ち、日本社会を活性化させる不可欠な構成員として育っていくことができるかどうかは、彼らがどのようなプロセスを辿りどのような形で日本社会に組み込まれていくのかに掛かっているといえよう。

本章では、日本の東海地域に位置するある日系ブラジル人の集住地区におけるフィールド調査から、ポルテスらによる「編入モード」をもとに、日本の外国人[2]集住地域という社会的文脈における日系ブラジル人第二世代[3]の若者の社会適応の様子を捉えてみたい。

第2節　移民第二世代の社会適応——「分節同化理論」

ブラジル人の親を持ち日本で育った子どもたちの中には、アリアナのように、外国を背景に持つ自身の個性をポジティブに捉え、その強みを最大限に活かして生きていこうとする若者が見られる一方で、定時制高校に入学後、経済的事情からわずか数か月で退学し、夜勤も含む工場での重労働に従事していたり、日本社会に急速に適応していくと同時に親の話す言語や文化を失っていった結果、親子間でも複雑な話題では意思疎通が困難となるという深刻な問題を抱えていたりする家族もいる[4]。同じ時期に日本にやってきたブラジル人たちの間でも、その子どもたちの社会適応の仕方や家族との関わ

2　本章では、「外国籍住民」と「外国人住民」の2種類の記述がある。現在日本には様々なルーツを持つ人々が暮らしており、中には外国籍を持つ人もいれば、外国をルーツに持っていても日本国籍を持つ人もいる。しかしながら、一般的に地域において「外国人」という言葉を用いる時には、その人の国籍がどこであるかということよりも、その人が大多数の日本人とは異なる文化的背景を持っているということのほうに視点が置かれている。したがって本章では、統計など明確に国籍が示されている場合には「外国籍住民」を用いるが、それ以外には「外国人住民」を用いることとする。

3　ポルテスとルンバウト（2001＝2015）がアメリカ合衆国で行った大規模なCILS調査では、移民「第二世代」は広義に捉えられており、「外国生まれの両親を持つ合衆国生まれの子ども、もしくは思春期以前に合衆国に来住した外国生まれの子ども」と定義され、12歳までにアメリカ合衆国に来た子どもが調査対象とされている（前掲書：68）。このため、本章でも、12歳より以前に渡日している日系ブラジル人の若者を第二世代と呼ぶこととする。ただし、本章の主な調査対象者の3名は全員日本生まれ日本育ちである。

4　いずれも、筆者が2015年8月にT市で行ったフィールド調査で出会った事例である。

り方は、それぞれの置かれた環境やその他の様々な事情によって異なったものとなっているのである。

　移民がホスト社会で辿る道筋を示すとされるもののうち、もっとも有力な概念は、外国から移民してきたマイノリティが徐々に新しい社会環境に馴染み、最終的にはホスト社会のメインストリームに組み入れられるとする「同化」という考え方であった。しかしながら、当然のことながら、移住する人々も受入側の社会も、均質なものではなく、同じ国から来た人々の間でさえも、社会階層、到着の時期、世代、社会での受け入れられ方などによってそれぞれ状況は異なり、そうした様々な受入の文脈によって同化の方向性も異なったものとなる。ポルテスとルンバウト（Portes and Rumbaut 2001＝2014）は、こうした観点から、同化を基本概念としつつも、それまで一様かつ直線的に捉えられていた同化のプロセスを疑問視し、移民の子どもたちが辿るプロセスは、むしろ「分節同化（segmented assimilation）」というべきものであると主張した。

　移民本人が持つ学齢や職業経験、言語能力などの人的資本（human capital）は、移民の経済的適応に決定的な役割を果たすが、これら人的資本を移民が活かすことができるかどうかは、彼らがどのように社会に受け入れられるかに掛かっている。移民の社会への受入のされ方は、政府の移民政策、ホスト社会の一般の人々が持つ移民に対する態度、エスニック・コミュニティの有無や特性という3つのレベルにおけるホスト社会の移民受入の条件に掛かっており、ポルテスらはこれらの要因の組み合わせを「編入モード（mode of incorporation）」と呼んだ。この「編入モード」がどのようなものになるかによって、移民のホスト社会での社会経済的な達成は大きく左右され、それが家族構成にも影響を及ぼす。そして、これらの諸条件は、彼らの子どもたちの文化変容の速さと特性に影響を与え、子ども達がどのような社会適応をするかに大きな影響を与える（前掲書：101-8）。

　5,000人を超える移民の子どもたちとその家族に対する長期に及ぶ縦断的調査研究によりポルテスらが導き出したのは、強制的同化主義や移民排斥主義の双方に代わる道として、「選択型文化変容」という第三の可能性であった。「選択型文化変容」とは、親が意識的に子どもにエスニック文化の基本的な価値観を伝達し、エスニック・コミュニティがそれを支えるという環境

が整っている場合に行きつく先の文化変容の型であり、子どもはしっかりとしたアイデンティティの停泊点をエスニック・コミュニティ内に持ち、ホスト社会の主流文化に完全に同化することなく、選択的に文化適応をしながら社会上昇を果たしていく（関口 2003: 322）。選択的文化変容を果たした子どもは、自尊感情が高く、達成願望（アスピレーション）を強く持ち、心理的抑鬱は低いという。流暢なバイリンガリズムの維持、高い自尊感情、教育と職業における高い達成見込み、優秀な学業成績と深く関連しており、このような若者は外国語で意思疎通を図り、他国の文化を理解できる能力があるために、ホスト社会に大きく貢献できる立場でもあるとされる（Portes and Rumbaut 2001 = 2014: 466-7）。

一般的にはこの選択型文化変容には、家族とエスニック・コミュニティが大きな役割を果たすといわれる。しかしながら、日本に暮らすブラジル人の場合、在日韓国・朝鮮人が形成してきたような強いエスニック・コミュニティは存在しないため、民族的な紐帯よりも家族の果たす役割や、エスニック・コミュニティにかわる役割を果たす存在として文化的二元性が前提となっているような環境の私立学校の役割も重要であるとされてきた（関口 2003: 322-333）。

冒頭で示したアリアナの事例は、まさにこの選択型文化変容の日本における事例であるといえるのだが、外国人集住地域である X 地区における調査では、彼女の他にも、高い自己肯定意識を持ち、将来に対する意欲的な姿勢をもつ日系ブラジル人第二世代の若者に出会った。日本の外国人集住地域という受入の社会的文脈によって織りなされる「編入モード」は、このような第二世代の若者にどのような役割を果たしているのだろうか。

---

5 関口（2003）によれば、ホスト社会に強力なエスニック・コミュニティと呼べるものが存在しない場合、子どもたちにとって、毎日が通う学校は、文化的適応、社会心理的適応、そしてさらにはアイデンティティ形成過程を方向付けるために特に重要な役割を果たす。一般的な日本の公立学校では、一様に「日本人になるための教育」（＝文化的一元性を前提とした教育）がされる傾向があり、このような場合に外国を背景に持つ子どもたちが自らのルーツを肯定的に捉えることが難しくなる場合が少なからずみられる。その点、「異文化間成長を経験してきた／している子どもたち」のためのカリキュラムが編成され、1つの文化のみを絶対視しないような教育が行われる私立のエスニックスクールは、外国を背景に持つ子どもたちが自らの持つ多様な文化的背景を肯定的に捉えることを助ける役割を果たすケースが多いという（関口 2003: 301）。

第3節　研究の方法

1．調査地の概要

　まず、本研究の調査地の概要を示したい。本章の舞台となるのは、自動車関連企業が多く集まる企業城下町として有名な東海地方のT市の北西部に位置する住宅団地とその周辺の戸建住宅である（以下X地区とする）。T市資料によると、X地区は、2014年10月1日現在、地区の総人口6,832人のうち、45.6％の3,115人が外国籍住民となっており、その外国籍住民の88.2％にあたる2,746人がブラジル国籍の住民だという特徴ある地区である。団地は県営住宅、独立行政法人都市再生機構（UR）の分譲および賃貸並びに分譲一戸建の4種類の住宅で構成されている。地理的に不便な地域に立地していることや高度経済成長の終了などの影響も受けて、昭和50年代には全戸数の約4分の1が空室という状態にあったが、1990年頃になるとURが空き家を埋める対策として法人貸しをするようになり、そこを事業者が寮として借り上げたことで、同時期の入管法の改正によって急増しつつあった自動車関連企業に働く日系ブラジル人住民が数多く入居するようになっていった。企業の寮として借りられているUR賃貸棟や家賃が安い県営住宅では、ブラジル人住民が7割を超えているところもある。日本人世帯の多くは、団地の開発当初から暮らす高齢世帯が多い一方で、外国籍世帯には若い世代が多いという点もX地区の特徴の一つとなっている。

2．調査対象者

　次に、本調査の主な聞き取り対象者を示す。主な調査対象者は、表7.1に示すようにX地区に暮らす17歳〜19歳の3人の日系ブラジル人の若者[6]とその母親である。インタビュー調査は、表に示す5人の他に、市役所や学校教員、X地区の日本人住民など、X地区に様々な形で関わる多数の人物へも聞き取りを行っている。インタビューは半構造化形式で、それぞれに対するインタビューの時間は1時間〜1時間半程度であった。なお、アリアナの

6　詳しくは後述するが、3名のうちアリアナは10歳までX地区に暮らした後、隣接するO地区に移っている。

表7.1　主な聞き取り調査対象者

対象者[*1]	出生	父	母	年齢[*2]	日本語	ポルトガル語	聞き取り調査年月日
ヒロシ	日本	日系3世	日系3世	21（男）	○	ほとんどできない	2015年8月29日
アリアナ	日本	日系3世	イタリア系ブラジル人	17（女）	○	○	2015年8月16, 17日
ハナエ	日本	日系3世	日系3世	18（女）	○	○	2015年8月16日
ヒロシ母	ブラジル			40代（女）	○	○	2015年8月11日
アリアナ母	ブラジル			41（女）	ほとんどできない	○	2015年8月17日

[*1] 名前は全て仮名　[*2] 年齢は聞き取り調査当時

母親へのインタビュー調査では、ポルトガル語と日本語の通訳をアリアナに依頼している。

第4節　在日日系ブラジル人を取り巻く社会的環境

1．政府レベルでの受入環境

　先述のとおり、ポルテスが「編入モード」と呼ぶのは、政府の移民政策、一般の人々の移民に対する態度、エスニック・コミュニティという3つのレベルにおける受入姿勢である。始めに、ブラジル側と日本側の双方から南米日系人渡日の背景および政府レベルの政策を概観したい。

　ブラジルでは、1968年から72年頃までの間に経験した「ブラジルの奇跡」とも呼ばれる年平均10％を超える高度経済成長ののち、70年代末になると一転、経済状況は深刻化し、80年代には「失われた10年」と呼ばれるハイパーインフレーションによる長期不況と深刻な失業に見舞われた。軍事政権という社会状況や、未曾有の経済不況、治安の悪化により、1980年頃より外国へ出国していく人々の数が目立つようになり、1985年には入国者数と出国者数が逆転した。一方で、同時期の日本の状況は、2度の石油危機を乗り切り87年には景気停滞を脱し、80年代末には景気と内需の拡大に伴い国民生活の水準が一段と上昇、バブル経済がもたらされた。これに伴い、若者の現場労働離れや労働人口の高齢化による建築業、製造業での労働力不足が深刻化していった（三田 2011）。

　こうした両国の状況を背景に、1990年に施行された改正入管法は、単純労働の外国人就労を認めていない日本にとっては、製造業の現場での労働

不足を解消するための手段としてプル要因となり、またこの頃のブラジルの失業率の高さや、日本との間の賃金格差は、日系ブラジル人来日のプッシュ要因となっていったのである（小池 2011）。改正入管法が日系3世までの人々とその家族に、就労制限のない「定住者」在留資格を与えたことにより、1988年には4,000人程度であった日本におけるブラジル国籍の住民は、1990年には56,400人、2006年には31万人を超えた（三田 2011: 18-19）。当初は日本での就労を短期のデカセギと捉えていたこれらの人々も、日本での滞在の長期化に伴い、徐々に定住を意識するようになっていったといわれる。2008年には、リーマンショックによる経済悪化から、日系ブラジル人の多くが職を失うことになったが、この時期に、当時滞日していた日系ブラジル人のうちの2割ほどの人々がブラジルへ帰国していった一方で、26万人以上のブラジル人は日本に留まることを選択している（イシ 2014）。

2. 地域社会の受入態度

　続いて、地域における外国人住民受入の制度的側面と、一般の人々の外国人住民に対する態度、この地区におけるエスニックコミュニティの形成状況について述べる。本調査の対象地であるX地区は、先述のとおり、90年頃からブラジル人住民が増え始め、現在では全住民の約半数が外国籍住民である。外国人住民の増加とともに、団地内では1995年頃から、騒音やゴミの出し方、違法駐車などをめぐって、元の住民との間で軋轢が生じるようになり、90年代末から2000年代にかけては、外国人住民と日本人との間で大きな衝突が起こるなど、「問題」のある地区として注目されるようになっていった。90年代に頻発したトラブルは、「外国人問題」の記憶として、X地区に暮らす人々の中に現在でも残っている。

　　　同じ部屋の中に何人もの人が住んでいて、把握しきれないという状況があった。花火が下に落ちてふとんが焼けた、とか。ゴミもひどかった。ワールドカップの時には、興奮した人たちが路線バスをバンバン叩いて、そのせいで路線バスが止まってしまったりした。今は、日常生活で問題はない。日常会話は通じるし、通じなければ、自治区が用意した翻訳したものをもっていけばいいから。家を購入している人もいて、

ルールを守らなければ暮らしていけないことを知っていらっしゃるから。…ゴミの問題とか、交通安全の問題とか、区長はよくご努力されている、熱心にやっていらっしゃると思う。[7]

昔ね、今の、市役所の広場ありますよね。そこで（日本人とブラジル人が）喧嘩して、携帯で連絡しあって、関係ない子も駆けつけて。その時X（地区）の子も結構たくさん行ったみたい。なんで行ったの、って聞いたら、なんか電話で呼ばれたから、なんかわかんないけど応援に駆け付けた、っていうような子はいた。最近、そういうのはあんまり聞かないですけどね。[8]

一時期はトラブルもあったけど、その人たち同士でも、それが嫌だからって出ていった人も多いんだわね。その時にトラブルがあったりしたけど、今は少しずつよくなってるんじゃないかな。一緒にやる機会を色々と設けているみたいだし、日本語教室とか。[9]

一時は色々と問題になりましたけど、その中で、こちらの方がすごく努力されたり、民生委員の方が努力されたり、色々と協力していらっしゃった。[10]

上にみるように、団地住民にとって外国人住民との軋轢は、「昔は…だった」「一時期は…」などと語られているように過去のものとされ、現在では「それなりにうまくやっている」という認識が共有されている。これらの住民からは、団地の住民が共に協力して「問題」を解決してきたというストーリーが語られる場合が少なくない。ときには、区長や民生委員など、日本人住民やその代表となる人々の「努力」が強調される。

実際に90年代のトラブルが頻発した時期の後、2000年代に入るとX地

7　X団地住民、60代日本人男性。聞き取りは2014年8月24日に行った。
8　市内公立小学校日本語指導員。聞き取りは2012年7月16日に行った。
9　X団地住民、70代日本人女性A。聞き取りは2014年8月24日に行った。
10　X団地住民、70代日本人女性B。聞き取りは2014年8月24日に行った。

区の状況は大きく改善された。「外国人問題」を看過できなくなったT市は、2001年に全国に先駆けて「多文化共生推進協議会」を立ち上げ、行政、企業、関係諸機関で連携して外国人住民への対応に取組み始めた。さらに、同年、外国人住民に関する問題を担当する課を、それまでの国際課から自治振興課へと移すなど、外国人住民との共生を地域の課題として捉えようとする姿勢が伺えるようになった。団地を管理するURでもこの頃には取組みを本格的に実施しはじめ、管理事務所へのポルトガル語対応職員の配置、絵入りのポルトガル語版生活ガイドの配布、駐車場の整備などが行われて団地の状況は大きく改善された。こうして住民同士の生活をめぐるトラブルは、少なくとも表面上は「問題」として現れることは激減した。現在のX地区は、携帯ショップやインターネットサービスなどあらゆる場所での手続きや必要な情報の入手がポルトガル語で可能となっている。また、ブラジル人住民の増加に伴い団地内にあった日本資本のスーパーもブラジル資本のものに変わり、地区の中にブラジル人が経営する雑貨屋や美容院、惣菜店、本屋、服飾店などが揃うなど、ブラジル本国での生活と同じように暮らすことができる環境が整っているといえる。このように、X地区では、行政支援や地域活動など、外国人住民のための社会統合の取組みが集中して実施され、小規模ながらもエスニック・コミュニティと呼ぶことのできるものも形成されるなど、ブラジル人住民にとって、住みやすい「先進的」な地域となっていった。

3. 学校環境

　市の外国籍住民人口の約3分の1が暮らすX地区は、必然的に、市の多文化共生施策の重点地域となっており、特に、子どもの教育に関する行政支援は手厚い。例えば、日本語指導が必要な児童のための県費による加配教員は、市全体で27人のうち13人、児童への日本語の支援を行う「日本語指導員」と呼ばれる人員は、43人中の13人がX地区に配置され、また、外国につながる子どもたちへの学習支援などを行う複数の団体が活動し、地域の老人会や主婦など、市民団体による支援も充実している。NPOやボランティア団体による日本語教室やその他の外国人住民への支援を行う活動も地区内で多数展開されており、また小中学校では日本語指導員や少人数対応職員な

ど、県や市から配置された常駐の職員が外国人児童や保護者の支援活動を行っている。

この地域において、学校は、地域のコミュニティに密接し、外国人住民の社会への適応を考えるうえで重要な役割を果たしてきた（山本　2014）。X地区内には、西小学校（仮名）と東小学校（仮名）という2つの公立小学校があり、それぞれ110名と95名（ともに2014年10月現在）のブラジル人児童が通っている。特に全校生徒数が比較的少ない西小学校では全校児童に占めるブラジル人児童の比率が6割を超えている。両小学校では、ブラジル人児童に対する支援体制が充実しており、1学年に1つずつ「国際学級」と呼ばれるクラスが併設され、県からの予算で加配される教員が、市の予算で配置される日本語指導員と連携し、日本語の指導が必要な児童に対する授業を行う。通常のクラスでは、比較的日本語での学習に支障のない児童が、日本語指導員や市から配置される少人数対応の非常勤教員の支援のもと、学習を進める。国語や社会の授業では電子黒板が導入され、算数の授業では、クラスをさらに少人数に分け、一人一人に配慮した授業構成がとられるなど、外国人児童への取組みとして、日本の現状としては「最先端」の取組みがされている。

西小学校へ通う日系ブラジル人の保護者は、X地区の学校における外国人児童の家庭への支援制度のおかげで「安心」で「暮らしやすい」と感じていると話す。

> やっぱり色々ブラジルと違うので、教育のシステムとか。でも、説明してくれますよね、保護者会とか。全員向けの保護者会。個別懇談で。三者懇談とか。ここまでやってくれるんだー、って。親切ですよね。[11]

X地区の両小学校では、子どもに対する支援と同時に、保護者に対するサポートも手厚く、上で保護者が「親切ですよね」と話すように、保護者会や懇談会などでも、必要に応じて通訳が付き、中学や高校への進学に関する説明会では、日本特有の進学、受験、就職の事情について、通訳を通してきめ細やかに説明する。この地区の小学校の取組みは、学校関係者の努力と配

11　西小学校卒業生の保護者、日系ブラジル人女性。聞き取りは2012年7月15日に行った。

慮、そして多くの市の予算がつぎ込まれ、日本の学校における外国人支援の最先端事例として、評価されるべき部分が多くある。特に、校長をはじめとした教員や日本語指導員が、一人一人の児童の名前や家庭の事情にまで精通したうえで丁寧に接する日常的な態度が、日本社会の外国人支援制度の余白部分を埋める役割を果たしてきたことは、非常に重要な側面でもある（詳しくは山本（2014））。

　以上にみるように、X地区では、地方自治体の政策として、外国人住民と学校や生活場面で共に暮らしていこうという姿勢がみられ、「多文化共生」に対するポジティブな態度をみることができる。ブラジル人が集住するX地区という社会的環境は、地域社会でも学校の中の環境も、第一世代の親とその子どもたちの双方への支援体制が充実し、彼らの日本社会への適応を促す制度が整えられている。

　しかしながら、一つ一つの場面を詳細に観察してみれば、人々の認識における「多文化共生」とは、新参であるブラジル人住民が、ホスト住民である「日本人」へ「同化」することを理想とするものであり、地域の生活においても、学校生活においても、外国人住民が「日本人のようにふるまうこと」が暗黙のうちに求められているという側面が垣間みえることも指摘しておかなくてはならない。地域の学校の取り組みは外国人児童に対する意欲と善意に満ちたものであることは疑いようもない。けれども、学校の中で行われる「多文化共生」の取り組みは、外国人児童やその親に対して、日本の既存の制度や慣習を「教える」ことにどとまっており、地域社会のあり方そのものを問い直すようなものとはなっていない。西小学校の取組みの中にも、太田晴雄が日本の学校教育を「日本的モノカルチュラルな教育」（太田　2005）だとして批判したように、「日本人と同様」になることを理想とするような要素がいまなお潜んでいるという点も否定はできない。同様のことが、先に示した90年代の外国人住民との間のトラブルを過去のものとして、現在ではもう「問題」はない、と話すX団地の住民の語りの中でもみられる。

　　　日本は、一般的にいうと、民族的には単純。だから、少し警戒心はあった。でも、今は、子どもたちは日本語はまったく大丈夫だと思っている。漢字を書かせるとか、論文書かせる、ということは別にして、日

常的にはまったく問題ない。言葉はだいじょうぶじゃないかな。だから全然、問題ないと思う。[12]

　近くにおみえになる方は、地域のお掃除にでてくださったりします。だからあまりトラブルっていうのはないですね。ブラジルからお見えになった3世とか4世くらいの方、ひいおじいさんとかが日本の方というような方、すごく、ご努力していらっしゃる。あの方たち、みなさんと交わろうとして。…日本に馴染めない方はお帰りになったんじゃないですかね。[13]

　1世（第一世代）の頃はよかった。あの人たちは日本人だから。日本語もできたし。あの人たちの子どもや孫が来てからここの生活はめちゃくちゃになった。[14]

　これらの語りからは、X地区において、外国人「問題」が「今はもうない」のは、外国人住民が日本語を話すようになり、日本のルールを学んだからであり、日本人住民が外国人住民の持つ「違いを認め」て「対等な関係を築こう」としたからではないのだということがみえてくる。これらの意識の根底に共通して存在するのは、外国人が「日本人と同様」にふるまうことができる限りにおいて、地域社会の構成員として「許容」され得るという、不均衡な関係性であり、そのような関係性の上にたつ共存が、「問題のない状態」とされているのである。
　広田（2006: 43）は、「共生」概念について、「『地域社会秩序への編入ないしは同化を前提にした仕組みの形成』という文脈のなかで、『共生』概念が政治理念として使用されている」ことを指摘しているが、X地区という外国人集住地域における外国人住民の受入の社会的文脈は、同地区に対して国、県、市からの多くの予算つぎ込まれて「多文化共生」施策が集中的に実施され、外国人住民受入のための「支援」や「努力」が積極的にされる多文化共

12　7と同一人物。
13　10と同一人物
14　X団地住民、70代日本人女性C。聞き取りは2014年8月24日に行った。

生の最先端地域である一方で、そこにある「共生」は「彼らが日本人のように生活するのであれば」「日本人に迷惑をかけないのであれば」というようないわば「条件付の多文化共生」であるという側面も見出すことができるのである（山本 2015）。

第5節　X地区の若者たち

　これまで政府レベルとホスト社会での受入姿勢をみてきたが、このような社会的文脈は、この地域に暮らす外国人住民個人によって、どのようなものとして経験されているのだろうか。X地区に暮らす3名の第二世代の若者とその親への聞き取りから、家族との関係性やエスニック・コミュニティとの関わりに注目しつつ考察を行いたい。調査対象者の3名は、ブラジル人の両親を持ち、X地区で育った17歳から19歳の日系ブラジル人第二世代の若者である。彼らの親世代はほぼ同時期に来日しX地区に暮らしており、歴史的な経験や、国レベル、地域レベルでの社会的受入の文脈は、ほぼ同様のものであったと考えてよいだろう。

事例1：ヒロシ　（仮名・21歳）
　まず最初に示すヒロシの事例は、他の在日外国人と比較した場合に、Uターン移民といわれる日系ブラジル人[15]の特殊性を色濃く反映したものであるといえるだろう。

　　　　ヒロシの母親は日系3世である。彼女はブラジルで生まれ育ったが、ブラジルでは家庭内や親戚との交流の場でも日本語で会話をしており、また7歳から10歳頃までは日本語学校に通っていたこともあり、日本

15　現在日本に暮らす「日系ブラジル人」と呼ばれる人々の多くは、1900年代に日本からブラジルへ渡っていった約13万人の日本人移民の子孫である。Uターン移民と呼ばれる彼らは、一般的な出稼ぎ移住とは様々な点で異なり、ホスト国が自らの祖父母や親の故国であるということから抱く親近感や、自らの帰属をめぐるアイデンティティの動揺、外見の類似性、文化や生活習慣の微妙な相違などが、ホスト社会への適応や定住希望意識に様々な影響を与えるといわれる（森 1994：81）。

語とポルトガル語を両方問題なく使うことができるバイリンガルである。先に日本に来ていた姉を頼りに1989年に来日し、派遣会社を通じてT市で仕事に就いた。そこで同じく日系3世でデカセギに来ていた夫と出会い、結婚。夫婦で夜勤などもある工場で働き、3人の子どもに恵まれ、X地区内の団地の分譲棟を購入した。2008年のリーマンショックによる経済不況時には夫婦揃って失業したが、幸い、日本語とポルトガル語の両方が十分にできたこともあり、通訳の仕事を見つけることができた。家庭内のコミュニケーション言語はポルトガル語で、ヒロシたち3人の子どもたちはポルトガル語での会話内容を理解することはできても、自分から話すことはほとんどできない。小学校は、ブラジル人児童が多く通訳や翻訳などの支援制度が整ったX地区内の西小学校に通っていたが、ヒロシの母は日本語ができるため、学校生活や進路に関することで支援が必要になったことはない。

　ヒロシは子どもの頃から自動車修理が好きで、中学卒業までは自動車修理工場で働くつもりでいたが、高校の進路相談で、進学の道を進められ、調理専門学校へ進学した。調理師資格を取得し、数か月前に専門学校を卒業したところだ。就職したらなかなかブラジルまで行く機会もなくなるのだろうし、ポルトガル語を勉強してみるのも良いだろうと思い立ち、専門学校を卒業後に3か月間程ブラジルで過ごした。最後にブラジルに行ったのは5歳の頃だったが、ブラジルにいる親戚とはskypeなどで頻繁に連絡をとっていたので、コミュニケーションで困ることはなかった。

　ヒロシの家族は父方も母方皆日系人で、ヒロシの外見や服装は、一見する限り日本の一般的な若者と比べて異なる要素は何も見当たらない。普段は、「日本人として生活している」といい、日本に暮らしている中で自身がブラジル人であることを感じるのは、「パスポートとか戸籍を見るときくらい」だと言う。その他日常生活で、自分がブラジル人だと意識することは全くない。「別に隠しているわけではない」が、「特に改めて話すほどでもない」、「話のきっかけでポロっと言うくらい」である。専門学校の2年生の時に、「俺、ブラジル人なんだよね」と友人たちに話したところ、皆が「え？誰が？という感じ」だった。高校の先生

でさえ全く気付いていなかった。
　家族の仲はとても良い。日本では思春期になると親を避けたりするが、ブラジル人社会では家族は大切にするもので「日本の家族の関係とは違う」と感じている。両親とは何でも話す。毎週末、母と買い物に行ったり、父とは車の話をして一緒に部品を見に行ったりする。年末年始やクリスマスは親戚一同が皆集まってパーティーをする。「食べてしゃべってゲームをして」、夜中の２時や３時まで楽しく過ごす、また翌日集まって、また食べる。Ｘ地区の環境は過ごしやすいと感じており、駅から家に帰るまでの間に、ブラジル人と何人もすれ違うようなＸ地区の環境に馴染んでいる。逆にＸ地区から離れた市街地を歩いていると驚くこともある。「うわあ、日本人しかいない、（外国人が）全然いないじゃん！」。けれども、一方でＸ地区の「ブラジル人たちはうるさい」と感じることもあるし、上半身裸で外を歩いているブラジル人達に驚いたりもする。
　現在、イタリア料理のシェフとして働くため、就職活動を行っている。将来的にはイタリアで働いてみることも考え始めている。

　ヒロシの家族は、両親や親戚を含めて全員日系人であり、ブラジルに暮らしていた頃には、両親それぞれ、家庭内では日本語を話し、餅つきなど日本的なイベントを取り入れるなど、日本とほぼ同様の生活様式を維持していたという。そのため両親は、言語面や文化面では比較的容易に日本社会に馴染んでいる。両親や日本にいる親戚、そしてブラジルにいる親戚も皆、日本語や日本文化に精通しており、そのため親の権威や家族規範を移住によって失うことはなく、ブラジル社会と日本社会の間のトランスナショナルな家族関係を維持することができている様子が伺える。
　1991年〜1993年に行われたブラジル日系人意識調査によれば、ブラジルに暮らす日系３世のうち、日本語の会話力の保持者は12％、読み書き能力の保持者はわずか４％であったという（関口知子 2003: 186）。こうした点から考えると、ヒロシのケースのように両親ともに日本語を保持している事例は珍しいといえるだろう。ヒロシのケースに対して、次にみるアリアナのケースでは、日系３世の父および非日系の母は、語学面でも文化面でも、日

本社会への適応に苦労したという。

事例2：アリアナ　（仮名・17歳）

　アリアナは、両親と2歳下の弟の4人で暮らす。家庭の中の会話は常にポルトガル語だ。イタリア系ブラジル人である母は、サンバダンサーとして来日し、そこでアリアナの父と出会った。母は結婚当初、夫と手を繋いで外を歩いていたら、日本人の冷たい視線を感じたのをよく覚えているという。以前は工場で勤務していたが、リーマンショックの際に仕事を失い、現在はスーパーでパートをしている。母親の日本語のレベルは、日常会話であれば多少理解できるが、複雑な内容となると娘のアリアナの通訳が必要となる。日系ブラジル人3世の父は、日本語は「少しできる」程度で、自動車関連工場で働いている。リーマンショック時にも職を失うことはなく、現在では職場の班長という地位に就いている。X地区の県営住宅で暮らしていたが、アリアナが10歳になる頃に、近隣O地区の戸建て住宅を購入した。アリアナと弟は、ブラジル人児童の多い東小学校に6年間通った。日本で生まれ育った子どもたち自身は、日本語の面でも生活の面でも支援を必要としたことはなく、他の日本人児童と変わらない小学校生活を送った。両親は、日本語はあまりできなかったが、小学校にはポルトガル語の通訳や日本語指導員が常駐していたため、保護者面談や進路相談、学校に関する行事などで困ることなく過ごすことができた。

　東小学校の児童の大半は同じX地区にあるH中学校へ進学するが、アリアナの住むO地区の子どもはH中学校ではなく、生徒のほとんどが日本人であるS中学校に進学することになる。S中学校では外国人児童を想定した支援制度は整っていなかったため、中学へ進学する際に小学校の担任からは、ブラジル人児童への支援が手厚いH中学校へ進学することも特別に許可される旨を伝えられた。けれども、日本語をきちんと話せるようになりたい、というアリアナ自身の強い思いから、S中学校へ進学することを決めた。支援の行き届いた小学校の環境から一転、中学では外国人生徒がほとんどいない環境に置かれることとなっ

た。小学校の時とは異なり、保護者向けの学校便りを自分で翻訳したり、個人面談や進路相談などでの担任と保護者のやり取りを自ら通訳したりしなくてはならなかった。小学校の時には差別や偏見について考えることなく過ごすことができたが、中学校ではそうはいかなかった。生後すぐからずっとつけているピアスのこと、ブラジル独特の強いシャンプーの香りのこと、髪型や服装のことなど、「どうでもいいような小さなこと」でいちいち先生から注意を受けた。それでも、「人に迷惑かけていません、私は変えません。」とはっきりとした主張をすることができたのは、両親が自分の出自に誇りを持てるように育ててくれたおかげであると感じている。中学3年の時、市内中学生の代表としてイギリスへ派遣されたことをきっかけに、英語を本格的に勉強し始めた。高校進学の際にも、受験に関する情報は自分で全て調べ、自分で決めるしかなかったが、帰国子女教育や英語教育に力を入れる近隣の私立高校に魅力を感じ、受験を決めた。

　アリアナの友達には日本人もブラジル人もいるが、父や母の友人たちはほとんどがブラジル人だ。月に2度程は、ブラジル人の友人たちを家に招き、母が得意の料理を振る舞う。友人たちの誕生日やクリスマス、お正月などのイベントはブラジル流に「ダイナミックに」祝う。ブラジルに最後に行ったのは3歳くらいの時でほとんど覚えていない。それでも、日本とブラジルの2つの国で育ってきたと認識しており、両国の要素を自分の中に感じているという。「日本とブラジルの両方の国で育ってきたから、二つともアイデンティティになってて、どっちもわかる。日本的な考え方は、学校の生活の中で自然に身に付いちゃう。どっちもわかるから、どっちも取り入れてやってるかな。」祖母や親戚はほとんど皆ブラジルにいるが、家族がスマートフォンやタブレットを常に持ち歩き、FacebookやSkypeなどで毎日連絡を取っているので、離れていてもとても身近に感じる。ブラジルにいる祖母や、「高台の眺めの綺麗な土地にある一戸建て住宅を一生懸命働いて買ってくれた両親」を心から尊敬している。東京の有名な難関大学を目指して毎日受験勉強をしている。[16]将来の夢は外交官になることだ。

16　筆者が聞き取りを行ってから5ヶ月後、東京の難関私立大学へ合格したという嬉し

Part III　地域社会

　上に見るように、アリアナのケースでは事例1にみるヒロシのケースとは異なり、両親は日本の生活に完全に適応しているわけではなく、将来的にはブラジルに帰国したいという強い思いを常に抱えている。家庭内において、言語をはじめとしたブラジルの生活習慣や価値観が育まれている。両親とも日本語は得意ではなく、アリアナの学校生活や進路の相談に、両親は十分に相談にのることはできず、時には親子の役割逆転も生じている。しかしながら、日本社会でのブラジル人コミュニティとの深いつながりや、インターネットを介した日常的なブラジルの親族とのコミュニケーションにより、親の権威は保たれ、家族の規範やブラジル的価値観を家庭内で維持し続けている。そのことが、アリアナが自身の出自に対する自尊心を持つことを助け、自分自身の他とは異なる要素をポジティブに捉える姿勢に繋がっている。アリアナの母親は、保育園や小学校で、通訳や翻訳を介して保育園や小学校での子どもの状態を知ることができたので、大きな不安を抱えることなく過ごすことができたという。親密な親子関係の形成には、保育園や小学校における通訳・翻訳サービスも大きな役割を果たしたと考えられるだろう。

事例3：ハナエ　（仮名・18歳）
　アリアナと同様に、ブラジル文化を家庭内で強く維持しつつ、日本社会でもポジティブに社会適応を果たし、自己に対する肯定感や上昇志向を強く持つ若者の事例として、ハナエの場合をみてみよう。

　　　ハナエは、日本生まれ日本育ちのブラジル人だ。X地区には3才頃に引っ越してきた。日系3世の両親と弟の4人で暮らす。両親は車の部品の工場で働いており日本語はほとんどできないので、家庭内での言語はポルトガル語だ。ハナエと弟は日本語とポルトガル語のバイリンガルで、現在まで日本語の支援は必要なかった。両親はほとんど日本語ができないが、大体のことはハナエ自身でやっていけた。保育園、小学校、中学校と、X地区のブラジル人が多い環境で過ごしてきた。中学ではク

　　　い知らせが届いた。

ラスの３分の１くらいがブラジル人だったので、学校ではどちらかというとポルトガル語を話すことの方が多かった。これまで、ブラジル人であることで辛い思いをしたことは何度かあるが、なかでも、小学校の時に「ブラジルへ帰れ！」と言われたことや、母親がなまりの強い日本語で話しかけた時の店員の嫌な態度は、今でも忘れられないほど辛い思い出だ。自分は日本に居たくて居るわけではない。「できれば自分のふるさとにいたい。お父さんとお母さんの都合でここにいるだけだから」と悲しく感じた。支援制度の整ったＨ中学校を卒業すると、全てのことを自分でやらなくてはならなくなった。高校進学の際には、入学のための必要書類を全てポルトガル語に翻訳し、保護者会では、担任からの話を「いいことも悪いことも全部、普通は親にしか話さないような辛いこと」までも自分自身で親に通訳しなくてはならなかった。こうした経験からハナエは、自分自身の出自をポジティブなものとして認めることができない時期が長くあったという。もし日本人だったら、「お母さんとスーパーとかに一緒に行って、これは薬だよ、とかいちいち通訳してあげなくてもいいし、学校の書類とかもいちいち翻訳してあげなくてもいい」、「日本人だったらよかったのに」と考えていた。

　自分自身について、ポジティブに考えられるようになったきっかけは、英語であった。小学校５年生で始まった英語の授業をとても楽しく感じ、アメリカで生まれ育ったブラジル人の先生が近所で開く塾に通い、そこで英語とポルトガル語を勉強した。中学校３年生の時にはイギリス派遣のメンバーに選ばれ、高校でもスピーチコンテストで良い成績を収めたり、海外派遣のメンバーとしてオーストラリアへ行ったりした。英語をとおして、発音や表現などで日本人の生徒たちよりも自分が優れている点を見つけられるようになっていった。現時点で将来の夢はまだはっきりわからないが、「せっかく両親がポルトガル語と日本語を話せるようにしてくれて、英語も習わせてくれたから」、通訳など語学力を活かした職に就きたい。現在高校で中国語を学び、大学ではフランス語もやりたいと思っている。大学は語学教育に熱心な有名大学を目指している。留学もしてみたい。ハナエは、悩んだ時期を乗り越え、今

17　ハナエも、アリアナとは別の東京の難関私立大学へ進学することが決まった。

はブラジル人であることを誇りに思っている。「日本にいるブラジル人だから、両方のいいところと悪いところが見えるから、視野すごい広がるし。自分は特別なんだな、って、それは感謝して言える。日本人だったら楽だったけれど、そうだったら、この特別な自分でもない。」

誕生日は「ブラジルスタイルで盛大に」やる。「18歳になれば成人」というようなブラジルの価値観も強く持っている。中学くらいまでは頻繁に教会に通っており、それは他のブラジル人と接する良い機会ともなっていた。Facebookはブラジル関連の情報源なので、家族みんなでよく使っており、ブラジルのレストランや雑貨屋にも定期的に行っている。スーパーやレストランでいつでもブラジルの味が買え、ブラジルの文化を日常的に感じることができるということが、ハナエのブラジル人としてのアイデンティティを持つことに繋がっていると自身で感じている。

アリアナと同様に、ハナエのケースでも親子の役割逆転が度々生じている。ハナエの場合、そのことに深く悩む時期を経験しているが、それでも親の権威が失われなかったのは、家庭がブラジル社会と深くつながっており、日本社会のブラジル人コミュニティの中でブラジル的な文化や価値観と日常的に接していることも強く影響しているのだろう。

第6節　まとめ

本章では、ブラジル人集住地域における在日日系ブラジル人第二世代の3人への聞き取り調査から、彼らの日本社会への適応の様子を「編入モード」を参考に考察することを試みた。移住第一世代である彼らの親は必ずしも日本語を習得してはおらず、アリアナやハナエのケースでは時として親と子の役割逆転という現象も生じていた。それでも本章で取り上げた各事例では、第二世代の子どもたちは親の権威や自分自身に対する自己肯定感を失うことなく日本社会への適応を果たしている。彼らの高い自尊心や教育や就職に対する達成願望には、家族との親密な関係性に加えて、X地区の公立学校の手厚い支援制度も大きな役割を果たしていると考えられる。X地区の公立の小

中学校内では、ブラジル人児童のための様々な取り組みや、外国人保護者への通訳や翻訳を始めとした様々な支援が用意されている。エスニックスクールだけではなく、行政によって多文化共生のための取組みが制度として積極的に取り込まれた公立学校が、第二世代やその家族の自尊心を高め、ポジティブな進路選択を行うことにつながっていることは重要な点である。

　しかしながら同時に、外国人集住地域であるからこそ、他よりも強く働く同化への圧力についても目を向けなくてはならない。制度としてポジティブに位置づけられた「多文化共生」は、人々の日常的なレベルにおいては、様々な「条件」がついた非対称的な関係性を含み持つものへと変質し、第二世代の子どもたちに対する社会からの強い同化圧力として働くという場合もある。入管法の改正から約25年、多文化共生をめぐる様々な議論の蓄積の後、試行錯誤の末に構築されてきた様々な支援体制は、一定の成果が認められることは紛れもない事実であるが、こうした「支援」の中にもすでに同化への圧力が内包されている側面も指摘できるのである。

　このような同化圧力にさらされた第二世代が、それでも、自らのルーツを捨て去ることなく、自己肯定感を持ちながら、自己の将来に向けた意欲的な姿勢を保ち続けることができているのには、エスニック・コミュニティが果たす役割も大きい。関口（2003）が指摘するように、日系ブラジル人のエスニック・コミュニティは、在日韓国・朝鮮人コミュニティに比較すれば、紐帯の強いコミュニティであるとはいえないが、それでも、友人知人同士のつながりによる緩やかなコミュニティや、集住地域に形成されたエスニックな商業施設が、家族の価値観の維持のために一定の役割を果たしている様子が聞き取りからは伺えた。また、特に注目したいのは、FacebookなどのSNSや、Skypeなどのインターネットを介したテレビ電話による本国ブラジルの親戚や友人達との日常的な繋がりである。こうした以前に比べて劇的に低コストとなったコミュニケーション手段が、ブラジル人コミュニティとの結節点となり、本国で過ごした経験がほとんどない彼ら第二世代にエスニックなアイデンティティの形成・維持をさせることに重要な役割を果たしていることは注目に値する。

　本章で示した3人の事例は、個人レベルでの限定されたライフストーリーにすぎないものの、今後さらに増えていく多様な文化的背景を持つ人々

が、どのように日本社会の中に受け入れられていくべきかを考えるうえで、一つの重要な視点を提供するものではないだろうか。今後さらにきめ細かい事例検討が必要となる。

　　　［謝辞］X地区に様々な形で関わる方々が、地域の多文化的状況に対して真摯に取り組んできた姿勢に敬意を表し、また調査にご協力いただいた皆様に厚く御礼を申し上げます。

［文献］
イシ，アンジェロ，2014,「日系ブラジル人のネットワーク」吉原和男ほか編『人の移動事典　日本からアジアへ・アジアから日本へ』丸善出版，276-277.
太田晴雄，2005,「日本的モノカルチュラリズムと学習困難」宮島喬・太田晴雄編『外国人の子どもと日本の教育─不就学問題と多文化共生の課題』東京大学出版会，57-75.
小池洋一，2011,「日本企業の雇用政策と日系人労働」三田千代子編著『グローバル化の中で生きるとは　日系ブラジル人のトランスナショナルな暮らし』上智大学出版，31-65.
厚生労働省大臣官房統計情報部，2015,『平成26年度　日本における人口動態──外国人を含む人口動態統計──人口動態特殊報告』一般財団法人厚生労働統計協会．
関口知子，2003,『在日日系ブラジル人の子どもたち　異文化間に育つ子どものアイデンティティ形成』明石書店．
広田康生，2006,「政治理念としての『共生』をめぐる秩序構造研究への序論──『編入』研究から地域社会秩序構造研究へ」奥田道大・松本康監修『先端都市社会学の地平』ハーベスト社，34-58.
三田千代子，2011,「ブラジル人のディアスポラと日本のブラジル人」三田千代子編著『グローバル化の中で生きるとは　日系ブラジル人のトランスナショナルな暮らし』上智大学出版，3-28.
森博美，1994,「日系ブラジル人の定住希望意識について」『日本統計研究所報・わが国における外国人労働者─日系ブラジル人調査』第20号，77-89.
山本直子，2014,「公立学校の日本語指導員が現実に果たす多様な役割──愛知県A市の事例から──」『移民政策研究』第6号，149-165.
────，2015,「外国人集住地域における日本人住民の共生意識── H団地の調査から──」『人間と社会の探求－慶應義塾大学社会学研究科紀要』第79号，53-68.
Portes, Alejandro, Rumbaut,RG.,, 2001, LEGACIES: The Story of the Immigrant Second Generation., The Regents of the University of California. (＝2014, 村井忠政訳,『現代アメリカ移民第二世代の研究　移民排斥と同化主義に代わる「第三の道」』明石書店).

Rumbaut, R. G.,, 2002, "Served or Sustained Attachment?Language, Identity, and Imagined Communities in the Post-Immigrant Generation." 43-95 in The Changing Face of Home: The Transnational Lives of the Second Generation.edited by Levitt,P. and Waters,M.C.New York: Russell Sage Foundation.

第8章　未完の多文化共生プラン
—— 煩悶するローカル・ガバナンス

能勢桂介

第1節　はじめに

　日本の移民は、統合されているのだろうか。本章では統合を社会の一員として認められ、他の成員と対等な関係が取り結べる状態という意味に用いるが、そのためには雇用、社会保障、言語（日本語）などの生活資源が一定程度平等で、アイデンティティーが否認されないことが必要である。

　指標となるデータを見ると、2008年末から2009年のリーマンショックを経て、日本の移民の排除・貧困傾向は明らかである。外国人の生活保護率は日本全体に比べ非常に高く、2011年では外国人の生活保護率（外務省方式）は35.1‰と、日本全体の生活保護率16.2‰の2.2倍の高水準となる（総務省行政評価局 2014: 42-46）。また移民の若者の高校在籍率も低い。日本に5年以上いる若者の在学率を2010年の国勢調査で調べると、ブラジル人やフィリピン人は高校に入学しても半数も卒業していない（鍛治 2015）。つまり、移民は十分に教育を受けられず、困窮しやすいことは明白であり、日本で移民が統合されているとはいえない。

　日本における排除・貧困の要因は、過去20年間、他の先進社会と同様に構造変動による長期不況や非正規労働者の増大などがあったにもかかわらず、男性正社員／女性主婦という家族をモデルとした「日本型生活保障」が

1　本章では、外国出身者で永住・定住を希望または実体化している者を「移民」と定義する。

2　統合／排除に関するより詳細な規範的議論や分析のための類型化に関しては能勢（2012）を参照のこと。

3　外務省方式は、外国人被保護世帯人員数÷全外国人登録者数で算出したもの。総務省方式（外国人被保護世帯人員数÷生活保護の対象となる在留資格で算出）もあり、そちらの方が移民実態を反映していると考えられるが、後述のB市データとの比較のために外務省方式での数値を掲載する。

維持、保持されてきたことにある（宮本 2009）。移民は移住過程や日本語能力の欠如によって、日本型生活保障の核となる雇用や結婚が不安定で、困窮しやすい。こうした実態に対して移民の人権、とくに社会権を保障する日本語教育や通訳などの移民統合政策が必要なことは明らかである。

ところが、日本ではナショナルなレベルで移民統合政策が進捗しないため（第9章明石論文参照）、ローカル・シティズンシップに市民活動者や研究者の期待が寄せられ、国（総務省）は2006年に地方自治体に「多文化共生推進プラン」を示した。このプランの特徴として地域の多様なアクターの協働があげられている。これは杉澤経子が指摘するようにヒエラルキカルで行政中心的な「ガバメント」から多様なアクターと行政が協働する「ガバナンス」へ、という地方行政の潮流に位置づけられるといってよい（杉澤 2013）。

ローカル・ガバナンス（以下、LGと略す）は市民と行政が対等にお互いの長所を生かして諸問題の解決にあたると説明されてきた。しかし、他方で国がLGや地方分権を促進する背景には財政難によって社会保障費などの抑制を迫られているという如何ともしがたい事情が存在する（玉井 2002など）。行政は外国人問題などの新しい問題への対応を迫られる一方、財政難にも直面し、それを一挙両得で解決するのが協働ということになる。

しかし、諸問題の解決と財政難の解消は両立するのだろうか。そもそもこの二つは次元の異なる問題であり、一括して解決するのは無理があるのではないだろうか。そこで、本章では市民と行政の協働による多文化共生の取

4　移民の統合・排除分析という観点からポルテスの編入モード論は非常に優れたものであるが、福祉政策の分析が欠如しているなど限界がある。したがって、より有益な統合／排除分析のためにはエスピアン・アンデルセンの福祉レジーム論とポルテスの議論を突き合わせ、再構成したより一般的で普遍的な分析枠組みが必要だと考えている（能勢 2012）。これによって移民の国際比較が可能になるだけでなく、移民と女性、若者、障害者など排除されやすい人々との比較が可能になる。尚、この観点から欧米の研究を整理したものに竹ノ下（2012）がある。

5　本章でいうローカル・シティズンシップは、渡戸（2011）にしたがって市民参加という意味に用いる。

6　財政難という説明に対しては、既得権益による政策の凍結（Geddes &Benington編 2001）や国民の政府不信による課税の難しさ（井手 2013）といった説得力がある反論なされており、新自由主義のレトリック――日本の場合は「主義」といえるほどのものかは疑問だが――だと考えたほうがよい。

7　世界的に見てみると、移民に対応したローカル・ガバナンスは福祉が貧弱でかつここ20数年の間に移民受入国になった地中海諸国や日本で実施されている（Geddes

り組みを検証したい。

　非正規化・外部化による人員削減を盛り込んだ「新地方行政改革指針」が出され、協働が本格化する2005年頃に既存のガバナンス研究のピークがあるが、理念の検証や海外の事例研究がほとんどである。その後、近年では実証研究も出ている（辻・伊藤編　2010など）が、先述の杉澤らの研究も含めて、自治体の政策推進をめぐる諸アクターの動態的な力関係、市民と行政の格闘にまで踏み込んで調査されておらず、そのことがLGの実態や根本問題を可視化するのを妨げている。

　そこで地方分権に関する一連の政府委員に参画し、それを分析した西尾勝と同様の参与観察の方法（西尾　2007）をとりたい。筆者は、2006年にY県B市の外国人の支援・研究に関わり始め、本章の対象である外国人支援団体αの設立メンバーで副理事長、B市の多文化共生プラン策定時に部会長を務め、プランが進展した現在までその実態と問題点を把握しうる立場にある。本章ではこの活動と並行して実施されてきた外国人や行政に関する筆者の調査、追加調査をもとにB市の多文化共生政策の記述・分析をおこなう。

　調査地のY県X地域はリーマンショック前の2005年で総人口約43万人、外国人数は1万人弱だった。主要なA市（人口9.5万人）、B市（約24万人）、C市（約6.6万人）では外国人比率が各市2％台に達し、ブラジル人数も各市1,000人を超えていた。X地域は外国人集住都市会議の参加都市ほどではないが、それに準ずる地域であった。全国的には非-集住地域の方が多数派であり、そうした地域の現実を調査・分析することは日本の多文化化の現在を理解することに寄与すると考える。

　以下、構成を示す。移民の排除・貧困の構造的要因から地域政策には移民統合に明確な限界があることを指摘した後（2節）、次の点を解明したい。第1に、自治体が多文化化に対応した政策を推進する困難を明らかにすること。多文化共生推進プランが示された現在でも実施自治体は限られており、どこに政策が進捗しない要因があるのか（3節）。第2に、政策立案・実施における困難、諸問題を明らかにすること。とくに協働は理念通りの実施する難しさが指摘されている（山本　2009: 41；杉澤　2013: 29）が、実際はどうだ

&Benington編　2001；Tsuda編　2006）。つまり移民政策の国際比較は歴史的社会的文脈や社会権領域の政策を関連させて分析する必要があるのではないか。

ろうか（4節）。そのうえで協働の諸問題がなぜ起こってくるのか官僚制、近年の国 - 地方関係変容、市民参加といった観点から分析する（5節）。その際、特にLGの矛盾をどのように行政や市民が認識しているかについて注意を払いたい。なぜなら国に端を発するLGの矛盾を正確に認識していなければ、ローカル・シティズンシップによる国の変革（渡戸　2011: 254）やナショナル・ミニマムの確立（山本　2009: 289）に繋がるはずはないからである。最後に、ではどのようにしたらよいか簡単に考察したい（6節）。

第2節　地域政策の構造的限界

　地域政策を考える前に、その限界をまず押さえておきたい。移民は①IT技術者など階層的に高く人的資本も豊富であるとみなせる高度人材とその家族、②請負・派遣を典型とする非正規雇用で就労することが多い南米日系人や中国帰国者の夫婦双方が移民の家族、③日本人夫のアジア系妻に分類できる。このなかで②、③は外国出身ということだけでなく経済状況や家族構成の観点から排除リスクが高い。①は経済資本、人的資本（学歴と語学力）が豊富であり、この人たちに受入主体に対して交渉力をある程度発揮できる。しかし、諸資本が必ずしも豊富ではなく移住ルートが限定されている移民は受入主体に対して交渉力を発揮できるわけではない。それゆえ地域の企業や夫（夫家族）などの受入主体が②や③の生存と定住に決定的な影響を与える。

　移民構成、移民数・割合は全国均一という訳ではなく、地域ごとに相当な差がある。一般に県民所得が上がるほど、外国人の人数、割合は増える。高度人材は企業、国家の管理中枢、大学が集中する首都圏に多く、日系人は周知のように東海地方などの工業地域に多い。産業がない地域では外国人は少なく、外国人ではなくその地域の日本人が職を求めて移動する。また国際結婚女性は、県民所得に関係なく全国どこでも一定数、一定の割合で移住している。移民構成、移民数・割合は日本の不均等発展が大きく関わっており、その地域の政治経済的ポジションを反映している。つまり、移民を需要する地域構造を考えることなしに、地域政策の有効性と限界は理解できない（能勢　2012）。

　X地域の構造と排除を簡単に見ておこう。②の日系ブラジル人に関して

いえば、彼らを請負・派遣、すなわち「雇用調節のためのフレキシブルな緩衝要員」(大久保 2005) として需要する産業構造はY県、X地域でも集住地域と変わらない。しかし、Y県、X地域ではリーマンショックのブラジル人に対する影響が一層、顕著だった。Y県はブラジル人の減少率が2007年と2012年との比較で約6割減と全国平均の約4割減より大きく、この傾向はX地域も同様だった。この理由はY県が外需依存度の高い精密機械の割合が高かったためだと考えられる。ブラジル人が地域に定住出来なければ地域政策の効果が上がりにくく、統合どころではない。事実、移動が度重なると、子どもたちは学校のサポートが受けにくくなり、高校進学に結びつかない (能勢 2015a)。

③のアジア系妻は結婚仲介やパブやスナックで日本人男性と出会い結婚するが、離婚率が高く、母子家庭となって排除・貧困に陥る。リーマンショック以降、日本全体と同様、急激に上昇しているB市の生活保護率を見てみよう。B市全体の保護率は2011年で8.0‰と日本全体よりもかなり低いが、外国人の保護率は25.4‰ (外務省方式で算出)、母子家庭の保護率は32.0‰[8]で、市全体よりそれぞれ3.1倍、4倍高い。だが最も高くなるのは外国人と母子家庭が重なった時で、フィリピン人母子家庭の保護率は51.3‰となんと市全体の6.4倍にも達する。彼女たちは出身国での教育のなさ、配偶者選択の困難さ、離婚率の高さ、女性に対する構造的な就労差別、そして日本語未収得や職能の低さが幾重にも重なり、排除・貧困に陥る (能勢 2015b)。また離婚とともに、日本人夫のサポートを失う子どもたちも高校進学機会を逃す (能勢 2013)。

以上のように、地域には請負・派遣労働者や配偶者としての移民需要があるが、移民と受入主体の関係が不安定で、移民は定住と生存を確保しづらく、排除・貧困に陥りやすい。そこで地域の支援・政策が必要となる。しかし、LGの核である地方行政と市民セクターはそもそも受入の主体ではなく、基本的に移住者に対して受動的に対応するほかない。地域行政は人の移動を管理することはできないし、受入る主体 (企業・男性) に規制をかけたり、国の水準を大幅に超える再分配政策を実施できるわけではない。地域は、基

---

[8] 母子家庭の生活保護数や割合は統計システムから正確に算出できないが、全体傾向を把握するうえでは問題がないと判断し、掲載する。

本的にはこれら以外の手段によって事後的に政策・支援をおこなうしかない。

　地域における移民の排除は、グローバルな不均等発展、ナショナルなレベルでの入国管理体制、雇用・社会保障制度、国内の不均等発展によって規定される地域構造などが複雑に絡み合って形成される。これに対して地域が移民を統合するためにとれる手段は極めて限定されているのである。これをふまえた上で、地域の多文化共生政策がどのように立ち上がり、どこに限界があるのか事例を見ていこう。

第3節　地域力が問われる準集住地域——政策推進の困難

1．自治体の政策推進要因

　伊藤修一郎は自治体の政策推進要因を①総体的要因（国家政策の有無、政策の性質、政策伝播）、個々の自治体の②社会経済要因（人口規模、地域の豊かさ、都市化など）、③内生的要因（問題の深刻さ、利益集団・市民団体の働きかけ、首長、議会）の点から調査・分析している（伊藤　2002）。

　多文化政策が進んだ地域は、関西の在日コリアン地域と東海、北関東の日系人地域が多い。伊藤の分析枠組みで山脇（2003）などの先行研究を整理すると、これら自治体の政策が進んだのは、外国人の数が多いという社会経済的要因、外国籍住民の働きかけ（在日コリアン集住地域）や首長のリーダーシップ（日系人集住地域）という内生的要因、近隣自治体間の政策伝播という総体的要因が存在したからだろう。

　実際、外国人の人数、割合は多ければ多文化政策が進む（高畑　2001）。その理由は外国人数、割合が多ければ自治体の問題意識が高まるからだ。渡辺博顕の調査では外国人の生活に関して「問題あり」とする自治体は外国人割合が多いほど増える（渡辺　2011: 53）。自治体で問題化されなければ検討されるはずもなく、総務省の多文化共生推進プランが出されても自治体の多文化政策は思ったように進んでいない（杉澤　2013: 13）。愛知県豊田市のように、外国人が一部の町内会や小学校に半数近くいる自治体ではその問題は誰の目にも明らかだが、人数が減れば問題化されにくい。微妙なのが準集住地域である。外国人は目に見えて多いわけではないが、問題は発生し、ホスト

社会の一部はそれを認知している。こうした地域では自治体や地域の感度、力量が問われざるをえないが、それが問われているのがY県であり、X地域だった。

2. Y県X地域

Y県はリーマンショック以前には群馬県とほぼ同等の外国人数、ブラジル人数であったにもかかわらず、Y県の各自治体の政策展開は集住地域より遅れた。その理由として、群馬県は外国人数上位5位の市町村が隣接し、そこに外国人の76.2%が集中していたのに対し、Y県は群馬県の2倍の面積で10の広域地域のうちX地域をはじめ5広域地域に外国人が分散したため、各自治体の外国人数・割合が低く、問題が顕在化しづらかったためだと考えられる。

それでも2000年代に入ると、Y県内2都市が外国人集住都市会議に参加し、県でも2000年代前半の改革派知事時代には多文化共生政策が進捗した（だが知事の交替とともに後退）。X地域では日系ブラジル人の伸びが急激だったA市とC市が90年代後半にブラジル人の相談員、C市がY県内で先駆的に教育政策（拠点校で希望する児童生徒に日本語教育）を導入したが、B市はほぼ皆無だった。このように多文化政策は自治体による差、同じ自治体でもリーダーによる差が著しい。

3. これまでB市で多文化政策が進まなかった要因

そこで、以前に教育政策が進まない要因をB市とC市を比較しながら調査してみた（能勢 2008）。教育委員会は、国-県に人事、予算、施策面で相当程度、拘束されていることは確かだが、自治体の自主性が全く発揮できない訳ではない。

C市は外国人、とくにブラジル人の伸び率が顕著で当時の教育長が日本語教育を推進したが、彼が交替すると後退した。教育委員会主事は、学習意欲がないブラジル人児童生徒に対して途方に暮れていた。B市は学校現場の実態が教育委員会委員に届かないため、問題化されず、全く政策が進んでいなかった。B市の教育委員長にインタビューすると、あまり状況を把握して

9　出所は、群馬県国勢調査（2005年）、Y県国際課（2005年12月31日）。

いない様子だったが前向きに検討する姿勢はあった。一方、主事は現場の実態を把握していたが、教育委員会委員に問題提起しにくい状況があるようだった。それで教育委員長は状況を把握していなかったのだが、主事は個人的には対策を講じたいと思っており、市民の声に期待していた。しかし、当時、B市の外国人も含めた市民は行政に対して要望を出す状況ではなかった。日本語教室は公民館の伝統によって90年代半ばに市内に4つ作られたが、アドボカシーをおこなう動きはなかった[10]。要約すると、B市は教育委員会を取り巻く学校、支援者、親、市民の力関係、イデオロギー（外国人の不就学・怠学は文化の違いだ）によって問題が表面化しにくく、政策を推進する力が働かなかった。他方で教育長の交替でC市は推進力を失ってしまった。

4. 多文化共生プラン策定──市民による推進

では、どのようにしてB市の多文化共生プランは進捗したのだろうか。2007年当時、すでに総務省の「多文化共生推進プラン」が出されていたが、B市の政策を後押ししたのは何と言っても市民団体の結成だった。当初は地道に日本語ボランティアや医療支援に携わってきた人々、中国留学経験がある高校教員、地域の日本語教育に力を入れたい大学教員、そして筆者などの5、6名の集まりだった。筆者が知人たちと多文化共生に関する学習会を行いたいと公民館主事に相談すると、そうしたことを望んでいる人が別にいるので一緒にやった方がいいと二つの流れが上手くまとまるように公民館主催の学習会を立ち上げてくれた（2007年3月）。会が進むにつれ、市との協働を視野に入れた外国人支援団体αを結成することになった（2008年3月。2010年1月にはNPO法人格取得）。

2008年には学習会や学校の日本語教育が数名で試験的におこなわれる一方で、行政に対するプラン作成の働きかけがおこなわれた。同年8月には

---

10 また地方政治の主要なアクターの町内会や議会も自治体の政策を動かす力にはならなかった。町内会に関しては、B市には外国人集住地区が団地を中心に存在し、ゴミ出し表示が多言語化されている町内会も存在したが、ここから多文化共生プランにつながることはなかった。その理由は公営団地には外国人だけでなく高齢者、障害者、母子家庭などの排除・貧困層が集中しており、人的資本や社関係資本が欠けているからだ。議会は政策が実施されていたC市の方がB市より住民としての外国人に関する質問が多く（1995年から2007年までの議会議事録）、その意味ではC市議会の方が関心が高かったといえるが、推進役を果たしたとまではいえない。

市に協働提案したうえで、代表は市幹部（市の財政と人事を前代市長から掌握している人物）と会談し、市民の協働提案として採用された。採用の背景には、B市は2006年に「協働の基本指針」をまとめたものの提案が少ないので、制度が生かされていない焦りがあったかもしれない（代表理事談）。これによって2009年4月には担当窓口が開設され、職員が配置された。

　他方、教育委員会でもαのメンバーの働きかけと学校支援の実績によって問題意識を持った主事が2009年3月にリーマンショック対策の国の補助金を活用して日本語教育支援をαでおこなうことを提案してくれた。それを受けαが素案を作成し、教育委員会と調整しながら、事業の理念や内容を固めていった。一度、この事業は財政の点から不採用になったが市会議員の仲介によって教育委員会担当者と再度、折衝、その重要性を認めさせ、2009年11月に正式にスタートした。議会でB市教育長は、外国出身の児童生徒について不就学や低学力の現状を認め、子どもの権利条約を根拠に教育政策を進めていくと答弁した（2009年9月、B市市議会定例会）。

　さらに2010年には人権関連の課で多文化共生プランの策定がおこなわれた。このプランは総務省の多文化共生プランを基本にしながら、「地域・防災」、「教育」「労働・医療・保険」の3部会形式でおこなわれ、筆者らα理事3名がそれぞれの部会長に任命された。策定後、翌2011年7月の議会承認を経て、2012年7月に相談・交流・学習・情報を目的とした部門が設置された。

　教育委員会委託の学校日本語支援と人権課委託の交流・相談でαへの委託料は総額約1,500万円（内委託料がα予算の92%を占める）になる。この委託事業での給与取得者は、学校日本語支援でコーディネーターが3名、週数コマの授業を持つ支援員が約15名、相談・交流部門でコーディネーター1名、非常勤が日本人数名、バイリンガル人材（中国、ポルトガル、タイ、フィリピン）。支援実績はB市の児童生徒に対する日本語支援（毎年30名〜40名）、語学教室・イベントの開催、相談／支援（2015年で1,100人）となっている。またボランティアによっても3つの日本語教室、年1回のフェスティバル、進学ガイダンスがおこなわれている。学校日本語支援は年数回、日本語教育の専門家を呼ぶなどの研修に努め、学校で徐々に認められ、支援依頼が年々増大している（相談・交流部門は後述）。これらを見てくると、政策・支援内

容は外国人集住都市会議の各自治体の政策水準に達しているといえる。

多文化政策が推進した大きな要因は、αには多様な市民が集まっていたので行政が政策を正当化しやすく、アドボカシーできる人材や活動実績がある市民がいたので行政が委託事業化しやすかったことがある。また公民館の主事の果たした役割も大きかった。Y県やB市はもともと公民館活動が盛んな地域であり、日本語支援リーダーの日本語教育能力や団体αのきっかけを作った主事の市民コーディネート力も公民館で培われたものだ。加えて県やY県内2都市がプラン策定を実施しているという先例があり（筆者は他の自治体ではすでに実施されているとよく市職員に説明していた）、そこにαの協働提案が提出され、行政トップが財政難においても決断しやすい環境が整っていたことも政策推進の要因になっただろう。

表8.1 B市の多文化共生関連年表

2006年3月	多文化共生プラン（国・総務省）
2008年3月	外国人支援団体α結成（市民）
2009年11月	日本語支援センター発足（B市・市民）
2010年4月	多文化共生プラン策定会議（B市）
2012年7月	相談・交流センター発足（B市・市民）
2015年4月	生活困窮者自立支援法施行（国・厚労省）

第4節　多文化共生プランの諸問題

B市の多文化政策・支援は市民の多様な力が集まることによって飛躍的に発展した。しかし、問題は残っている。それは①行政のセクショナリズム、②行政とNPOの対等性、③社会階層の再生産、④NPOの経営の4点である。どれも協働に関わる問題であるが、ここでは主にプランの完遂を妨げている行政のセクショナリズムについて取り上げることにしたい。

1.　行政のセクショナリズム――協働の困難

移民の排除・貧困は移民特有の言語・文化、法的身分などのハンディと人に普遍的な雇用・福祉などのハンディが複雑に絡み合って起るので、多分野の関係者、支援組織が連携して支援していくほかない。これは生活困窮者自立支援における「伴走型支援」の発想（奥田ほか2014）とも重なるし、自

治体政策の観点からは協働を核とする LG そのものである。ところが、B 市において多分野の協働はプラン策定段階においても、実際の相談支援の実践においても順調に進んでいるわけではない。行政のセクショナリズムがあるためだ。

　最初に行政のセクショナリズムを思い知らされたのが、2010年におこなわれた多文化共生プラン策定会議のうち筆者が部会長を務めた「労働・医療・保険」部会だった。この部会は移民の生活に直結した多分野、他部署の協働連携が最も必要な部会であり、その難しさが露呈した。

　プラン担当者と筆者はハローワーク、警察、市の労政課、子ども課、外国人報告者、派遣会社、労働相談 NPO などに会議への参加を依頼した。テーマ、部会運営の方法も筆者に任されたので、貧困対策を取り組むという部会の基本方針を示し、外国出身者とそれに関わる各専門分野機関がテーマ別に状況報告をおこない、アイディアを出し、議論すれば、多分野の機関が連携するプランが自ずと出来るとの見通しを立てていた。また他の部会では、プランの柱となる相談・交流部門の設立やそれに関連する事柄を審議することは分かっていたので、この部会はそこから漏れるが、移民の生活に直結する部分をカバーすることを考えていた。

　しかし、外国人の実情報告と筆者の雇用・社会保障の制度・運用の知識を突き合わせ、重要な点だと思われる点を尋ねても、担当課、専門機関が追求されたくない点については、それ以上追及することが難しかった。例えば、健康保険がないので知人間で貸し借りをしているという報告がフィリピン女性からされたので、外国人の国民健康保険の加入状況を尋ねると「把握はしていない」と回答し、国民健康保険料が外国人などの低所得者に逆進的ではないかと尋ねると[11]「これ以上追及するな」と当該課からプラン担当者に圧力がかかった。また生活保護の相談にいった外国人を窓口で追い返すという筆者が調査で把握していた事例についても担当者は事実を否定し、平行線をたどった。しかし、これまでの筆者の審議会経験から部会長がこれ以上追求すると会議が進まなくなると考え、あきらめざるを得なかった[12]。また

11　この保険の逆進性は関係者ならば、誰でも知っていることである。
12　当時、筆者は行政評価の審議委員を数年、務めていたが、行政は社会福祉協議会の問題など都合の悪いことは言い逃れをし、それ以上追及出来ないことがあった。

労働分野では筆者が調査に基づいて労働基準法違反の事例を示すとブラジル人や派遣会社はそうした実態があることに同意したが、それに対応するはずの労政課、ハローワーク、労働基準監督署の態度は積極的とはいえなかった。連携が上手くいかない会議に対して筆者は頭を抱え、「カントのいう『理性の公的使用』[13]がなされていない。外国人を理解するだけでなく、役所という異文化理解をする必要がある」(2010年11月会議メモ)とメモを残した。

結果として、国民健康保険の周知徹底や生活保護係との連携はプランには記載されなかった。また医療通訳、労働環境などの深刻な実態が部会や並行して実施された市民と外国人のアンケート調査(筆者も調査設計に参加)によって明らかになったので、プランにはそれらの課題に取り組むと書かれたものの、関係する部署、諸専門機関との連携は今に至るまで実現していない。

とはいえ、プランは完成し、2012年7月、相談・交流部門は開所式典に市長が出席し、発足した。立ち上げて1年半後、米国で難民のソーシャルワーク経験があるHがコーディネーターになり、伴走型支援(アウトリーチとケースマネージメント)[14]を推進する生活困窮者の活動家もサポートに入り、NPO側の人事面での体制は整った。

しかし、現場レベルでもセクショナリズムの壁は厚い。Hによれば、行政職員は縦割りのなかで育ち、連携するという考えがないので、ケースマネージメントが普及しているアメリカと違ってコーディネートが進まない。経験的にはケースマネージメントが支援に役に立つと当該担当者が認めると連携が促進されるが、配置転換で担当者がいなくなるとまた最初からやり直しになってしまう。私たちが属する課にも当初、同行支援は委託契約の相談業務外と認識されていたが、支援を通じてその意義が分かってもらえるようになった、とのことだった(2015年10月)。

---

13 カントは「啓蒙とは何か」で公的な議論(＝理性の公的使用)は人々を啓蒙するとその意義を強調している(Kant 1784＝1974)が、日本社会では今でもこれが出来ていない。

14 ケースマネージメントとは「対象者を社会生活上での複数のニーズを充足させるため適切な社会資源を結びつける手続きの総体」(白澤1992: 11)のことで伴走型支援に組み込まれている。

ケースマネージメントの考え方は日本では2000年に高齢者福祉に、2005年には障害者福祉にも導入されたが、他の福祉分野では導入されていない。これまで生活保護や他の福祉分野でも「申請主義」が主流（山口編　2010）で、申請があった件について各種サービスの受給を決定するのが行政の主な役割であったため、ケースマネージメントをおこなえるソーシャルワーカーが配置されることは少ない。ケースマネージメントは縦割り行政を克服して資源を最適分配するという狙いがあり（白澤 1992: 26-29）、伴走型支援はこうした福祉行政のあり方への挑戦といえる。それで伴走型支援は行政に理解されにくいが、実践を通じてある程度、担当課の理解と協力が進む。しかし、それが全庁的な理解や協力に発展するわけではない。これは学校日本語支援も同様である。

　ところで、筆者はプランの十全な展開にはプラン作成時の経験からセクショナリズムによる限界があると考えていた。そうしたところ、社会包摂を目指す電話相談（厚生労働省の補助金による「寄り添いホットライン」事業）の地域支部を経て、2013年3月に多分野の支援者が結集した地域独自の困窮者支援ネットワークβが立ち上がった。筆者は移民支援の地域基盤として、この団体に期待し、行政にアドボカシーをおこなった。その後、生活困窮者自立支援法が成立し、2014年には生活保護係が中心となって関係十数課と支援プログラム作成会議が開催された。だがβも協力したものの、多文化共生プランと同様、市の多部門にわたる連携体制が確立出来ないまま、困窮者支援や市民との連携に消極的な社会福祉協議会に委託され、2015年4月からB市の生活困窮者支援が開始された。その他、地域内分権を担当する部署はできたものの行政のセクショナリズムによって逆に町会の負担が増すといった例もあった。

　以上のように見ていくと、B市での協働は様々な部門で理念通り実施出来ていない。協働を推進する審議会の委員長を務める大学教員N（専門：社会政策）は、協働政策は基盤が脆弱な市民活動を理解・支援する政策でなければならないのに、それが出来ていないと指摘（2015年10月）し、福祉関係の職員TもB市の協働は上手くいっていないと述べた（2015年10月）。

2. その他の問題

その他の問題に関しても触れておこう。②の「行政と NPO の対等性」に関しては、NPO 下請論（田中 2008）、それに対する反論（辻・伊藤編 2010）がある。αは行政にアドボカシーをおこない、プランの立案やプランの推進協議会にも参加しているという点においては単なる下請けではない。しかし、委託契約におけるスタッフの給与や委託契約の解釈においては対等とは言えない。委託金によるα専任スタッフの給与は職の専門性に関わらず低く抑えられ、月15万円にもならない。つまり、スタッフの給与は経費削減のための正規職員の削減／非正規化・外部化（早川・松尾 2012）というここ10数年の行政の潮流にそって一律に決められたもので、専門性を正当に評価するものでは全くない。また協働は理念上、市民と行政は対等であるといわれるが、実際の契約上において行政は NPO に業務を委託し、監督する者であり、NPO に対して優位に立つ。相談部門で見られたように業務内容の解釈は行政が NPO を理解するようになると変更される場合もあるが、行政の監督者としての優位は変わらない。協働の理念にある対等性をどのように契約や運営の場面で反映させるかが行政で詰められていないのである。

③の社会階層の再生産に関しては、これまで中間層が支援の担い手で、当事者の主体性が見られないとの批判があり（Tsuda 編 2006 など）、統計的にもそれは確認されている（三谷 2014）。αも同様の傾向が見られる。今述べたように専任スタッフの給与水準は低いが、専任スタッフの女性たちは学歴が高い（国立大卒や国外修士修了）。他の日本人スタッフも女性が中心で、外国人はすべて非常勤という構成になっている。つまり、ここは夫の給与で生活の主要部分を支えることを前提とした階層、学歴が高い日本人女性の職場である。実際、夫は公務員などの安定職が多い。また熱心にアドボカシーをおこなったαの理事たちも企業経営者、大学教員、博士号取得者（筆者）、修士号取得者、牧師などとなっており、学歴、階層の高さが際立っている。理事に外国出身者2名が加入しているが、両者とも大学卒で夫は安定雇用層である。結局のところ、B 市の多文化共生政策の人材配置は日本の階層格差、ジェンダー、外国人に対する構造的差別を露骨なまでに再現しており、人材配置においてそれが是正されているとは全くいえない。

④ NPO 自身の経営問題もある。αは法人格を取得し、行政の委託を請け負っているが、現場の女性スタッフが委託業務をこなして支えているのが現

状で、しかも委託金への依存体質は明らかである。NPO の拙い経営に対して、経営的な自立を迫る言説があり（田中 2008）、αでも資金源の開拓が現実に必要とされている。しかし、国の政策に対する批判を欠いた経営論への傾斜は国によってなされるべき社会権保障、移民統合政策を市場に委ねていく危うさがある（仁平 2005）。

第5節　問題を引きおこすもの——地方分権、協働の政策的文脈

では協働の諸問題、とくにセクショナリズムがなぜ起こってくるのだろうか。地方の官僚組織、官僚組織を規定する近年の国 - 地方関係の変容、市民参加といった観点から分析する。

1. 官僚組織の蹉跌——関係者インタビューから

行政のセクショナリズムは国、地方を問わず、たびたび日本の官僚組織の特徴だと指摘されてきた（今村 2006）。実際、それが NPO と行政の協働において、NPO の事業を妨げていることも報告されている（岩丸ほか 2011 など）。ここでは協働に関わる関係者のインタビューをもとにセクショナリズムを分析したい。インタビュイーは10年前に退職した元職員O、先の大学教員、職員T、ソーシャルワーカーHの4人で、インタビューは2015年10月から11月にかけて実施された。また筆者の活動によって得られたデータも適宜参照する。

セクショナリズムの要因は、第1に国のセクショナリズムが地方行政に持ち込まれていることがある。これまで国の各省庁が補助金などを通じて地方行政をコントロールすることによって、地方行政にもセクショナリズムが持ち込まれていると指摘されてきた（辻 1976など）し、実際そうだった。元職員Oは上司に国の補助金以上のことをしないように厳命されたと答えたし、教育委員会も国の縛りは強力だった（能勢 2008）。地方分権改革によってこれらが解消されることに期待した議論もあった（松下 1996: 121-123）が、分権改革後も国 - 地方のヒエラルキーが実質的に維持されているため、セクショナリズムが解消されていない。これについては、次項で改めて考えてみたい。

セクショナリズムの要因は、第2に権限をもつ部課長や首長がセクショナリズムを超えられないことがある。部長に音頭を取ってほしい（現役課長）との声もあるが、部課長は昇進を視野に入れ、任期中を大過なく勤めようとするインセンティブが働くためセクショナリズムを超えるのは困難だとする指摘がある（元職員O）。確かに他課との連携は、他課とのコンフリクトを発生させ、余計な業務を課内に持ち込むリスクがある（職員T）。それゆえ減点評価が支配的な行政の世界（H）では、連携に慎重にならざるを得ないということだろう。

　そうなると部課長の上司である政治家（首長）という外部者による行政組織のコントロールが一層、重要になる。しかし、民意を受け、強大な権限をもつ首長といえども、惰性化した官僚組織を掌握し、断片化した部局を政策遂行のために有機的に使いこなすのは難しい。元職員Oは、首長は官僚機構に取り込まれるか排除されるかのいずれかだと述べるが、ここからは官僚組織の御しがたい性質が示唆される[15]。現在のB市長（2004年当選以来、現在3期目）は官僚組織に取り込まれ、前代の市長にも仕えた副市長が人事・予算を握っていると複数の関係者は話す[16]。

　以上のような制度的、政治的枠組みのなかで行政組織に特徴的な行動パタンが観察される。第1に、部署を超えるトータルな筋論は受け入れられず（元職員O）、目的が不明確化（H）してしまう。第2に、アメリカと異なり、意志決定が公的な議論や明示的で客観的な規則に基づくのではなく、インフォーマルにお互いが仲間であることを確認しながら物事を決定している（H）[17]。言い換えると、近代的な官僚組織なので公的な原則や規則は存在するが、それと行動を一致させるように行動するのではなく、公的な規則、目的

15　それゆえマックス・ウェーバーは「カリスマ」としての政治家に期待したのだろう（佐藤　1966）。また行政の惰性性やセクショナリズムを防止するためには、二元代表の一方の議会が本来の役割を果たすことが不可欠であるが、現状では条例提案はおろか、チェック機能も不十分なのが現状である。B市では2010年から議会改革委員会が市民公募で開催されているが、市民と議会の議論が全くかみ合わないなど改革は困難を極めている。

16　以上、主に審議会委員、市長後援会幹部による。一般的に市町村レベルでは国政と異なり、権力者の動向、意向が批判的な視点から報道されにくいので、インフォーマルな情報に依拠するほかない。

17　だからマックス・ウェーバーが示す「文書主義」「契約主義」「形式主義」といった官僚組織の特徴（佐藤　1966）は日本では表向きにすぎないのではないか。

は曖昧にしておきながら、職員が都合よく解釈している。

　こうした行動パタンと制度・権力状況によって各事業、各課が全体目標から切り離され、目的が空無化・儀礼化する。それによって各事業、各課が相互無関連化して外部に閉じたバラバラな並列状況が生み出され、それがセクショナリズムを繁茂させる要因となる。官僚組織の目的の空無化・儀礼化は R.K. マートンも指摘している（佐藤　1966）が、第2の行動パタンがあるため日本ではより公的な規則、目的が空無化しやすいだろう。

　これらの特徴は以前から幾度となく指摘されてきたことだし、ここ10数年、地方分権改革、協働と地方行政の主体性が問われていたのではないか。にもかかわらず、なぜこのような旧態依然とした状態に留まるのだろうか。B市の協働政策の実施過程、福祉行政全体にまで広げて観察してみると問題点がより明確に分かってくる。

2.　国‐地方関係の変容と協働

　冒頭で述べたように経済構造が転換したのにもかかわらず、財政難を理由に生活保障のあり方が凍結されてきた。そのため排除・貧困問題が量的に拡大するとともに質的にも多様化し、これに対応するためにここ10数年、自殺、若者、DV、外国人、困窮者などの政策が次々に国から地方にこれまでと同様、ヒエラルキカルに打ち出されてきた。しかし、これらの政策はこれまでの母子家庭や障害者と異なり、[18]給付ではなく庁内連携とNPOなどの地域資源との協働によって対象者を訓練し、稼働させるワークウェア型の支援が主流となっている。[19]また福祉分野では地方分権改革を経ても国の規制が継続し、自治体の自由度を高めているわけではないとも指摘される（結城2010など）。地方行政が主体的に体制を変えにくいのは、今述べた協働を伴う国の様々な政策に地域行政が振り回されるとともに以前から継続するヒエラルキカルな国との関係に拘束されて地方行政で地域の生活保障の根本問題を認識し、主体的に対応することに制約がかかるからではないか。

　これに対してB市では政治的な対応も試みられたが、中途半端に終わった。それを最もよく象徴するのがNPOから抜擢された女性収入役による協

18　とはいえ、これらの分野もワークウェア化が進んでいる。
19　日本語教育もこのタイプの支援とみなせる。

働政策の挫折である。2005年に収入役が中心になって協働担当部署が設置され、協働に対応できる庁内体制づくりが目指され、「協働の基本指針」が作成された。しかし、市長との不和や職員の抵抗もあって庁内に協働の考えが浸透せず、大学教員Nが述べるように市民を十分にサポートする体制が出来なかった[20]。そして、それが多文化共生など様々な分野で庁内連携の難しさとして現れている。

　他方、B市市議会は「協働」という新語に当初は戸惑いもあったが、次第に定着し、肯定的に使うようになっていった。近年では縦割、非正規職員問題、貧困地域での協働の困難など協働に関連する問題が取り上げられてきているが少数であり、議会で協働の根本問題が明らかになっているとは言い難い（2005年〜2015年の議事録を検索）。

　以上のように協働は理念通りに実施されない一方、非正規化、委託化などによる人件費削減は着実に進んでいる。B市の非正規職員は他自治体同様、すでに全職員の1／3に達している（B市定員適正化計画 2015）。これに委託などを含めると非正規職員の割合はもっと増えるはずである。また先の新分野に対応する政策の国の地方への財政補助も期限付きなど貧弱で、これらの施策に従事する非正規職員やNPO職員の給与は軒並み、年間200万円前後である（各分野の5名から聞き取り）。つまり、国は社会保障のあり方を根本的に見直さないまま地方行政に、地方行政は非正規職員や委託先に政策遂行を担わせてきたのである。

3.　矛盾の受容

　しかし、市民も事態を認識出来ているとはいえない。αのアドボカシーから協働に至る一連の活動は、画に描いたようなNPOのサクセス・ストーリーに一見、思える。だが時流に乗り、それに「共振」（仁平 2005）したがゆえに、国や地方行政の枠組みに規定され、支援のしにくさやスタッフの低賃金の問題などが露呈している。

　無論、支援スタッフの女性たちも協働の理念と現実との矛盾を意識し、納

---

[20] 彼女が収入役に抜擢されたのは行政に市長が取り込まれないようにしたいという後援会の意向があった。以上の情報も注16に同じ。彼女は2007年に収入役を退任し、2008年の市長選挙に出馬したが大差で敗北した。

Part III 地域社会

得できないものを抱えている。これを埋めるのは、自己実現的な「やりがい」(本田　2011) だったり、地域のことは地域でやろうという支援者に支配的な志向である。もちろん、これで何とか納得できるのは薄給でも生活できる階層であることが前提になる。2節で指摘したように移民問題は地域だけで解決できる問題ではないにもかかわらず、地域問題に縮減されてしまう。また資格をもつ専門職志向の強い支援者はその分野では有能であっても、支援を社会的歴史的文脈に位置づけたり、人権（≒普遍的な正義）[21]からとらえようとする志向が弱く、そのことによっても協働のあり方を問題化し、政治化するのを困難にしている。[22]

かくて移民問題の解決と財政難の解消という難問は、高学歴で専門スキルを持つ女性支援者が低賃金労働を受容することによって解決されたかのように装われるのである。[23]

第6節　おわりに

B市の市民はアドボカシーをおこない、支援をおこなうことによって多文化共生政策が実現したが、国の政策的時流に乗ったがゆえに、その矛盾が露呈していた。ここには製造業において親企業の海外移転などに対応するため地元企業が非正規化を進め、日系ブラジル人にそのツケを押しつけているのと全く同じ構図が見られる。[24]協働は低賃金で市民に問題解決を担わせるレトリックとしか言い様のないものだが、支援者は問題の本質を把握できないまま、自ら納得することによってその矛盾が封印されていた。そして、このことがローカル・シティズンシップの諸力がナショナル・レベルのシティズンシップ──社会権保障や移民政策──の変革に繋がっていかない一つの要因になっている。

21　筆者は井上達夫と竹田青嗣の人権観に強い影響を受けている（能勢　2012）。
22　移民問題がグローバルな問題であるにも関わらず地域問題に短絡していくのは「大きな物語の終焉」と指摘される世界像の変容と無関係ではないだろう。
23　しかし、NPO職員や非正規公務員が家族の稼ぎ手や単身世帯である場合、困窮リスクを抱える層を拡大させているのであり、解決どころか問題を悪化させている。
24　これは丸山真男が「抑圧委譲」を鍵概念に軍国主義を分析したのと同様の事態でではないか。詳細は能勢（2012）を参照せよ。

必要なのは地域支援・政策を進めながらも、他方でその地域支援・政策の社会的意味を問うアイロニカルで柔軟な再帰性が不可欠（Jessop 2002＝2005: 344-347）であろう。そうでなければ、外国人の排除・貧困や支援者の低い地位を地域から国に向けて改善させていく道が閉ざされてしまう。

　これを防ぐためには社会科学的な教養がやはり必要である。これに対して社会学者は支援者に社会科学的な知見を提供することによって支援の再帰性を高めることができる。また逆に社会学者は支援の現場に触れることによって研究の再帰化をおこなうことが出来る。ここには支援者と社会学者によるもうひとつの「協働」の可能性がある。

　追記：本章は、もともと協働の理不尽さに悩む支援者に「協働とは何か」と問われたことがきっかけになって研究が始められた。その後、研究が進んだ段階で現場リーダーと学習会をおこなった（2016年1月）。協働の背後にある国の政策動向を話すと参加者からは「何も知らないでやっていた」と嘆息が漏れた。同様に筆者も協働の本質に薄々気づきながら放置していたことを理事として研究者として反省させられた。今後は、本文末尾で記したような研究者と支援者の相互再帰的な協働を構築出来ればと考えている。最後に、調査協力いただいた関係者の皆様に御礼申し上げます。

［文献］
伊藤修一郎，2002,『自治体政策過程の動態——政策イノベーションと波及』慶應義塾大学出版会.
井手英策，2013,『日本財政——転換の指針』岩波書店.
今村都南雄，2006,『官庁セクショナリズム』東京大学出版会.
岩丸明江・小川真一・山﨑克明，2011,「公民協働に関するヒアリング調査報告——2010年度地域づくり研究会・北九州NPO研究交流会協働部会合同調査研究プロジェクト」『「地域づくり」に関する調査研究報告書』北九州市立大学都市政策研究所，29-49.
大久保武，2005,『日系人の労働市場とエスニシティ——地方工業都市に就労する日系ブラジル人』御茶の水書房.
奥田知志・稲月正・垣田裕介・堤圭史郎，2014,『生活困窮者への伴走型支援——経済的困窮と社会的孤立に対応するトータルサポート』明石書店.
鍛治致，2015,「2010年国勢調査にみる外国籍の若者の進学格差——親の学歴と職業に着目して」『Migrants Network』179: 4-5.
佐藤慶，1966,『官僚制の社会学』ダイヤモンド社.
白澤政和，1992,『ケースマネージメントの理論と実際——生活を支える援助システム』中

央法規.
杉澤経子, 2013,「自治体国際化政策と政策の実施者に求められる役割」『多文化共生政策の実施者に求められる役割――多文化社会コーディネーターの必要性とあり方：シリーズ多言語・多文化協働実践研究 17』東京外国語大学多文化共生センター, 13-35.
総務省行政評価局, 2014,「生活保護に関する実態調査結果報告書」(2015年9月3日取得 www.soumu.go.jp/main_content/000305409.pdf).
高畑幸, 2001「近畿地方における自治体の外国人住民施策」『日本都市社会学年報』19: 159-174.
竹ノ下弘久, 2012,「社会階層をめぐる制度と移民労働者欧米の研究動向と日本の現状」『三田社会学』17: 79-95
田中弥生, 2008,『NPO新時代』明石書店.
玉野和志, 2007,「コミュニティからパートナーシップへ――地方分権改革とコミュニティ政策の転換」羽貝正美・名和田是彦編『自治と参加・協働――ローカル・ガバナンスの再構築』32-48.
辻清明, 1976,『日本の地方自治』岩波書店.
辻中豊・伊藤修一郎編, 2010,『ローカル・ガバナンス――地方政府と市民社会』木鐸社.
西尾勝, 2007,『地方分権改革』東京大学出版会.
仁平典宏, 2005,「ボランティア活動とネオリベラリズムの共振問題を再考する」日本社会学会『社会学評論』56(2): 485-499.
能勢桂介, 2008,「なぜ外国人の子のための教育政策は進まないのか？――X地域を事例として」『コア・エシックス 2』立命館大学大学院先端総合学術研究科, 251-263.
――――, 2012,『地域の移民の社会的排除――抑圧委譲の再生産』立命館大学先端総合学術研究科博士論文.
――――, 2013,「移民の若者の社会的排除――ステップファミリーの場合」『生存学 6』生活書院, 128-142.
――――, 2015a,「若年日系ブラジル人の包摂と排除のプロセス――準集住地域の調査から」『移民政策研究 7』明石書店, 118-132.
――――, 2015b,「結婚女性移民と地域の支援――地域で出来ること／出来ないこと」『B市多文化共生調査実態調査』B市委託調査報告書.
早川征一郎・松尾孝一, 2012,『国・地方自治体の非正規職員』旬報社.
本田由紀, 2011,『軋む社会――教育・仕事・若者の現在』河出書房.
松下圭一, 1996,『日本の自治・分権』岩波書店.
三谷はるよ, 2014,「市民活動参加者の脱階層化」命題の検証――1995年と2010年の全国調査データによる時点間比較分析」,『社会学評論』, 65(1): 32-46.
宮本太郎, 2009,『生活保障――排除しない社会へ』岩波書店.
渡戸一郎, 2011,「多文化社会におけるシティズンシップとコミュニティ」北脇保之編『「開

かれた日本」の構想——移民受け入れと社会統合』ココ出版,228-254.
渡辺博顕,2011,「地方自治体における外国人の定住・就労支援への取組みに関する調査：調査シリーズ No.87」労働政策研究・研修機構.
山口道宏編,2010,『「申請主義」の壁！——年金・介護・生活保護をめぐって』現代書館.
山本隆,2009,『ローカル・ガバナンス——福祉政策と協治の戦略』ミネルヴァ書房.
結城康博,2010,『福祉という名の「お役所しごと」』書籍工房早山.
Geddes, Mike & Benington, John eds., 2001, *Local Partnerships and Social Exclusion in the European Union : New Forms of Local Social Governance?* Routledge.
Jessop, Bob, 2002, *The Future of the Capitalist State,* Polity Press.（＝中谷義和監訳,2005,『資本主義国家の未来』御茶の水書房.）
Kant, Immanuel, 1784, *Beantwortung der Frage:* Was ist Aufklärung, n.d.（＝1974,篠田英雄訳『啓蒙とは何か 他四篇』岩波書店.）
Tsuda, Takeyuki ed., 2006, *Local Citizenship in Recent Countries of Immigration: Japan in Comparative Perspective,* Lexington Books, 273-293.

Part IV
政策形成

第9章　日本の人口減少と移民政策[1]

明石純一

第1節　はじめに —— 人口減少と移民政策

　日本は、「人口減少元年」と呼ばれる年を2005年に迎えた。続く2年間、日本の人口は微増をみせるも、2008年以降は減少の一途を辿り現在に至る。今後少なくとも半世紀の単位で考えれば不可逆的といえる流れである。この人口減少は、急激な高齢化、すなわち生産年齢人口の縮小を伴っているため、医療や年金に関わる日本の社会保障制度の維持を危うくする。同時に、財源確保のための大幅な負担増や、福祉水準の切り下げを余儀なくする。日本の経済社会の活力のみならず、それ自体の基盤が損なわれるという懸念は、年を経るごとに顕在化するであろう。

　日本は人口が減ることを前提として社会を再設計すべきという見解も多いが、その一方で、産業界やメディアにおいては、移民の受入の是非をめぐる議論が浮上している。1980年代末のバブル期や、その約10年後、つまり生産年齢人口の減少が始まった1990年代後半においては、外国から労働力を呼び入れることの是非が問われた。昨今の日本で始まった人口減少はしかし、これとは異なる論理から、日本における外国人の受入の方向性と内容を規定する「移民政策」の役割の再考を促しているのではないか（明石2009）[2]。一見それに呼応するかのように、当該分野における今日の政策展開

---

[1] 本章は、*Contemporary Japan* 誌（第26巻第2号、2014年掲載）に掲載された拙稿（New Aspects of Japan's Immigration Policies: Is Population Decline Opening the Doors?）に加筆修正したものである。

[2] 本章における「移民政策」とは、本文中にも述べている通り、「外国人の受入の方向性と内容を規定する」政策であり、入管法制や外国人労働者に関する政府の決定を含む。日本において、「移民政策」を法律・行政用語として使うことはないが、ここでも取り上げるように、近年の日本では、外国人の定住を制度的な前提とする政策が打ち出されている。また、日本における登録外国人の半数以上が「永住」、「定住者」、「日本人の配偶者等」によって占められていることを考慮するならば、社会的実情からも、

は活発である。昨今では、技能実習制度の整備拡大と在留資格「介護」の新設を定めた2016年の各法案成立が記憶に新しい。外国から人を積極的に受け入れるべきとの提言も、人口減少の始まりと時を同じくして頻繁に打ち出されている。

　上の動向は、人口減少というマクロな社会構造変化の反映といえるのか。ひいては、民族的・言語的な均質性が極めて高い伝統的な非移民国という自認を今も強く有している日本の移民政策に、「改革」をもたらすのであろうか。言い換えれば、閉鎖的と言われてきた日本の移民政策の「開国路線」への転換を意味しているのか。ここでいう日本の移民政策の改革ないしは開国路線への転換とは、以下のように定義できるだろう。外国人は一時的な滞在者に過ぎないとする日本の入国管理上の基本的前提から決別し、日本への移住者たちは日本の社会構成員であると当初より見込んで招き入れ包摂していく、そのような政策の志向性の現れであり、上の方針を実質的に反映する法制度上の整備である。

　そこで本章では、人口減少が始まった近年における一連の政策動向や政策立案に関わる議論の展開に着目し、日本の移民政策にとっての含意を検討してみたい。具体的には、以下第2節において、日本におけるとくに外国人労働者の受入政策をめぐる解釈の整理を通して、本研究の視座を明確にする。そのうえで、第3節と第4節において、近年の政策動向と政策提言に言及する。とくに第3節では、EPAスキーム、第三国定住難民プログラム、高度人材ポイント制という昨今導入された仕組みついて、その意図、制度的特徴、結果を確認するとともに、同時期における政策アクターの位置づけを論じていく。第4節では、移民の受入に対する為政者のスタンスや関連する言説を中心に取り上げる。それにより、近年の急速な高齢化を伴う人口減少が、日本の移民政策の展開にとっていかなる時勢として現れているのかを分析する。[3]

　　当該分野の政策を「移民政策」と称することは必ずしも間違いではないだろう。
　3　特に記載がない限り、本章で言及される人物の所属や肩書は当時のものである。

第2節　日本の移民政策をめぐる諸議論
——外国人労働者政策を中心に

　日本における外国人の受入についての議論は、新世紀に入りほどなくして系譜的な文献レビューや論文目録が作られているほど（森　2002、中川　2003）、近年において充実をみせている研究分野である。とはいえ、政策的側面を吟味しているものは必ずしも多くはない。そして、このように限られた政策研究のなかで共有されているのは、日本の移民政策は外国人の受入に対してきわめて制限的、つまりは閉鎖的であるという見方である。

　実際のところ、数にしてみれば、日本における在留外国人数は200万人を超えるものの、全人口に占める割合でいえば2％にも満たない。他の先進国との歴史的文脈の違いを無視することはできないが、今もなお日本は、その同質性により特徴付けられやすい社会である。ゆえに、日本のような経済大国が「鎖国路線」を維持すべきではないという批判、そして、外国人に対して閉鎖的な姿勢を貫き続けることはできないはずという主張を招いてきたのである。

　日本の移民政策の研究は、こうした見方が先行し定着したことも一因として、学術上の課題を抱えてきた（明石　2010a）。そのひとつは、この政策の形成過程それ自体を検証する作業が乏しいという点である。日本への人の越境を分析対象とする研究の多くは、政策を与件のものとして見なしがちであり、その関心は、外国人の受入の社会的帰結へと向かう傾向にある。

　もっとも、政策そのものを対象とする議論が皆無というわけではない。表9.1は、日本における外国人労働者政策の形成における諸要因について、関係する先行研究の数例をまとめたものである。表9.1に示した個々の研究文献の内容を詳らかにすることは、本章の趣旨ではないために省き、以下では、先行研究が扱っている政策領域や対象期間が限定的であること、また本章で設定している問題に応えるには、分析概念上の制約があることのみを述べておきたい。

　例えば小池（1996）は、日本における外国人労働者の受入の仕組みのひとつであり、1990年代前半に導入された技能実習制度を取り上げ、当時の労働省の政治的働きかけを明らかにしている。この論文は、政治学理論におけ

表9.1　日本における外国人労働者の受入をめぐる政策分析の例

先行研究例	主な分析対象	主な変数／分析枠組
梶田 1994	外国人労働者の受入	国内労働市場 ナショナルアイデンティティ 欧州の経験
小池 1996	外国人労働者政策 労働省（現厚生労働省）	政策サブシステム 主唱連合枠組
Bartnam 2000, 2005	外国人労働者政策	強い官僚制
桑原 2002	外国人労働者政策 技能実習制度 1989年入管法改正	政策ネットワーク
明石　2006, 2009, 2010a	外国人労働者政策 入国管理政策 1989年入管法改正	セクショナリズム 歴史的経路依存性 ほか
藤井　2007	外国人労働者政策	安全保障上の懸念 労使協調路線
Vogt 2007	外国人労働者政策 EPA	言説分析
濱口 2010	外国人労働者政策 労働省（現厚生労働省）	セクショナリズム
細野 2011	外国人労働者政策 EPA	政策サブシステム 主唱連合枠組み
石黒 2012	EPA	2レベルゲーム
安 2013	外国人労働者政策	福祉レジーム 政策ネットワーク

出典：筆者作成

る「主唱連合」の枠組みを用いており、同様の視角は、細野（2011）によるフィリピンからの看護・介護労働者の受入を可能としたEPAスキームに関する政策形成過程分析にもみられる。上と同じフィリピンとのEPAを中心的な考察の対象としながらも、Vogt（2007）は政策立案に関係する組織の言説や立ち位置を検討し、石黒（2012）は、国際交渉と国内政治の結びつきを重視する2レベルゲームを用いて分析を行っている。また桑原（2002）は、アクター間の利害調整の様式を規定する「政策ネットワーク論」を用いて、1980年代後半から1990年代前半の日本における外国人労働者政策を検証している。さらに安（2013）の研究は、外国人労働者の受入を福祉体制との関わりから論じたものであり、理論的示唆を引き出すことを意識している。

　政治過程もしくは政策決定過程に関する特定のモデルに依拠しないという点で上述とは異なる手法は、明石（2006）による試みにみられる。法務省、厚労省、経済産業省、経団連等へのインタビューなどにもとづき、外国人労働者の受入をめぐる政治力学の検討を試みたものである。

日本におけるとくに外国人労働者政策をめぐる一連のこうした考察において、個々の研究が立脚する仮説や分析枠組み、また想定している変数は様々である。理論志向が強いものから、濱口（2010）の論究にように、詳細な事実関係の照合を通じた実証的な議論もある。いずれの研究も、政治過程に関わる一般理論への貢献という学術的な意義を持つことは確かであろう。

　ただしその一方で、制約がなくもない。第一に、研究対象上の制約である。いずれの研究も、例えば1989年の入管法改正や研修・技能実習制度、あるいはEPAにもとづく看護師や介護福祉士の受入といった個別の政策過程を取り上げている。しかしながら、こうした試みでは、単一の政策領域における利害関係を明らかにしえても、入管法制や外国人労働者政策を含む広義の移民政策をめぐるアクターの選好までは十分に捉えきれない。

　第二に、時期的な制約である。EPAを研究対象とした近年の考察を除けば、多くの研究は1980年代後半から1990年代前半の政策動向を分析対象としている。そのため、次節で言及するような近年の政策動向や政策提言を含む目まぐるしい情勢の変化に分析が及んでいるわけではない。すなわち、現在そして今後の人口減少という要因を吟味できていない。歴史的な要因を重要視したものとしては、梶田（1994）、Bartram（2000; 2005）、藤井（2007）などがあげられるが、過去の経緯を追及しているという点で、同様の時代的な限定をもつ。

　第三に、特定の政策過程モデルや概念に依拠することから生じる制約である。先行研究においては、異なる組織間の「政策ネットワーク」や「主唱連合」、あるいは「セクショナリズム」という概念にもとづき、とりわけ外国人労働者政策の過程の特徴が論じられてきた。それら異なる見方による説明はそれぞれに有効だと思われ、また必ずしも相互排他的ではない。その一方で、政策形成における官僚主導の側面に分析の焦点が偏っているきらいもある。言い換えれば、省庁間の関係性やその変化こそが、外国人の受入をめぐる政策の方向性に影響を及ぼしているものと認識されている。

　しかし本章が目的とする、日本では戦後初の経験となる不可逆的な人口減少というマクロな社会構造の変化が日本の移民政策にいかなる影響を及ぼすのかを理解するためには、これまでの政策の捉え方が必ずしも妥当であるとは言い切れない。というのも、移民の受入は、少なくとも外国人労働者より

も容易に政治化されやすい政策課題であり、関連省庁のみがその方向性と内容を導くわけではなかろう。むしろ、移民の受入という選択肢は、受入社会全体にとって賛否が分かれる将来構想のひとつであり、政治家の価値観や政局判断が問われる場合が増えてくる。日本において人口減少下の移民政策を考えるためには、官僚政治の優位という前提にとらわれない視点が求められるのである。

　要するに、上に述べてきた分析上の制約を残したまま、すなわち個別の政策領域と特定の期間を切り取り考察するのみでは、移民政策の現在進行形の変容を十分に探ることは難しい。よって本章では、複数の政策領域を横断的に触れ、かつ省庁以外の政策アクターの言動にも目を向けることで、日本の移民政策の現況を俯瞰的に描き出してみたい。日本の移民政策の今日的展開を捉えるこうした試みは、結果的に、日本の事例を説明するために今まで提示されてきたモデルや概念の有効性の再検討を可能とし、本事例の理論的な理解にも資するものと考えられる。

第3節　近年の政策展開から看取できること

　日本における外国人の受入をめぐる政策の展開は、執筆時（2016年12月）から過去10年余りにおいて、相当に活発な状況にあるようにみえる。表9.2は、そのうちの主な政策事項に限って列記したものである。さらにその中の数例のみ言及するならば、2006年には「永住許可に関するガイドライン」が、所轄官庁の法務省より示されている。2008年以降には、EPAにもとづき、インドネシア、フィリピン、そして昨今はベトナムより、看護師および介護福祉士の候補生の受入が始まった。この新しい仕組みへの注目は高く、EPAスキームを通じた介護・看護分野での労働者の受入については、前節で言及したものを含め政策を対象とする議論が相当数ある（山崎　2006、安里　2007、山本　2009）。

　同年末の閣議決定をもとに、2010年には、パイロット事業としてではあるが、「第三国定住」の枠組みを用いた難民の受入が始まっている。難民認定数が他の先進国と比べ極端に少ない日本は、人道機関・NGOから「難民鎖国」と批判され続けてきたが、アジア最初の「第三国定住」への着手によ

表9.2 政策動向

2006年3月	永住許可に関するガイドライン
2007年10月	外国人雇用状況届出の義務化
2007年11月	上陸審査時の個人識別情報提供に関する規定（改正入管法による施行）
2008年5月	留学生の30万人計画の骨子
2008年7月〜	経済上の連携に関するインドネシア、フィリピン、ベトナムとの協定発効（それぞれ同年7月と12月と翌年10月）→看護・介護分野における条件付き受入 ※ベトナムとの「自然人の移動」に関する文書発効は2012年6月。2014年から受入開始
2008年12月	第三国定住による難民の受入に関するパイロットケースの実施について（の閣議了解）→2010年9月より受入開始
2009年1月	定住外国人施策推進室の発足 ※その後、日系定住外国人施策推進会議（2009年3月）、日系定住外国人施策に関する基本方針（2010年8月）、日系定住外国人施策に関する行動計画（2011年3月）へと展開
2009年3月	大学等を卒業した留学生が行う就職活動等の取扱いについての通知
2009年7月	入管法改正 ※「新しい在留資格制度」については2012年7月に施行、その他本改正に盛り込まれた内容としては、在留資格「技能実習」の新設、在留資格「留学」と「就学」の一本化、在留期間の延長（3年→5年）、入国者収容所等視察委員会の設置、みなし再入国許可など
2010年3月	第四次出入国管理基本計画
2012年5月	高度人材に対するポイント制の導入
2012年5月〜	「外国人との共生社会」実現検討会議 ※2012年8月に「中間的整理」発表→「外国人との共生社会に関する政策を、出入国及び在留管理政策と調和させながら積極的に推進する」
2014年6月	「日本再興戦略改訂」において外国人技能実習制度の拡充（規模、職種、期間）や同制度に対する管理監督体制の強化方針が示される
同上	入管法改正 ※在留資格「高度専門職第1号」および「高度専門職第2号」の新設、在留資格「技術」と「人文知識・国際業務」の一本化など
2015年7月	外国人家事支援人材の受入を定めた「国家戦略特別区域法及び構造改革特別区域法の一部を改正する法律案」の成立（翌月に政令が公布され外国人家事支援人材に認められる就労が示されている）。
2015年9月	第五次出入国管理基本計画
2016年11月	入管法改正 ※在留資格「介護」の新設 技能実習生の受入拡大の運用の整備を定めた「外国人の技能実習の適正な実施及び技能実習生の保護に関する法律案」の成立

（出典）筆者作成

り、国際社会において一時的に脚光を浴びた観がある。

2012年には、「外国人高度人材ポイント制」が導入されている。日本において、それ自体が入国・滞在の目的として認められている就労の内容は、専門職・技術職に限られている。ただしこれは単に認めているという法制度上の決まりに過ぎず、必ずしも国策として推奨されてきたとはいえない。しかしながら、「高度人材ポイント制」において入国ないしは滞在が認められた外国人は、一定の条件のもとで、親や家事使用人の帯同が認められるほか、

永住権に必要な日本での在留期間が5年までに短縮されるなどの優遇措置を享受できる。

ここで留意したいのは、上に言及したEPAスキーム、第三国定住難民プログラム、高度人材ポイント制は、それぞれの制度的特性により、一定の条件下で日本に定住することを可能とする、あるいは定住を前提とする仕組みであるという点である。時期的にいえばその前に開示された2006年の「永住許可に関するガイドライン」は、上の三つの政策事項との関係は薄く、日本に長期に暮らす外国人の永住許可要件を平易な形で記したものである。要件の緩和をはかったものではなく、永住許可件数に影響を与えているとは考えにくい。[4]

いずれにしても、上に代表される活発な動きを、日本の移民政策の改革、すなわち「開国路線」への転換として読むべきであろうか。上に挙げた一連の政策動向の背景と帰結からはしかし、その問いに対する肯定的な回答は得られない。個々の政策展開について、その政策の意図、制度、結果という三つの局面に分けて整理してみよう。

EPAスキームによる外国人看護師や介護福祉士の受入は、その意図として、経済外交上の要請により実現したものであり、外国人労働者の受入に否定的な姿勢を示してきた厚生労働省は、このスキームを労働力不足の解消策とは一貫して認めていないまま今日に至る。一方で経済界は、看護や介護分野での外国人の受入について、それを推進すべきとの声を強めている（明石 2015）。

条件を緩和しての受入に反対している団体として、日本看護協会、そしてその目的を達成するために政治活動を行う日本看護連盟がたびたび指摘される。これらの組織は、周知の通り、日本の看護政策・行政に強い影響力を及ぼす厚生労働省医政局看護課との人的つながりが強い。同看護課の課長は、厚生労働省内に配置される看護技官とともに看護行政に影響を与え、また同課の課長は、その任期の後に日本看護協会の会長、日本看護連盟の会長、国

4　確かに日本における永住許可件数は、このガイドラインが示された年に始めて5万件台に届き翌2007年には6万件にも達したが、その後は5万件台そして現在では4万件前後という2000年代当初の水準に戻っている。リーマンショックおよび東日本大震災以後に減少した日本における外国籍人口の推移の傾向と一致している。以上の数値は、法務省入国管理局『出入国管理』(各年号) より。

立看護大学校長などの要職を担うことが多々ある。こうした事情が、日本の看護業界における官と民のネットワークをいっそう強力なものとしている。

加えて、上の協会を支持母体とする政治家が行使する影響力を無視すべきではないだろう。かつてであれば、法相までを務めた南野知恵子氏が、EPAスキームにおいて看護分野に外国人を受け入れることについて、国家試験合格を含め日本人と同等の能力を求めることを強調していた[5]。現在においても、日本の看護業界の利害を代弁する自民党議員が、日本看護協会の要職を務めることは珍しくはない。すなわち、政策過程を規定する政・官・民の「鉄の三角形」が、少なくとも看護業界においては成立している（明石 2010）。なお同スキームには、年間の受入上限と限定された期間内での資格の取得という条件が課されている。

こうした理由もあり、開始から8年間で両職種における受入は4,000人未満に留まっている。さらに合格しなければ帰国しなければならない国家試験のハードルを越えるのは容易ではなく、2015年度実施の看護師国家試験において、EPAにもとづく候補者の合格率は11.0％（47名）、介護福祉士国家試験においては50.9％（82名）であった。日本人を含む全体の合格率は、それぞれ89.4％と57.9％である[6]。看護や介護を含む医療福祉は、時の景気に左右されることなく労働需要が発生している分野であり、移住労働者にもそれはあてはまる（明石 2011）。ただし日本においては、制度的な理由により、同分野における海外からの労働者の受入規模が、当該労働市場に対して目に見える作用を及ぼすことはない。

第三国定住難民プログラムの導入については、「難民鎖国」と国際社会からの批判を受け続けていた日本が、その批判を払しょくする考えを持っていたこともその背景にあると推測できる。UNHCRから日本政府への接触や働きかけも、2005年頃より強まっており（小池 2011）[7]、日本の政界からの反

5　参議院行政改革に関する特別委員会（2006年5月23日）における発言。
6　以上の数字は、すべて厚生労働省URLの「経済連携協定（EPA）に基づく受入について」および政策報道資料（2016年3月発表分）から入手したものである。
7　日本政府が受入の検討を始める直前の2007年当時、UNHCR高等弁務官A・グテーレス氏の来日時に、UNHCR国会議員連盟および前高等弁務官の緒方貞子氏が同氏と会談を行っている。「グテーレス国連難民高等弁務官、日本とのパートナー関係強化を確認」（UNHCR駐日事務所プレスリリース（2007年11月27日）。

対は少なかった。同プログラム実施翌年の2011年には「難民の保護と難民問題の解決策への継続的取り組みに関する決議」が提案され、衆議院の本会議において全会派の賛成により可決されているなど、政治的な後押しも確認できるのである。とはいえ制度的な観点からすれば、第三国定住難民プログラムは当初時限付で進められ、さらには、年間30人の上限が設けられている。その結果をみれば、2012年の第三陣は来日者が皆無だったなど、年間30人という数さえも現在に至るまで満たしていない。すなわちEPAスキームと同様、当該政策の実際の成果は、極めて乏しい水準にある。

外国人高度人材ポイント制については、その方向性に限っていえば、すでに10年前から既定路線として成立していたと考えられる。例えば2002年6月の閣議「経済財政運営と構造改革に関する基本方針2002」の時点において、「頭脳流入」の促進ないしは「海外の高度人材」の活用といった政策指針が定まっている。当初より産業界からの支持を受けつつ、労働界の反対もなかったため、技術職・専門職・技術職の受入を促進することに軋轢は生じていなかったのである。

2010年に示された第四次の出入国管理基本計画には、「本格的な人口減少時代が到来する中、我が国の社会が活力を維持しつつ、持続的に発展するとともに、アジア地域の活力を取り込んでいくとの観点から、積極的な外国人の受入施策を推進していく」と述べられている。このような状況で導入された2012年5月に開始された「ポイント制」ではあるが、その条件は決して低いものではなく、人材の誘致という点で実効性は低い（明石 2014; 2015）。政府の初年度目標2,000人に届いたのは、2014年9月のことであり、これとても、要件緩和を含め早々に見直しを図った結果である。[8] EPAスキームおよび第三国定住難民プログラムと同じく、制度的なブレーキが存在する。

すなわち、近年相次いで打ち出された一連の政策は、その制度的な特徴を鑑みれば、「開国路線」の推進にはほど遠い。[9] また、制度の導入にあたって

---

8 このことはつまり、「高度人材」の定義それ自体が時局に応じて修正されうることを意味している（明石 2010b）。なお2014年の入管法改正により、その翌年には、新しい在留資格として「高度専門職」が設けられている。

9 本章では議論に及んでいないが、2009年の入管法改正により、「新しい在留管理制度」が導入されている。法務省が2015年9月に示した「第五次出入国管理基本計画」では、「外国人との共生」に資するものとして同制度を位置づけているが、政策当局の意図は

展開された議論は、その窓口を一部開くことを中心としたものであって、受入後の外国人を社会構成員として積極的に迎え入れる方向性をそこから汲み取ることはできない。結果からみれば、日本の労働市場や人口問題に対して実質的なインパクトを与えていない。

皮肉なことに、そのような半ば予測可能な結果が、さらに断片的な整備を促しているのが現状なのである。EPAスキームについては、当初の滞在期間を延ばして帰国猶予が設けられたほか、試験の実施方法等に関して、該当する外国人受験者への配慮がなされている。第三国定住難民の受入については、2012年に予定されていた第三陣での受入が皆無であったため、パイロット事業の延長と受入候補の拡大がなされた。パイロット事業終了後の現在も継続実施されている。外国人高度人材については、当初目標の受入数を大幅に下回ったこともあり、先述の通り、要件が緩和されている。

EPAスキーム、第三国定住難民プログラム、高度人材ポイント制は、一定の条件下で日本への定住を認めるものである。ゆえに、「鎖国的」と称されてきた日本における外国人の受入の今までの経緯を考えるならば、画期的な試みと形容できるのかもしれない。とはいえ、その意図、制度的特徴、結果からは、日本の移民政策が転換点を迎えているとの確証は得られない。

第4節　近年の政策提言と政府の沈黙

前節では、外国人の受入をめぐる近年の政策展開の背景と帰結について論じた。日本の移民政策分野で数次の制度整備がなされていることは事実ではあるが、こうした動きが、外国人を社会構成員として認めるための抜本的取り組みとして、すなわち日本における移民政策の改革として、明確に位置づけることは難しい。

このことは、昨今頻繁にみられる様々な政策提言が、政策立案に反映されていないことからも確認することが可能である。表9.3に示しているのは、2007年以降現在までに出された、海外からの労働力の受入に関する制度整備の要請、または「移民」の受入容認を求める主たる政策提言である（明石 2013, Akashi 2014）。

外国人に対する管理の強化をあったと理解するのが妥当であろう（明石　2012）。

第 9 章　日本の人口減少と移民政策

表9.3　政策提言の諸例

年月	タイトル	内容例
2007 年 3 月	日本経済団体連合会「外国人材受入問題に関する第二次提言」	将来的に不足がみこまれる技能者については、労働需給テストを導入して量的規制を行いつつ、海外からの人材確保を考慮するべき。
2008 年 6 月	自民党国家戦略本部　日本型移民国家への道 PT「人材開国！日本型移民政策への道」	人口減少に対応すべく一千万人（人口の10％程度）の移民の受入と、そのための大幅な法制度整備・組織改革が求められる。
2008 年 7 月	自民党国家戦略本部　外国人労働者問題 PT「『外国人労働者短期就労制度』の創設の提言」	業種・職種等を制限しない「短期就労制度」による外国人労働者の受入を。その際には毎年の受入上限を定め、3 年を期限とする。
2008 年 7 月	東京商工会議所「外国人労働者受入の視点と外国人研修・技能実習制度の見直しに関する意見」	労働力人口の減少への対応として受入を拡大。一定要件を満たした外国人労働者には、永住権を付与する方向が望ましい。
2008 年 9 月	日本経済調査協議会「外国人労働者受入政策の課題と方向―新しい受入システムを提案する」	就労範囲の柔軟化や外国人労働者の能力開発が必要。「特定技能人材」という分類を導入するなど、既存の在留資格の再検討が必要。
2008 年 10 月	日本経済団体連合会「人口減少に対応した経済社会のあり方」	労働力不足の産業分野や経済社会の維持のために必要な労働者を、一定の資格や技能にもとづいて受入を拡大。
2009 年 6 月・9 月	移民政策研究所「日本型移民国家の構想」	人口減少への対応として日本は移民国家への転換を図るべき。ホスト社会との軋轢を減らすためにも「育成型」の受入を。
2010 年 5 月	人口問題協議会「7 つの提言」（提言 3：日本型移民政策の導入―「人材開国」への準備を急げ）	移民政策への積極的な取り組みが必要。定住を前提とした受入を進め、手厚い日本語教育や職業訓練を実施。
2010 年 11 月	日本国際フォーラム「外国人受入の展望と課題」	非熟練分野の労働力の導入には慎重であるべき。ただし必要な職種を限定し、人材養成・職業資格取得支援を念頭においた受入を。
2011 年 3 月	笹川平和財団「人口変動の新潮流への対処」事業「人口減少社会と日本の選択―外国人労働者問題に関する提言」	雇用許可制度や労働市場テストを実施。国内の労働市場の整備を進める一方で、超高齢社会に備え、看護・介護・家事分野での受入も。
2013 年 5 月	関西経済同友会「定住外国人の受入促進で、日本の再活性化を」	人手不足が著しい農業、林業、水産業での就労を可能とする方向での入管法の見直しや、定住支援政策の実施が必要。外国人庁の設置と関連予算の拡充も。
2014 年 10 月	日本国際交流センター「『技能外国人安定雇用制度』創設の提言」	労働市場テストの実施。二国間協定の締結。技能外国人庁の設置。就労期間終了後は「定住」や「永住」といった資格の付与を認める。
2015 年 11 月	定住外国人政策研究会「『定住外国人の受け入れ』に関する提言」（「未来を創る財団」協賛）	官民共同かつ省庁横断的な取り組みによる国民の議論の喚起。人手不足分野での実験的に受け入れ。定住にあたっては、日本語能力等を考慮。定住後の学習も強化。

出典：明石（2013）の表 1 に加筆修正。

このような議論が近年に入り多く展開された時代的背景のひとつには、2008年以降に恒常化した日本の人口減少に対する懸念がある。日本の産業界の一部は、1980年代後半のバブル期には人手不足に悩み、不況の最中にあった1990年代後半には生産年齢人口のピークを過ぎ去ったことを危惧したが、それから10年を待つことなく、「人口」そのものの減少により日本経済が縮小し活力を失うという、将来への悲観を抱き始めた。このような悲観が、経済界やシンクタンクによる一連の政策提言に結びついたとみるべきであろう。結果としてこの時期の訴えの数々は、既存の入国管理のあり方のみならず、より深層的なレベルで、日本における外国人の受入方を問い直すものであった。

　しかし前節で説明した通り、こうした要請に対する日本政府・関係省庁の応答性は決して高いものではない。その背景には、先行研究のなかでもたびたび指摘されてきたように、日本における外国人の受入をめぐる合意形成の困難さがあろう。1990年代前後における南米系日系人の受入や研修・技能実習生、その後はEPAスキームにもとづく外国人看護師・介護福祉士の受入の政策過程に関しても、政策アクター間のコンセンサスの欠落や省庁間のセクショナリズムが明らかにされている（明石　2006、2010a、Vogt2007）。ゆえに、高齢化する人口構造や人口減少への対応の一環として移民政策を整備することに対して、より強い抵抗がなされても不思議ではない。あるいは、そうした反発が表面化しないにせよ、海外からの労働力の調達という政策課題に比べ、政策アクター間の合意形成がさらに難しい争点であろうことは容易に仮定できる。

　実際にも、2014年6月に閣議決定された「日本再興戦略改訂」では、「移民政策と誤解されないように配慮し」、同年同日同じく閣議決定された「経済財政運営と改革の基本方針」では「外国人材の活用は、移民政策ではない」、また総選挙前に2014年11月に自民党から出された「重点政策集」には「移民政策ではないことを前提に」と、複数回に渡って予防線を引いている。

　この「移民」という用語それ自体は、昨今、国会の議論のなかでも使用頻度が増していることは確かであるが、上に述べた通り、現政府および政権は、移民の受入に前向きではない。その後に展開された主たる経済政策の志

向性、すなわちアベノミクスにおいて、移民政策は改革の対象として位置付けていないのである。例えば、政府の「産業競争力会議」のなかで、小泉内閣時代を中心に経済分野の閣僚を歴任した竹中平蔵氏（現慶応大学教授）ほか、民間有識者が移民や外国人労働者の積極的受入について肯定的な立場から述べている。上の産業競争力会議は、日本経済再生本部のもとにあり総理大臣を議長とするという点で、政策立案に少なからず影響を及ぼす。ただしこのような「開国路線」に対して、同会議において谷垣法相は「我が国の産業・労働市場への影響等を勘案し」といった従来の慎重姿勢を崩すことはなかった。

2013年5月23日に開かれた参議院内閣委員会においては、みんなの党に所属する江口克彦議員が、今後国家の政策争点のひとつになりえる道州制に関する議論のなかで「移民政策」に言及し、そのあり方を安倍総理大臣に尋ねている。現職の総理大臣が、日本の「移民政策」を語ることは極めて稀有なことではあるが、この場合も、「国家の根幹」にかかわり「国家が主体的に決めていく」という点を述べるに留めた。江口氏の質問の趣旨は、道州制の反対派には道州が移民の受入を自律的に進めていくことを危惧している人がいる、という点にあった。

若干遡るが、2013年5月10日に開催された衆議院法務委員会においては、みんなの党に所属する椎名毅議員が、2008年に出された先述の自民党議連からの「移民受入」の提言を引き合いにし、日本政府の見解を求めた。谷垣法相は、国民のコンセンサスが得られていないこと、また犯罪との関連をあげ、これまでの慎重路線を維持する方向を示した。国民のコンセンサスの欠落と治安悪化への懸念は、慎重論を支えるために政府が用いてきた二大論点である。そしてここには、移民受入の是非が政治的に争点化されること

---

10 「第10回産業競争力会議議事要旨」（2013年5月29日）。首相官邸日本経済再生本部URL（http://www.kantei.go.jp/jp/singi/keizaisaisei/skkkaigi/kaisai.html）。最終アクセス日は2013年10月15日。正確には、「経済成長に必要な人材確保と人材交流」と述べているが、後日、ジャーナリストの田原総一朗との対談のなかで、その際の発言が「移民の受け入れ」を意図したものであることを示している。『現代ビジネス』（2013年7月16日）（http://gendai.ismedia.jp/articles/-/36315?page=4）最終アクセス日は2015年10月10日。

11 「第4回産業競争力会議議事要旨」（2013年3月15日）。入手先および最終アクセス日は同上。

を回避しようとする性質が色濃く表れている。

　上の性質は、戦後長らく政権を担ってきた自民党にのみ見られるものではない。例えば遡ると2000年代前半には、例えば古川元久氏、松本剛明氏、細野豪志氏など、のちに党の執行部にも入る民主党の若手議員が、「移民1000万人の受入れ」を主張していたことがある。古川元久氏は、民主党野田内閣において内閣府特命担当大臣ほか、衆議院内閣委員長など要職を歴任したが、移民の受入に対する政策立案に取り組むことはなかった。

　同じく民主党が与党時代に外務大臣を務めた松本剛明氏にしても、党の幹事長や閣僚を務めた細野豪志氏にしても、政権を担っていた約3年の間に、移民政策の改革に踏み出したわけではない。移民の受入推進を掲げていた議員も、国政に深く関わる立場になると、その見解を引込めている。本格的な人口減少開始と期をほぼ同じくする時代に政権を奪取した民主党全体としても、移民政策を優先的に取り組むべき課題として位置付けることはなかった。

　別例を挙げれば、民主党が与党を担っていた2012年に、内閣官房に「『外国人との共生』実現検討会議」が設けられた。文科相や少子化対策担当相などを務め、「開国路線」で知られる民主党の中川正春衆議院議員が主導したものであり、当初、同氏は上の会議を通じて移民の受入についての議論を喚起しようとするねらいを表明していた[12]。ただし最終的な着地点は、現時点で滞在している外国人住民への対応を厚くするという今までも示されてきた方向性の確認に留まった[13]。この経緯からも推測できるように、移民の受入を前向きに議論すべきという中川氏の見解は支持を得ることはなかった[14]。

　これを裏付ける問答がある。丸山和也自民党議員が、2012年3月22日に開かれた参議院法務委員会において、少子化という背景と移民の受入の必要

12　「移民政策を議論」(『日本経済新聞』2012年2月24日)。
13　「『外国人との共生社会』実現検討会議」による「中間的整理」(2012年8月)。内閣官房「『外国人との共生社会』実現検討会議」URL (http://www.cas.go.jp/jp/seisaku/kyousei/) より入手。最終アクセス日は2015年10月10日。
14　中川氏の発言は一部で強い抗議を招いたとともに、政治的リスクがあるとして民主党内でも慎重派が多く、合意形成には至らなかった(民主党議員の発言、2012年2月27日、衆議院第一議員会館)。

性に言及しながら、移民政策のあり方を時の法務大臣である民主党の小川敏夫氏に質問したのである。同委員会のなかで「一度も明確な答えが得られていない」と丸山氏が述べるこの政策課題に関する問いかけに対して、小川法相は、「少子化対策を優先」、「国民のコンセンサスが重要」という従来の見解を繰り返している。

　上述の丸山氏が、移民受入に肯定的な見解を発したからとはいえ、自民党議員がすなわち移民受入賛成派であるとは限らない。2012年3月7日の衆議院内閣委員会において、自民党の野田聖子議員が、前述の中川正春氏による移民政策の検討を進めるという趣旨の発言について言及している。その際に野田議員は、「大変驚いてしまった」、「少子化に対しては、まず初めに日本人ありきという発想で大臣が捉えていただかないと」と述べている。同党に属する丸山議員とは大きく異なる方向性であり、党内において統一した見解がまとめられていないことがここに如実に表れている。なお、中川正春氏が、移民政策を討論するつもりで設けた上述の「外国人との共生実現検討会議」は、自民党の復権とともに休止している。

　復権した自民党は、「外国人技能実習制度」の大幅な拡充を図ることを決めた。2020年のオリンピックの東京開催決定が強い推進力を生んだことは想像に難くない。建設需要の増大に応じるために外国人労働者を今後さらに多く確保することは、産官一致の要望であった。同じ時期に政府は、移民の受入について、外国人労働者とは対照的に、その可能性を積極的に否定する方向性を強く打ち出している。与野党を問わず、合意形成に向けた動きはなく、結果的に、慎重な態度を示し続けている。とくに政権側の立場になると、この問題の争点化を極力避けようとする傾向が顕著に表れてくる。

　日本において移民の受入に反発しているのは、匿名性が高いインターネットといったサイバー空間で流布している言説を除けば、現在のところ、1980年代後半から「鎖国論」を展開してきた保守系知識人、数名の経済学者や評論家、歴史認識や領土問題を材料として反中国や反韓国の感情を露骨に示す政治団体に限られている。しかし国政を担う政治家が、外国から多くの人を迎え入れれば否応なく生じるであろう「民族」に起因する問題、やがては外交にも飛び火するであろう事柄について言及することは稀である。政府もまた、政治的リスクを冒すものと認識しており、公的な場で言質を与え

ることはない。移民政策の改革についての政治的沈黙は、このような形で保たれているように思える。

第5節　おわりに

　本章では、急速な高齢化を伴う大幅な人口減少という社会変動の最中、日本の移民政策は転換点を迎えているか否かという問いを出発点にしている。確かに、日本における移民政策をめぐる動きは近年に入り極めて活発であり、また、移民の受入を視野に入れた政策提言も頻繁に打ち出されているのは事実である。とはいえこうした状況変化が生じた背景や帰結を考察する限り、日本の移民政策は、従来の慎重路線から大きく変化したわけではない。移民の受入の是非が、優先的な政策事項として積極的に語られ、議論が継続することはない。その原因として今でも自明といえるのは、移民政策における主要なアクター間の合意形成の難しさである。

　外国人の受入についてのこうした日本政府の消極的に姿勢は、従来、省庁レベルでの抵抗やセクショナリズムによっても説明されていた。それでは、人口減少が着実に進むなか、移民政策に関係する様々な取り組みが打ち出され、同時に海外からのより多くの人を招き入れるべきとの提言が少なからず提示されている現在の状況を、どのように解釈すべきだろうか。

　本章では、上の問題意識を念頭におき、近年の政策展開と政策提言に着目し、日本の移民政策の現状を俯瞰的に分析することを試みた。明らかなのは、移民政策の形成過程において、関連省庁というこれまでの主要アクターが後景に退いたわけではないにしろ、合意形成の困難さという観点からみれば、政党間および政党内でさえも利害が交錯し、意見集約が進んでいないという事実である。とくに政権側には、移民の受入の争点化を極力回避しようとしている姿勢が如実に現れる。日本における移民政策が、本格的な改革としては展開せず、現状維持を基本としつつも局所的な整備を繰り返すというパターンは、官僚政治か政党政治かを問わず生じている。上に述べた合意形成の難しさの現れであろう。

　また局所的であるということだけではなく、本章第3節でも言及したEPAスキーム、第三国定住難民プログラム、高度人材ポイント制に顕著に

みられるように、受入には上限や厳しい入国・滞在条件が常に設けられている。このような制限が課されているために、上記に挙げた三つの試みのインパクトは乏しく、そのような結果が明らかになってもなお、部分的な制度変更を重ねているに過ぎないのである。このことは、EPAスキーム、第三国定住プログラム、高度人材ポイント制が、明確な理念と目的を備えた移民政策から論理的に導出された受入の仕組みではないことを再確認させる。

　このように日本政府には、急速な高齢化を伴う大幅な人口減少が予見されるなかでも、過去の基本方針をこれまで踏襲し続けており、人口減少下における移民の受入の是非をめぐる議論を主導してこなかった。今もその気配はない。ただしその間にも、日本における人口減少という変わりゆく現実への対応は、一定の時差をもって漸進的に実施されているようにもみえる。であるとすれば、日本の移民政策は、これまでの消極的な態度を維持し基層部分を変えることなく、ただしその一方で法制度の末端を現実に応じて局所的に変化させることでのみ、変容していくのではないだろうか。

　むろん、かつてに比して活発な当該分野での政策動向や政策提言は、日本の移民政策が転換期を迎えている紛れもない兆しである、という解釈を無下に退けるべきではない。その場合でも、日本の移民政策の将来の形を展望するうえでは、人口減少による経済社会的影響が今後いっそう顕在化した際に生じうる政治的な反応と、その政策レベルでの反映を吟味しなければならず、今しばしの時の経過を待つことになるであろう。

［文献］
明石純一，2006,「現代日本における外国人労働者受け入れをめぐる政策過程」『筑波法制』40: 101-123.
―――，2009,「『入管行政』から『移民政策』への転換――現代日本における外国人労働者政策の分析」日本比較政治学会編『国際移動の政治社会学』ミネルヴァ書房, 217-245.
―――，2010a,『入国管理政策――「1990年体制」の成立と展開』ナカニシヤ出版.
―――，2010b,「外国人『高度人材』の誘致をめぐる期待と現実――日本の事例分析」五十嵐泰正編『労働再審2　越境する労働と〈移民〉』大月書店, 51-78.
―――，2012,「日本の『移民政策』の変遷における2009年入管法改正」『法律時報』84(12): 10-15.

―――, 2013, 「現代日本における入国管理政策の課題と展望」吉原和男編『現代における人の国際移動』慶應大学出版会, 63-83.

―――, 2014, 「国際人口移動に対する政策的管理の実効性と限界」『人口問題研究』70(3): 275-291.

―――, 2015, 「国境を越える人材――その誘致をめぐる葛藤」五十嵐泰正・明石純一編『「グローバル人材」をめぐる政策と現実』明石書店, 92-105.

―――編, 2011, 『移住労働と世界的経済危機』明石書店.

安里和晃, 2007, 「日比経済連携協定と外国人看護師・介護士の受け入れ」久場嬉子編『介護・家事労働者の国際移動――エスニシティ・ジェンダー・ケアの交差』日本評論社, 27-50.

安周永, 2013, 「男性稼得型モデルの衰退と移民政策の変化」(日本比較政治学会 2013年度研究大会提出ペーパー).

梶田孝道, 1994, 『外国人労働者と日本』日本放送出版協会.

石黒薫, 2012, 「FTA/EPA 交渉と国内政策のリンケージ―― JPEPAの2レベルゲーム分析」『国民経済雑誌』205(1): 49-70.

桑原潔, 2002, 「外国人労働者政策と2つの政策ネットワーク――なぜ政策が変更されないのか」『政治学研究論集』16: 137-156.

小池治, 1996, 「政策転換と官僚のビヘイビア――外国人労働者問題を事例に」『政経学会雑誌』64: 17-35.

小池克憲, 2011, 「日本は変わったか――第三国定住制度導入に関する一考察」『難民研究ジャーナル』1: 48-64.

中川功, 2003, 「外国人労働者受け入れ論議が照らし出す日本の課題」『大原社会問題研究所雑誌』532: 1-26.

濱口桂一郎, 2010, 「日本の外国人労働者政策――労働政策の否定に立脚した外国人政策の『失われた二十年』」五十嵐泰正編『労働再審2 越境する労働と〈移民〉』大月書店, 271-313.

藤井禎介, 2007, 「日本の外国人労働者受け入れ政策――比較分析のための一試論」『政策科学』14(2): 45-53.

細野ゆり, 2011, 「日本・フィリピン経済連携協定を通じた看護師・介護福祉士受入れ交渉過程」『横浜国際社会科学研究』15(6): 67-89.

森廣正, 2002, 「日本における外国人労働者問題の研究動向」『大原社会問題研究所雑誌』528: 1-25.

山崎隆志, 2006, 「看護・介護分野における外国人労働者の受け入れ問題」『レファレンス』661: 4-24.

山本克也, 2009, 「我が国における外国人看護師・介護士の現状と課題」『季刊 社会保障研究』45(3): 258-268.

Akashi, Junichi, 2014, "New Aspects of Japan's Immigration Policies: Is Population Decline Opening the Doors?," *Contemporary Japan* 26(2): 175-196.

Bartram, David, 2000, "Japan and Labor Migration: Theoretical and Methodological Implications of Negative Cases," *International Migration Review* 34(1): 5-32.

Bartram, David, 2005, *International Labor Migration: Foreign Workers and Public Policy*. Basingstoke: Palgrave.

Vogt, Gabriele, 2007, "Closed Doors, Open Doors, Doors Wide Shut? Migration Politics in Japan," *Japan Aktuell, Journal of Current Japanese Affairs* 5: 3-30.

第10章　移住民支援と統合政策の制度化
　　　──韓国の結婚移住女性と多文化家族支援を中心に

宣　元錫

第1節　本章の課題

　越境してくる移住者を対象とする支援事業・活動は移住者にとって移住先の社会的文脈として理解される。ポルテスを借りれば、移民の編入モードは①移民の個人的な属性（人的資源）、②移民を受け入れる社会的環境、③移民の家族構造によって決まると解く。そして社会環境には「ホスト国政府の移民政策、一般の人々の移民受入に対する態度、そして移民と同じエスニック・グループからなるコミュニティの存在とその規模などが含まれる」という（Portes, 2001=2014: 97-138）。移住民を対象にする支援活動は移住民にとって、移住先の社会が移住民に対する対応パターンと解され、視点を移住先の社会に転じれば、移住者支援は受入側が移住民をどのように受容しているかをはかる文脈として理解できる。これを鈴木（2006）は「国家レベル」と「社会レベル」の移住民受入の「文脈的要因」(contextual factors) という。必ずしも直線的とは言わないとも移民が歓迎されなければ移住民支援が活発になるはずがない。すなわち移住民支援はホスト社会の移住民受入の受容態度として移住民がホスト社会に定住・定着する過程の重要な社会的環境要因として理解できる。このような視点から、本章では韓国の移住民支援について考察することにしたい。

　韓国の移住民支援は、韓国に外国人の流入と移住民の増加が始まって間もない1990年代前半からすでに始まっていた。当時移住民に対する支援活動は主に市民団体によって行われ、中央政府や地方自治体のような公共部門が外国人支援事業を行った例はあまりない。それもそのはず、韓国の外国人流入は1990年前後、外国から職を求める労働者の流入から始まり、政府の政策的対応も当時急速に増加していた未登録労働者を代替できる外国人労働者需

給政策に集中し、移住民の安定的な生活や定住支援などは二の次ところか眼中にもなかったと言えよう。1993年に始まった外国人産業研修制度と2004年から施行された雇用許可制はともに期限付きの短期就労と母国への帰還を原則としていた「反定住政策」であった。かくして定着・定住を意識した支援は少なくとも公的部門では皆無であったといっても過言ではない。こうしたなかで、韓国で移住民支援が2000年前後から結婚移住女性の増加に伴う国際結婚家庭とその家庭の子女からなる多文化家族の急速な増加を背景に社会的な議題として浮上した。それまでは一部の市民団体が行ってきた移住民支援が移民の「統合政策」の名で議論されるようになり、やがて2007年に「在韓外国人処遇基本法」(以下、外国人基本法という)、2008年に「多文化家族支援法」が制定される、大きな転換を迎えたのである。つまり韓国の移住民支援は結婚移住女性の急速な増加と時期を同じにして公的部門が拡大し、制度化が進行したといえる。そこで本章では韓国の結婚移住女性と多文化家族を対象とする移住民支援を統合政策の制度化としてとらえ考察したい。そして制度化された移住民支援の施行現場の状況とその過程で露呈された問題や課題について、韓国の現場調査から得た知見を踏まえて考察したい。

　考察に際しては以下の点に注目して分析を行いたい。一つは移住民支援活動の担い手である。後述の通り、2007年外国人基本法が制定されるまで初期の移住民支援活動は宗教団体や労働運動を含む市民運動団体が主要な役割を担ってきた。それまで移住民支援に無関心だった政府が介入して以来、その担い手とそれぞれの役割にどのような変化が生じたのかに注目したい。もう一つは移住民支援に政府介入の拡大が移住民支援活動の内容とその展開方法にもたらした変化について現場調査を踏まえて検討したい。ここでは政府の移住民支援事業がそれまでの民間中心の支援活動に与えた影響などが主な検討課題になる。

第2節　「統合政策」の法制化以前の移住民支援

　韓国で移住民「統合政策」が法制化され政府が移住民支援に乗り出す前の

1　雇用許可制に定住の道がないわけではないが、そのハードルはかなり高い。韓国の外国人労働者需給政策については宣(2010)を参照されたい。

初期の支援活動には主に二つの流れがあった。一つは一部の宗教団体を中心に「かわいそう」な外国人を助ける、韓国社会で古くから伝わる貧しい隣人を助ける感覚に通じる「温情主義」意識のもとで行われた活動である。宗教団体による支援活動はプロテスタントとカトリックなどのキリスト教会、また仏教の寺院などが直接かかわった。それが後に宗派の連合体や教区がバックアップする団体を設立し支援活動を専門的に行う体制を整うようになった。宗教団体の移住民支援はその後多様化していくが2015年現時点においても韓国の移住民支援活動に重要な役割を担っている。もう一つは1980年代民主化運動の主役であった市民運動団体と労働運動関係団体や活動家による活動であった。1992年5月に設立された「外国人労働者の人権のための集まり」は初期の代表的な団体である。そのほかに外国人労働者の医療問題に関わる団体、法律サービスを専門的に扱う団体も設立された。後に重要な役割を担う移住女性に特化した支援活動を行う団体もこの時期に設立され活動をはじめたが、初期は女性労働者が主な対象であった。後で詳述するが、たとえば代表的な移住女性支援団体である「移住女性人権センター」は、2001年に「ソウル外国人労働者センター」の傘下に「移住女性労働者の家」として設立され2002年に独立した団体である。[2]

この時期に、来韓した移住民はそのほとんどが労働者であったために移住民支援活動も自然に移住労働者が抱える問題や課題に集中した。[3] 1993年に始まった労働者の身分を保障しない外国人産業研修制度や朝鮮族を対象とした受入枠組みは、韓国の労働市場で未登録労働者を代替できず、これらの外国人が未登録労働者へ流れる合法的なルートとして機能したために外国人労働者の需給制度としての機能さえ果たせなくなった。[4] 結果的に韓国の労働市場で外国人労働者のほとんどは非合法的な立場の未登録労働者がしめるようになり、[5] 彼・彼女らの不安的な身分は賃金未払い、労災、長時間労働、

2 　移住女性労働者を対象とする支援活動に特化する趣旨で設立した「移住女性労働者の家」であったが、この時期から徐々に結婚移住女性の相談などが増えてきたという（「ソウル外国人労働者センター」事務局長のインタビューから、2012年9月5日）

3 　これについては설동훈（2004）が詳しい。

4 　これについては宣（2010）を参照されたい。

5 　雇用許可制を定めた「外国人勤労者雇用等に関する法律」が制定される前年の2002年には外国人労働者の約8割を未登録労働者で占められていた（宣　2010）。朝鮮族の受入に関しては呉（2013）を参照されたい。

不当解雇、時には職場での暴言や暴力など深刻な人権侵害につながる原因にもなった。こうした状況はとくに非熟練労働者が合法的に就労を可能にした雇用許可制が施行された2004年までに続いたために、この時期の支援活動は自然に未登録労働者を対象とする支援活動にならざるを得なかったと言える。

　この時期の支援活動は未登録労働者と一部の研修生を対象に、賃金未払いや労災などの労働相談、失業によって寝どころさえ確保できない外国人のためのシェルターの提供、暴言・暴行など人権侵害への対応など、広い意味での基本的な人権救済が活動の中心であった（外国人労働者対策協議会 2001）。1990年代と雇用許可制が施行された2004年前までの外国人の在留状況から未登録労働者が多数を占める実態を鑑みれば、このような活動の対象と内容は当然のことだろう。したがって、この時期の移住民支援活動は定住支援とは言えず、多くの団体が基本的な人権問題の解決に奔走していた時期と言えよう。むろん筆者がさまざまな支援団体を対象に行った調査によれば、外国人支援活動には労働問題や人権問題だけではなく、韓国語教室やエスニック・グループの支援なども含まれていた。しかしその対象が制度的に短期循環を前提とする研修生だったり未登録労働者だったりなど不安定な身分のままで当局の取り締まりと退去強制の不安と隣り合わせの状況であったために、長期的な視点での定住を見据えた支援活動には活動団体も外国人本人も限界があったと思われる。その意味でこうした活動は定住支援というより、一時的であれ韓国での安定的な生活を手助けする支援だったと言える。

　そこで2000年前後からの結婚移住女性の増加と2007年制定された外国人基本法はこのような民間中心の支援活動に大きな変化をもたらす契機となった。外国人基本法の第11条（在韓外国人の社会適応支援）には「国家及び地方自治団体は在韓外国人が大韓民国で生活するのに必要な基本的な素養と知識に関する教育、情報提供および相談等の支援をすることができる」と定められ、在韓外国人の処遇の一つとして政府と自治体が外国人の社会適応支援を実施できる根拠規定がもうけられた。[6]これを契機に韓国の移住民支援活動に政府が深く介入する新しい局面を迎えた。

6　韓国の外国人基本法については宣（2009）を参照されたい。

第3節　結婚移住女性と多文化家族支援事業の制度化

　韓国で結婚移住者と多文化家族に対する支援が政策課題として浮上したのは2000年代の中盤である。韓国の国際結婚は2000年前後から急増し、全結婚件数に占める国際結婚の割合が2000年の3.7％から2005年に13.6％に至るほど一種の社会現象となった。なかでも韓国人男性と外国人女性の結婚が全国際結婚の72％を占め、国際結婚の増加を牽引した。安全行政部の「外国人住民現況調査（2014）」によると、2013年長期滞在外国人は1,219,188人であり、そのうち結婚移住者が149,746人と全体の12.3％を占め、帰化者の61.9％は婚姻帰化者である。

　結婚移住者の増加に伴って、一部の広域自治体は結婚移住女性を対象に韓国語教育、文化体験、情報化教育を実施し、なかには家族キャンプ、結婚移住女性の母国訪問旅費助成、就労支援事業を実施する自治体もあった（이혜경　2007）。中央政府レベルの支援政策に関する議論は2005年から本格的に始まった。保健福祉部は国際結婚移民者に対する大規模の実態調査を実施し（설동훈외　2005）、2006年4月政府関連省庁の協議のもとで「女性結婚移民者家族の社会統合支援対策」を策定した。また2006年5月開かれた第1回外国人政策委員会で策定された「外国人政策基本方向及び推進体系」では結婚移住者に対して集中的に取り上げた。

　政府の結婚移住者支援政策は2007年「在韓外国人処遇基本法」と2008年「多文化家族支援法」の制定によって法的整備が整い、全国規模の支援事業に拍車がかかった。移住民支援事業の法制化は移住民に対する支援事業を政府の政策課題として位置づけ、政府や自治体レベルで支援事業を施行する根拠規定を設け、予算措置が可能になった。一方で支援事業の法制化は支援対象を限定し、支援プログラムが政府によって厳密に管理されるようになった。たとえば、「多文化家族」という用語は、上記の二つの法律により、外国国籍者や認知・帰化により韓国の国籍を取得した人と韓国国民からなる家族と定義され[7]、韓国に滞在する外国人家族は除外された。しかし韓国人と

7　2008年「多文化家族支援法」制定当初には出生韓国人と結婚した結婚移民者（結婚後帰化者含む）のみが政策対象だったが、2011年の同法の改定により、認知、帰化に

事実婚関係で生まれた子どもを養育している場合は多文化家族支援事業の対象に含まれ、政府がいう「多文化家族」はあくまでも韓国人と法的な家族関係や血縁関係を条件としていて、韓国政府がいう「多文化」が主流マジョリティーである韓国人を前提にしている点が明確にされた。[8]

このような法制化を経て、韓国の移住民支援は国際結婚移住女性と多文化家族（以下、両対象を合わせて「多文化家族」という）に集中して施行されている。現行の多文化家族支援は複数の政府機関と地方自治体を通して多様な事業が行われているが、全国規模でもっとも体系的に施行されている代表的なものといえば多文化家族支援センターを通して展開されている事業であろう。多文化家族支援センターは2006年4月策定された「女性結婚移住者家族の社会統合支援対策」をうけ、この事業を統括するようになった女性家族部が全国に21カ所の「結婚移住者家族支援センター」を指定・運用することから始まった。そして2008年「多文化家族支援法」制定後に「多文化家族支援センター」に名称を変更し、2016年11月現在全国に217カ所に拡大されるに至っている。

多文化家族支援政策の政策決定過程も整備され、2009年から国務総理を委員長に、女性家族部長官を幹事とする関係省庁の協議体として「多文化家族政策委員会」が設置され、2010年に「第1次多文化家族支援政策基本計画」が、2013年に第2次計画が策定された。多文化家族支援政策の中心に据えられた多文化家族センターの事業は、女性家族部→広域自治体→基礎自治体→多文化家族支援センターに至る垂直体系のもとで事業の方向と内容、予算と評価、各センターの指定と管理・指導・監督が行われる、全国一律の推進体系が特徴である。筆者が首都圏と光州地域の複数の多文化家族支援センターで行った調査においても、各センターが施行している事業は大同小異で、希にセンターの運用主体や地域特性を反映した小規模の事業が散見される程度であった。

　　よる韓国人との結婚も政策対象に含まれるようになった。
　8　政府の「第2次多文化家族政策基本計画（2013–2017）」に多文化家族の範囲拡大の検討が明記され、それまで除外された外国人労働者、留学生、難民、外国人家族などが含まれる方向にある。

Part IV　政策形成

第4節　多文化家族支援事業の現場

　筆者は韓国の外国人支援について調べるために、2012年から3年間4回にわたって計20カ所の支援団体に訪問調査を行った。この調査では、団体や組織によって活動の内容は違っても、結婚移住女性とその家族を対象に行っている多文化家族支援が集中的に実行されていることが確認できた。そしてその役割を担っている中心組織が多文化家族支援センターであった。この調査ではこのセンター事業をバックアップする中央団体である韓国健康家庭振興院全国多文化家族支援団と、地域の多文化センターとして安山、光州北区、光州光山区、光州西区の4カ所に訪問ヒアリングを行った。

　地域の多文化家族支援センターは「健康家庭支援法」を法的根拠に設立された健康家庭支援センターの一部門として事業を行う形態と、各地域で福祉、家族、移住民関連事業を行っている団体に委託事業として行う形態がある。後者は初期の移住民支援活動の中心であった宗教団体や市民運動団体もあれば、女性運動団体、地域運動団体、大学などさまざまである。訪問調査を行った各センターの設立母体は、安山はYWCA、光州北区は地域の市民運動団体、光州光山区はカトリック教会、光州西区は健康家庭支援センターである。

　ところで、各団体が行う事業内容をみると、いずれのセンターも共通して韓国語教育、家族統合事業、職業教育および就労支援事業、子供向けの言語発達支援事業、通翻訳事業、言語英才教育事業、多文化社会理解教育事業などを行っている。団体によって子供の学習支援、医療支援、エスニック・グループ支援事業などを独自に行う場合もある。各団体で行った調査の結果、これらのセンター事業の大半を占める女性家族部の予算で行う事業は事業の内容と対象、担当者、プログラム具体的な内容、教材、ひいては人件費の単価に至るまで詳細にわたって女性家族部が決めた基準に基づいて施行されていた。これらの事業を各センターの裁量で独自に運営することがほぼ不可能といっても過言ではない。この点について、今回調査を行ったセンターの関係者は政府予算が投入されている移住民支援事業のなかでもっとも規制が厳しく全国一律で行っている事業だと口をそろえていた。

　以下、多文化家族支援事業を統括する中央団体と光州北区多文化家族支援

センター、そして多文化家族支援センターではないが、長年移住女性の人権問題に取り組み現在一部結婚移住女性支援活動を行っている移住女性人権センターの支援事業を紹介する。

1. 韓国健康家庭振興院全国多文化家族支援団（2012年9月5日、ソウル）

　同振興院は韓国の女性家族部傘下機関であり、全国217カ所に設置されている多文化家族支援センターを側面支援する中央機関である。同振興院は「健康家庭支援法」を法的根拠に全国151か所の健康家庭支援センターを統括する機関であり、その役割は多文化家族支援活動に限定しない。多文化家族支援センターは2008年制定された「多文化家族支援法」が法的根拠になっていて、全国のセンターの一部は同振興院の地方組織に設置されているところもあれば、別の団体に委託する場合もある。同振興員は多文化家族支援事業において、①プログラム及び業務マニュアルの開発・普及、②職員・事業別の専門要員の養成、③実績管理及び広報、④現場・評価支援を役割としている（女性家族部 2015）。

　多文化家族支援事業は多岐にわたっているがやはりメインは韓国語教育であり、女性家族部の関連予算は年々増加し2009年度の420億ウォンから2011には年700億ウォンになった。予算増加については必ずしも結婚移住女性の増加が原因ではなく、この事業の認知度が上がり、多文化家庭に子供が生まれ新しい需要が発生するなど潜在的なニーズが顕在化したことで予算が膨らんでいるという認識を示した。教育事業には結婚移住女性対象の集合教育のみならず、センターへの接近性が悪い人のための個別訪問教育、子ども向けの言語発達教育サービスなどがある。2011年現在約200人の言語発達指導者が指導に当たっている。

　多文化家族支援センターの事業内容は女性家族部が決め、各センターに事業ごとに予算を配分する仕組みである。各センターは事業ごとに配分された予算に、自治体の補助金やその他の寄付金などを合わせてセンターの運営と事業を行っている。女性家族部は同事業のために独自の事業を他の団体に委託して行っている。たとえば韓国外国語大学多文化教育院に委託し、結婚移住女性のなかで通翻訳の専門家育成を目的に二重言語人材育成事業を行って

いる。この教育を受けた人が二重言語講師として多文化家庭の子女を対象に母語を教えるプログラムに携わるが、まだ初歩的な段階であるという。

　多文化家族支援センターの主要な事業である韓国語プログラムは法務部の社会統合プログラムと連動しなかったが2015年4月から一部連携されるようになった。社会統合プログラム[9]は永住権や国籍取得と連動するので、出欠状況や教育達成度の報告など、より厳密に実施される。それに比べれば多文化家族支援センターの韓国語教育事業の運営は各センターの状況によって異なる。そのほかに現場では移住女性の就労支援と子どもの養育・教育支援も大きな事業になっている。

　多文化家族支援センターの事業は教育とプログラム提供による予防的な性格が強く、福祉的観点からの金銭的支援は行われていない。同振興院の関係者は、近年、政府の移民政策に対する風当たりが強くなったが、広くみればこの事業そのものは社会的な合意が形成されているという認識を示した。ただ、多文化家族支援事業について政府内での役割分担と効率的な運用を求める声はあることを認めていた

2. 光州北区多文化家族支援センター（2015年1月23日、光州）

　このセンターは光州市を中心に移住民支援事業を行っていた有志によって2005年7月に設立された財団法人「移住家族福祉会」が運営母体である。2008年光州市から「結婚移民者家族支援センター」に選定され、後に多文化家族支援センターとして、光州市の計4つのセンターを統括する拠点センターの役割[10]も担っている。センターにはセンター長を含め、7名の常勤職員と通翻訳支援師、訪問指導師など約40人以上が勤務している。センターは光州市から無償で提供された単独建物を利用し、7つ講義室、講堂、言語発達室、講演場、体験館、アジアマート、などの施設を備えている

---

[9] 社会統合プログラムについては宣（2009）を参照されたい。韓国語教育プログラムの統合は移住民支援事業の重複として政府内で議論され、2015年4月から社会統合プログラムと同じ内容の教育を実施している機関の教育内容を法務部の評価をうけ連携が可能になった。

[10] 拠点センターとは自センターの事業を行いながら地域のいくつかの多文化家族支援センターを束ねる役割をも担う。多い場合は6、7のセンターを束ね、情報交換と必要に応じて各センター事業の調整や応援、共同事業なども行う。光州の場合は北区のセンターが4つあるセンターの拠点センターである。

センターが行っている事業は、上記の振興院の調査で言及された事業を行っているが、特に韓国語教育に関してはもっとも低いレベルからTOPIK（韓国語能力試験）の最高レベルまで全レベルに対応するクラスを運営している。インタビューの中でセンター長は、韓国語教育は移住民に韓国的なことを強要するといった批判もあるが、学歴が低い移住女性に韓国での教育機会を増やす意味もあるとその意義を強調した。センターでは最高レベルの韓国語教育を通して移住女性の中で大学に進学する事例を出すことを目標に、「もっと勉強して韓国社会で通用する教養人になってほしい」と抱負を述べていた。多文化家族の中には貧困問題を抱えている家庭が多いが、問題はその貧困のために移住女性が自身を高めることをあきらめ、子どもの教育にも影響を及ぼす場合があるが、それには韓国語が原因の一つになるという。韓国語教育の強化はこのセンターが行った家族統合や人権教育などさまざま事業においても移住者本人の文化資源を増やし、韓国語のみならず他の事業の効果も高める好循環につながるために、移住女性の教育と子供の将来のためにもいくら強調しても足りないと、移住女性のエンパワーメントの起点として最優先課題と位置づけられていた。

　光州は1980年代の民主化運動の中心地として、多文化家族に対する一般市民の意識も他の地域に比べて相対的に良好のため、同センターは一般市民向けの地球市民養成講座や人権教育も積極的に展開している。現在同センターは多文化家族を中心に行っている事業が多いが、外国人労働者、脱北者、難民などあらゆる移住民に対象を拡大して移住民センターとして役割を拡大したいというビジョンを持っている。

3. 移住女性人権センター（2012年9月6日、ソウル）

　外国人基本法と多文化家族支援法の制定以後、結婚移住女性と多文化家族を対象とする支援事業が急速に拡大している中、それに合わせるように独自の理念と領域で活動を展開してきた市民団体が制度の中に吸収されつつある。上記の多文化家族支援センターはその典型的な事例と言えようが、それにもかかわらず自主的に組織を維持しながら独自に活動を継続している団体もある。これらの団体は組織の成り立ちはもちろん、その担い手や事業の対象と内容にもそれぞれ独自色が強く個性的といえる。一部政府事業も行って

いるが、政府委託事業に組織の運営や事業を全面的に依存しているわけではなく、独自性を保つために努力している。

　移住女性人権センターは2001年「ソウル外国人労働者センター」の傘下にできた「移住女性労働者の家」から2002年に独立した団体である。全国6か所の支部がある（プサン、テグ、チョンジュ、チンジュ、モクポ、ジョンジュ）当センターでは、人権問題、滞在問題に関する相談事業と韓国語教育を行っている。また、政府政策のモニタリングも行い、政策の評価・提言を出している。こうした活動は国内だけではなく外国のNGOとの連携して行っている。部分的に政府から資金を援助してもらう事業もあり、2007年から移住女性のためのシェルターを運営し、2010年からは民間の寄付金である社会福祉共同基金の資金援助をもとに結婚被害女性の支援活動も行っている。

　韓国の市民社会は外国人政策と関連して社会問題としてとりあげ政府に問題提起してきたが、政策転換期に比べるとその機能と影響力は衰えている。その理由として、同事務局長は政権によって市民社会の位置づけが変わり、保守政権は政府に批判的なNGOを排除する動きもあるという。また、マスコミは無関心で、保守政権にすり寄っていることをあげていた。

　また移住民の増加に伴う移住民に対する韓国社会の変化も指摘した。外国人集住地では外国人住民のゴミ出しなど日常的な問題に対する地域住民からの反発もある一方、移住女性が結婚を機に韓国の家庭に入ると、家父長制が根強い家族文化のなかで移住女性の葛藤が生まれる。さらに2000年代後半からはアンチ外国人の動きも表面化している。同センターも2010年にアンチ外国人の団体から監視されたことがあり、実際妨害活動もあったという。その影響か定かではないが、裁判で勝っても移住女性の滞在延長許可が下りなかった事例もある。アンチ外国人運動をしている人の中に、「国際結婚の失敗者」あるいは「自分は被害者だ」と言っている人もいるが、やっていることは移住女性に対する「加害行為」だと事務局長は批判した。

　また事務局長は多文化家族支援政策が支援対象を血統主義に基づいて狭く限定し「分離」とでもとらえられる政策を実行していると、以下のように厳しく批判した。

　「政府の多文化政策は韓国人との国際結婚家族支援に限定されている。つ

まり韓国家庭に対する支援である。なかには学習支援や文化体験活動支援なども含まれる。多文化家庭の子供の教育にためにといって別の学校を設立する例もある[11]。しかし、国民からすれば特別扱いだという抵抗感もあり、より普遍的な基準のもとに支援が行われるべきだ。政策の対象を多文化家族にせまく限定することが問題であり、むしろ当事者が選択できることが大切だ。学習の遅れも適切な対応が十分でないことに起因している。言語教育も多文化家族に限定せず、外国育ちの帰国子女や在韓外国人なども含めた普遍的な形で実施すべきだ。」

　同事務局長は、多文化政策は政府の管理と統制のもとで展開されるだけで、政策の転換が必要で、そのためには家族移民の拡大の必要性を主張した。このような認識にもとづいて、同センターでは、移住女性の滞在の不安定さを解消することをもっとも重視しているという。またセンターでは移住女性のエンパワーメントと相互支援を目指して、相談員や韓国語教師を育成するアクティブ・ボランティアの育成にも取り組んでいる。その一つである外国人女性による韓国語ボランティア活動は、参加者も積極的で良い方向に向かっていて、成果をあげていると自己評価していた。

第５節　移住民支援に見られる「統合」と「分離」

　韓国の移住民支援は移住民の急増、とりわけ結婚移住女性の増加を背景に公的な支援が本格的に議論されはじめた。政府によって法制が整い、結婚移住女性と多文化家族を対象とする支援事業の制度化が急ピッチで進行された。一部の論者はこうした政府対応を深刻な低出生率と人口の高齢化を緩和するための人口政策であり（李恵景　2012）、多文化家族支援政策は移住者の文化的特性を韓国の伝統的な家父長的家族構造に吸収できるという認識が横たわっていると批判する（김현미　2014）。また支援プログラムの内容が韓国語や伝統文化など「韓国的」なことに集中していることから、「同化主義」という指摘も多く聞かれる。これらの批判は移住民支援策の中身から十分導き出される評価として一理ある主張といえよう。

11　多文化家庭の児童生徒を対象とする学校は、正規学校として認可された学校と委託教育を行っている対案学校に大別できる。正規学校は2015年現在全国に３カ所ある。

一方、急ピッチで整備・施行されている多文化支援政策は何より、移住民にまつわる問題と課題が韓国社会に公的に提起され、社会一般に多文化社会の展開について関心を誘発し、多文化家族に対する多様な施策が実行されるようになった点は評価に値する。多文化家族の存在が広く知られ、文化的同質性に一石を投じる効果があったならば大きい成果と言わざるを得ない。これは外国人労働者関連の課題が人権問題として広く認識されながらも短期循環労働者の労働問題から抜け出せない実情とは対照的である。[12]

多文化家族支援の制度化がもたらしたもう一つの結果はそれまで移住民支援のみならず、社会的問題提起と制度転換の原動力であった市民団体の役割の変化を指摘しなければならない。移住民支援に関する現地調査で訪問したほとんどの団体は何らかの形で政府事業をおこなっていた。法制化された移住民支援はいずれも外国人移住者に対する「統合」を謳っているが、税金を投入した公共性を帯びる以上事業内容と対象に規制がかかっている実態を確認できた。とくに多文化家族支援センターの事業は政府より、事業の対象はもちろんおこと、事業内容と施行について細かく決められ、現場の裁量が入る余地がほとんどなかった。まさにトップダウン方式の「官主導の多文化政策」(김희정、2007) と言わざるをえない。法律に基づく公共事業というならば規制は避けられないといえるかもしれないが、それを担う現場の主体がそれまで政府から距離をおいた宗教団体や市民運動団体である点を考えれば、移住民の統合政策に政府介入が本格化して以来、政府の役割と影響力が強まり市民セクターの自主性と独自性が弱まる、見方によっては政府の事業を遂行する実行役に転落しているとも言いうる。光州北区多文化家族支援センターのセンター長は、この点について以下のように、住民支援事業における市民運動の位相の変化を鋭く指摘した。

「韓国の市民運動は金大中・盧武鉉政権の時に (1998～2007年) それまでに純粋な市民運動をやってきた団体が政府からの多くの補助金を得て、さまざまな事業を展開できるようになった。しかし一方で政府の補助金に依存する体質が生まれ、民間団体としての自生力が弱まって市民運動が弱体化し

---

12 たとえば雇用許可制に関する議論において、職場異動の自由や労働組合結成などの議題は提起されても、家族呼び寄せや社会統合などは議題として注目されないのが実情である。

た。グラスルーツ的な下からの市民運動は姿を潜め市民運動が政府の委託事業を行う団体に変質した感を否めない。李明博政権の時に政府の事業を行う市民団体の選別が起こりその影響が如実に表れた。政府の方針に反対したり抵抗したりするような団体は補助金が削減されたり排除されたりした。その実韓国の市民運動はかつてのようなパワーがないのが実情だ。」

　統合政策の遂行の現場で確認できたもう一つの知見は移住民を韓国人と「分離」し、教育や支援の対象として「他者化」ないし「相対化」している点である。支援事業を行っている団体では外国人を対象に韓国語教育や相談事業を行ってきたが、その活動は支援する側の韓国人と支援される側の外国人と明確に線引きされている。この点は特に多文化家族支援センターで顕著であり支援側のマニュアルと資格などが厳格に管理されそこに移住民が入る余地はきわめて狭い。ただ移住女性人権センターのアクティブ・ボランティア育成事業のように、一部市民団体では移住民を主体とする事業もあり、移住民が支援者になるようエンパワーメントを促している例もある。

　韓国で外国人統合政策を定めた外国人基本法が制定されて以来、政府の各機関は競争的に多くの資源が集中的に投入しているが、その事業展開の様子は担い手としての市民団体の役割の後退と、対象としての移住民の「分離」が進行し、移住民を「他者化」し「相対化」する結果につながりかねない。これは日本の多文化共生が社会の仕組みを変え、人々の意識を変えるべきという主張とは裏腹に「日本人と外国人」の二分法からなかなか抜け出せない現状と同様に（柏崎 2010）、韓国の移住民統合政策が韓国人と移住民の「分離」と「相対化」が進む相矛盾する状況を作り出すのではないかという危惧を抱かざるをえない。

［文献］
李恵景，2012，「韓国の移民政策における多文化家族の役割」落合恵美子・赤枝香奈子『アジア女性と親密性の労働』京都大学学術出版会．

13　一部のセンターで別の予算で外国人移住者を通訳や補助業務のために期限付きで雇うなどの動きはあるが、支援者として位置づけることは難しい。
14　政府の集中的な予算配分と事業展開について、オ・キョンソクはかつて軍事独裁政権期の「セマウル運動」(新しいまち作り運動) にたとえ、多文化社会に対する深い省察に欠ける「もう一つのセマウル運動」と批判する（오경석 2009）。

柏崎千佳子，2010,「外国人政策から移民政策へ」渡戸一郎・井沢泰樹編著『多民族化社会・日本』明石書店．
呉泰成，2013,「中国同胞から「朝鮮族」へ——1970年半ばから1998年までに見られる朝鮮族の移住過程を中心に」『朝鮮族硏究学会誌』第3号，朝鮮族硏究学会．
鈴木和子，2006,「移民適応の中範囲理論構築に向けて——在日・在米コリアンの比較」奥田道大他編『先端都市社会学の地平』ハーベスト社．
宣元錫，2009,「韓国の「外国人基本法」と「統合政策」の展開」『法律時報』通巻1006号，日本評論社．
―――，2010,「韓国の「外国人力」受け入れ政策」『総合政策研究』18号，中央大学．
김현미，2014,「한국다문화가족정책패러다임의 변화와 대안 모색」한국건강가정진흥원，다문화가족지원센터 포럼 발제문
　　　（キム・ヒョンミ、韓国多文化家族政策パラダイムの変化と代案の模索）韓国健康家庭振興院、多文化家族支援センターフォーラム）
김희정，2007,「한국의 관주도형 다문화주의」오경석외『한국에서의 다문화주의』한울
　　　（キム・ヒジョン、「韓国の官主導型多文化主義」オ・キョンソク他『韓国での多文化主義』）
설동훈，2004,「한국의 이주 노동자 운동」윤수종외『우리시대의 소수자운동』이학사
　　　（ソル・ドンフン「韓国の移住労働者運動」ユン・スジョン他『この時代の少数者運動』）
설동훈 외，2005,「국제결혼이주여성 실태조사 및 보건/복지 지원 정책방안」보건복지부
　　　（ソル・ドンフン他「国際結婚移住女性実態調査及び保健・福祉支援政策方案」保健福祉部）
여성가족부，2015,「다문화가족지원사업안내」
　　　（女性家族部「多文化支援事業案内」）
오경석，2009,「한국적 다문화주의, 또 하나의 새마을운동」『르몽드 디플로마티크』15 호（2009년 12월 03일）
　　　（オ・キョンソク、「韓国的多文化主義、もう一つのセマウル運動」『ル・モンド・ディプロマティーク』）
외국인노동자대책협의회편，2001,다산글방『외국인 이주노동자 인권백서』
　　　（外国人労働者対策協議会、『外国人移住労働者人権白書』）
이혜경，2007,「이민 정책과 다문화주의 : 정부의 다문화주의 정책 평가」『한국적 "다문화주의" 이론화』한국사회학회
　　　（イ・ヘキョン「移民政策と多文化主義：政府の多文化主義政策評価」『韓国的「多文化主義」理論化』）
Portes, A. and R. G. Rumbaut, 2001, *Legacies: The Story of the Immigrant Second Generation,* New York: Russell Sage Foundation.（＝2014, 村井忠政他訳『現代アメリカ移民第二世代の研究——移民排斥と同化主義に代わる「第三の道」』明石書店）

Part V

多文化受容性

第11章　多文化受容性に関する日韓比較調査研究

宣元錫・武田里子・山本直子・竹ノ下弘久

第1節　調査の背景と目的

　日韓両国で多民族多文化状況が進展する中で新たに移住した移民が移住先である両国社会にどのような編入過程をへてその社会に包摂あるいは排除されているのか、本調査研究はそれを分析する目的で企画された。本調査を含む私たちの研究プロジェクトは日本・韓国・台湾における移民の編入モードに関する研究であるが、そのうち本調査は移住先である日本と韓国における多文化と移住民に対する受容性を把握することが目的である。「多文化受容性」は次節以降で詳述するように、移住先の国民（国民に限らないが大半が国民である実態を踏まえ、ここでは便宜上「国民」と記述する）が国境を越えて移入する移住民に対してどのような考えを持ち、態度を示し、行動するのかを分析するための調査ツールである。

　今回の多文化受容性調査は韓国で実施された調査を基本的な枠組みとして援用した。近年韓国では多民族多文化化が急速に進展している状況の中で、国民の多文化受容性が大きな関心を集めている。2000年代に入って数多くの調査が実施されてきたが、今回の調査には韓国で2010年から3回にわたって実施された以下の調査を基本的な枠組みとして採用した。
①韓国女性政策研究院「韓国型多文化受容性診断道具の開発研究」2010年
②女性家族部「国民多文化受容性調査」2012年
③女性家族部「青少年の多文化受容性調査」2012年
　これらの調査は韓国政府（女性家族部）が韓国国民の多文化受容性を調査するために外国の調査を参考に韓国の実情に合う形で調査票を開発し、韓国の一般国民と青少年を対象に実施した全国規模の調査である。ここでは調査結果等の詳細については割愛するが、上記三つの調査についてはすべての報

告書が公開されているので参照されたい。

韓国では2000年代半ば以降、「在韓外国人処遇基本法」(2007年制定)と「多文化家族支援法」(2008年制定)などの統合政策が活発に展開されている。ところがこれらの政策が移住民を韓国社会に統合させるべき対象として想定するのであれば、結果的に韓国社会から移住民を分離し、場合によっては排除すら招きかねない。多文化受容性に対する関心は、統合は移住民が一方的に韓国社会に歩み寄るものではないはずだという問題意識が背景にある。統合は双方の認識と行動が必要であり、その意味で多文化受容性調査は韓国国民を対象に移住民と異文化、また多文化状況に対する意識と行動をはかり、適切な対処法を探る実践的な意義がある。そのため、韓国の調査では政策に対する意見やその効果などをはかる項目も入っているが、日本では韓国の統合政策にあたる政策がないので、それらの項目は省いた。

本調査は調査会社の協力を得て、2014年7月18日から7月27日までの10日間インターネットを通じて、日本と韓国で20才から70才未満のそれぞれ600人を対象に行われた。調査は、調査会社にあらかじめ登録されている人を対象に実施し、予定した回答数に到達した段階で終了する方法をとった。このため厳密なサンプリングは行っていない。今回の調査は調査期間と予算に制約があり、厳密なサンプリングと十分なサンプル数を備えた調査を行うことができなかった。今後調査の妥当性を高めるための工夫が必要であろう。

本章の執筆分担は以下の通りである。第1節：宣元錫、第2節・第3節：武田里子、第4節：山本直子、第5節：竹ノ下弘久。なお第2節から第4節の統計分析については竹ノ下弘久の監修によっている。

1. 理論的背景

ここでは上記の韓国で実施された多文化受容性の理論的枠組みを整理する。この調査が韓国の調査枠組みを援用していることから独自の理論形成・調査票の開発までには至らず、理論的枠組みも韓国のそれを借用することになった。従って、以下の理論的枠組みは韓国の調査で採用されたものであることを断っておく。今後日本の実情に合う多文化受容性に関する理論と調査方法などが研究、開発されることを期待する。

(1)社会アイデンティティ理論

　多文化受容性とは広い意味で、多文化社会への変化と異なる人種・民族的背景を持つ集団を社会の構成員として受け入れる受容の程度と理解できる。すなわち多文化受容性を個人より集団の問題としてみる観点を基本とする。多文化受容性を個人の問題とすれば個人に多文化を押しつけ受容するよう圧迫するかもしれない。しかしそれを集団の問題として扱うのであれば一個人の変化に期待するのではなく集団として対応・解決できる方法を模索できるし、その可能性も高まるだろう。このように人間の行動パターンを集団行動として把握する代表的な理論して社会アイデンティティ理論がある。

　社会アイデンティティ理論では個人の意識構造が個人アイデンティティと社会アイデンティティで構成され、そのうち社会アイデンティティは性、人種、国民のように同一社会的カテゴリーの構成員として持っているアイデンティティの断面を意味する。今回の多文化受容性に関して言えば、自身を韓国人や日本人、あるいは韓民族や日本民族というカテゴリーに同一視し、移住者を○○国民、○○民族として範疇化し区別する意識を形成し、その結果として表れる現象を分析し説明できる。

(2)文化適応理論と多文化受容性

　Berry (1997) は文化的要因が個人の行動と表現に及ぶ要因に関心をもって、とくに多人種多文化社会において人種アイデンティティとカテゴリーに関連する信念と文化適応戦略が人種間関係に与える影響を議論した (Berry 1997; 2004; 2005)。Berry (1997) は自己集団指向（自身のもとの文化とアイデンティティを維持しようとする指向）と他文化指向（他人種文化集団とともにより大きな社会に参加しようと結合する指向）を区別している。韓国の多文化受容性調査ではこれら Berry の文化適応理論における文化とアイデンティティ維持と関連する側面を概念化する際に、自身の文化と他文化の多様性を認めるかという側面から多様性を測定した。また集団間関係形成の側面を内外集団間関係形成の側面として関係性を測定した。ただし、多様性の測定において、Berry の概念は内集団のアイデンティティを認め維持する側面のみを測定しているとすれば、韓国の調査では内集団に加え他集団の文化まで多様性

を認めるかという側面から測定している。この点が次の差別的、あるいはダブル・スタンダードの多様性を測定するための分析概念につながる。

(3)世界市民意識と差別的多文化受容性

　以上の理論的枠組みは集団として自文化集団と他文化集団間の関係性と多様性の側面に注目したが、これら関係性と多様性は普遍的ではない実態を拾うことはできない。すなわち、他文化に対して開放的であってもそれが欧米とアジアに対して異なる意識や態度があるとしたら、実態を正確に反映できないという問題である。欧米出身の白人とアジア諸国出身の外国人に対して異なる意識を持っているのであれば、それを区別せずに他文化に対する意識と態度を測定することは重要な実態を見落とすのではないかという点である。

　しかし多文化受容性はこのような人種や地域をこえる普遍的な平等意識、ひいては世界市民意識を持っているかが重要な次元になる。では、世界市民意識はどのような構成要素で形成されているのか。この点についてはさまざまな議論があるだろうが、韓国の調査では世界市民意識について、人間の普遍的価値、多様性に対する尊重、世界的な問題に対する興味と関心、世界的な問題の解決に向けての参加意識、世界指向的な態度を構成要素として仮定している。

　当然ながらこれら世界市民意識は多文化受容性と密接に関連する。世界市民意識には人類がつながっているという認識、人類の平等とその尊重の必要性に対する同意、そして多文化に対する開放的な姿勢が通底するものと考えられる。したがって、世界市民意識が高ければ多文化受容性が高いものと仮定できる。

2．韓国の多文化受容性調査結果

　ここでは韓国の調査でどのような結果を得たのかを簡単に整理しておきたい。

　韓国の調査では調査結果に対して下記の多文化受容性の構成要素に加重値を与え、指数化している。以下調査結果から、今後、多文化受容性の調査研究だけではなく、実践的にもヒントになりそうな項目を紹介したい。

223

第1に、移住民との接触が多いほど、また多文化関連教育やマスコミに接した経験が多い人ほど多文化受容性が高かった。このうち、多文化関連教育は教育経験が多いほど受容性が高い正の関係にあるが、マスコミに関してはコンテンツの内容によって正負の両方の効果が得られた。また移住民との単純接触は正の関係にあるが、接触の密度が高い場合、例えば利害関係が絡んだり生活空間を共有する実質的な交流が多いと逆に受容性が低下する傾向もみられた。これらは多文化受容性を高めるためにどのような接触が有効かを考える上で有益な示唆であろう

第2に、韓国国民は移住民の増加に伴う脅威意識を持っていることが明らかになった。これはとくに40代以上の中壮年層、低所得層、低学歴層、農林漁業や労務職において平均以上の脅威意識が確認でき、脅威意識が高い層は低い層に比べて多文化受容性が目立って低い結果になった。これらの層は韓国の労働市場の中で移住民と競合関係におかれる可能性の高い層であり、多文化受容性が国民一般ではなく、人口集団のカテゴリーによって多様な結果になることを示唆する。

第3に、親戚に移住民がいる場合に、友達や職場同僚よりも多文化受容性が低い結果となった。これは第1の接触の密度と関連する結果であるが、とくに親戚に移住民がいる場合、韓国文化や慣習への順応を一方的に期待する傾向が強い結果となった。この点は近年国際結婚が増え、移住民を家族と親戚にもつ人が増えている韓国の現状から憂慮すべき結果といえよう。

3. 測定尺度と質問紙の構成

(1) 多文化受容性の三つの軸

本調査は多文化受容性を構成する軸を関係性、多様性、普遍性の三つに分け、それぞれについて、認知、情緒、行動の下位構成要素を設定した。認知領域とは特定の集団に対する先入観や固定観念をもつ程度、定型化された知識を意味する。情緒領域とは特定の集団に属することだけを根拠にその集団あるいは個人に対して否定的に評価や感情を表すことである。行動領域は集団間関係で差別的行動につながる要素であり、多文化に対する寛容的な行動意思、多文化に対する尊重と関係の行動意思として予測することできる。三

つの軸はそれぞれ以下の下位要素から構成される。

　第1に、多様性は自身と他集団の文化や価値を自文化と同等に認め、あるいは多文化に対する否定的固定観念や偏見を持たず、差別的行動を取らない性向である。したがって、多様性の下位要素は多様な文化の価値を認め、これを受け入れ、他集団を固定観念や差別の対象とせずに、自集団のアイデンティティを維持するために資格基準を厳格に想定しない態度で構成される。多様性は、文化開放性、国民アイデンティティ、固定観念及び差別意識から測定される

　第2に、関係性は主流集団と移住者集団間の関係設定及び距離感と関連する軸である。すなわち移住民集団と積極的に近い関係を結ぼうとする態度と関連する。ここでは実際に関係形成に及ぼす影響を測定するために関係性の概念を設定した。関係性は一方的な同化期待、拒否・忌避情緒、相互交流意思からなる。

　第3に、普遍性は外部世界に対する一貫した基準の普遍的態度と信念を測定するために考案された。経済発展水準や文化的価値の序列化・差別化に依拠せず、外部世界に対する多様な境界を超越する上位の規範によって、皆が世界の構成員であることを受け入れる資質である。普遍性は、差別的評価（ダブル・スタンダード）、世界市民行動意思からなる。

(2)質問紙の構成

　質問項目は以上の理論的背景と多文化受容性の構成要素を考慮して作成された。質問紙は多文化受容性のほかに国民アイデンティティ、移住者に対する脅威意識に関する質問、また回答者の基本属性と外国人との付き合い等を聞く質問で構成された。実際に調査に使用された質問紙の構成は以下の通りである。具体的な質問は巻末資料に掲載した調査票を参照されたい。

① 基本属性：性別、年齢、婚姻関係、住居形態
② 近所付き合い
③ 対人信頼
④ 外国訪問：訪問の有無、訪問国数、訪問形態
⑤ 異文化体験：エスニック料理体験、移住外国人に対する関心、移住外国人に対する知識、国際交流イベント参加

⑥ 外国人との交流
⑦ 多文化受容性
⑧ 脅威意識：仕事上の競合、治安悪化、母文化への影響、賃金低下、財政負担
⑨ 国民アイデンティティ形成の要素：国籍、人種、宗教、言語、血統、生地、生育地、教育、居住地、アイデンティティ意識
⑩ 教育水準
⑪ 将来展望
⑫ 階層意識
⑬ 職業関係：雇用形態、就労先規模、職種
⑭ 居住地：都府県別、人口規模別
⑮ 居住地移転経験
⑯ 政治的指向
⑰ 収入

第2節　因子分析結果

　本調査票の質問項目は下記のように3つの次元と7つの要素で構成されており、因子分析により抽出された因子もこれに対応した結果となった。本節では第3節と第4節で行う考察のための共通データとして、因子分析の結果をまとめる。

多様性の次元	文化開放性
	国民アイデンティティ
	固定観念及び差別意識（差別的固定観念）
関係性の次元	一方的同化期待
	拒否・忌避情緒
	相互交流行動意思
普遍性の次元	差別的評価
	世界市民行動意思

　多文化受容性に関する質問項目の因子分析を行なった結果、日本は7因子構造、韓国は6因子構造であることが分かった。主因子法による分析を用いたのは、日本と韓国の多文化受容性にもっとも大きな影響を与えている変数を把握するためである。

第 11 章　多文化受容性に関する日韓比較調査研究

　回転前の第1因子と第2因子の初期固有値を見ると、日本は「差別的固定観念」(8.037)と「相互交流行動意思」(4.003)の2因子で累積寄与率38.84％。韓国は「国民アイデンティティ・差別的固定観念」(7.915)と「一方的同化期待」(4.994)の2因子で累積寄与率41.64％であった（表11.1）。

表11.1　日韓の因子構造

因子	日本	初期固有値	因子寄与率	韓国	初期固有値	因子寄与率
1	差別的固定観念	8.037	25.93%	国民アイデンティティ・差別的固定観念	7.915	25.53%
2	相互交流行動意思	4.003	12.91%	一方的同化期待	4.994	16.11%
3	一方的同化期待	2.093	6.75%	相互交流行動意思	1.855	5.98%
4	差別的評価	1.675	5.40%	差別的評価	1.692	5.46%
5	文化開放性	1.392	4.49%	世界市民行動	1.552	5.01%
6	世界市民行動	1.312	4.23%	文化開放性	1.122	3.62%
7	国民アイデンティティ	1.197	3.86%			
	累積寄与率		63.58%			61.71%

　日本と韓国の因子構造で顕著な違いが見られたのは、「差別的固定観念」と「国民アイデンティティ」である。この2因子が日本では別々に抽出されたのに対して、韓国では1つの因子にまとまって抽出された。詳細な検討は次節以降で行うこととし、ここでは2つの因子に含まれている因子負荷量0.5以上の項目をまとめ、日本と韓国の多文化受容性を考察する上で必要と思われる基本的な比較の視点を確認しておきたい（表11.2）。

表11.2　「国民アイデンティティ」と「差別的固定観念」の日韓比較

	日本	韓国
国民ID	帰化しても真の国民とは認められない(.771) 言語習得以上に民族的要素を重視 (.665) 帰化者の被選挙権は認められない (.502)	帰化しても真の国民とは認められない(.781) 言語習得以上に民族的要素を重視 (.673) 帰化者の被選挙権は認められない (.616)
差別的固定観念	集団活動（音楽や公演）に対する嫌悪 (.687) 日系人は不真面目な気がする (.650) 途上国の人とのプール・銭湯の忌避 (.638) 集団活動（宗教）に対する嫌悪 (.567) 途上国出身者に仕事は任せられない (.567) 電車やバスで隣に黒人が座ると怖い (.543) 〈韓国と比べて大きく異なった項目〉 ネットコミュニティ活動に対する嫌悪 (.443)	集団活動（音楽や公演）に対する嫌悪 (.730) ネットコミュニティ活動に対する嫌悪 (.693) 集団活動（宗教）に対する嫌悪 (.614) 途上国出身者に仕事は任せられない (.535) 〈日本と比べて大きく異なった項目〉 朝鮮族は不真面目な気がする (.451) 途上国の人とのプール・銭湯の忌避 (.423) 電車やバスで隣に黒人が座ると怖い (.364)

Part V　多文化受容性

表11.3 〈日韓〉　回転後の因子行列 [a]

	因子							共通性
	1	2	3	4	5	6	7	
集団活動参加への嫌悪：音楽や公演	**.793**	-.074	.006	.128	-.014	-.056	.135	.672
集団活動参加への嫌悪：宗教的行事	**.687**	-.038	.032	.169	-.111	-.065	.078	.525
ネットコミュニティ活動参加への嫌悪	**.595**	.004	.004	.131	-.023	-.072	.207	.419
発展途上国の外国人に仕事を任せられない	**.567**	-.090	.243	.334	-.091	-.044	.200	.551
日系人などは不真面目な気がする	**.559**	-.005	.210	.260	-.138	-.021	.147	.465
国際結婚の離婚の原因は外国人配偶者	**.519**	-.031	.153	.295	-.012	-.030	.135	.400
途上国出身の人とプールや銭湯に入りたくない	**.510**	-.262	.338	.191	.081	.013	.130	.503
電車やバスで隣に黒人が座ると怖い	.444	-.293	.316	.101	.145	.007	.115	.427
外国人がいたら自分から友達になりにくく	.053	**.723**	.016	.003	.132	.172	-.008	.573
外国人と一緒のサークルや集まりに参加したい	-.043	**.712**	.034	-.010	.081	.177	-.060	.552
外国人労働者が多く集まる食堂で食事できる	-.170	**.685**	-.092	.002	.151	.097	.014	.539
人種、国籍、文化と関係なく恋人になれる	-.112	**.628**	.001	.054	.219	.066	-.095	.471
自分が知らない文化に触れたい	-.094	**.528**	.120	-.075	.138	.315	-.037	.428
世界市民でありたい	.052	.430	.097	-.108	.168	.279	.028	.315
先進国出身の人と友達になりたい	.121	.026	**.793**	.169	-.011	.054	.126	.691
先進国の人は仕事能力が高い	.213	.014	**.696**	.122	.101	.028	.049	.558
外国について学ぶなら先進国が良い	-.004	.180	**.676**	.063	.004	.177	.074	.530
発展途上国の文化は劣っている	.356	-.081	.446	.190	.033	-.078	.110	.388
結婚移住者は風習やしきたりに従うべき	.227	.014	.144	**.727**	-.056	.070	.083	.615
移住希望者はその国の文化や慣習に従うべき	.333	-.092	.104	**.670**	-.033	-.058	.129	.601
外国人の子は公用語を話せるようになるべき	.281	.014	.149	**.658**	-.040	-.016	.067	.540
現地人をもっと理解するべき	.381	-.009	.151	**.517**	-.139	-.062	.125	.474
肌の色や文化の違う外国人が入るのはよいこと	-.099	.311	.038	-.071	**.839**	.129	-.061	.837
多様な宗教や文化が入るのはよい	-.007	.256	.072	-.056	**.685**	.128	-.054	.562
近所に外国人が増えても気にならない	-.129	.418	.033	-.127	**.609**	.146	-.051	.604
貧困や病気で苦しむ途上国の人を助けたい	-.049	.273	.025	-.040	.159	**.773**	.004	.703
飢餓に苦しむ人のために一食減らせる	-.081	.292	.111	.017	.102	**.688**	-.059	.592
不当な待遇の外国人労働者を助けたい	-.128	.432	.058	.029	.078	**.619**	.004	.596
日本国籍を取得しても真の日本人ではない	.338	-.055	.150	.142	-.054	.014	**.841**	.870
日本語ができても真の日本人ではない	.302	-.019	.179	.126	-.032	-.037	**.638**	.548
帰化者（元外国人）に被選挙権を認めない	.377	-.107	.069	.153	-.108	-.030	.477	.421
固有値	3.845	3.274	2.304	2.242	1.848	1.833	1.625	
寄与率	12.402	10.563	7.431	7.233	5.960	5.912	5.243	

※累積因子負荷量：54.744%。因子抽出法：主因子法。回転法：Kaiser の正規化を伴うバリマックス法。
a. 8 回の反復で回転が収束。

因子	日韓	3次元
1	差別的固定観念	多様性
2	相互交流行動意思	関係性
3	差別的評価	普遍性
4	一方的同化期待	関係性
5	文化開放性	多様性
6	世界市民行動	普遍性
7	国民アイデンティティ	多様性

第 11 章　多文化受容性に関する日韓比較調査研究

表11.4 〈日本〉 回転後の因子行列 [a,b]

	因子							共通性
	1	2	3	4	5	6	7	
集団活動参加への嫌悪：音楽や公演	.687	-.111	.189	.000	-.046	-.043	.095	.533
日系人などは不真面目な気がする	.650	-.035	.202	.116	-.145	-.074	.158	.529
途上国出身者とプールや銭湯に入りたくない	.638	-.279	.059	.188	-.011	-.106	.094	.544
集団活動参加への嫌悪：宗教的行事	.567	-.017	.209	.066	-.121	-.014	.075	.390
発展途上国の外国人に仕事を任せられない	.567	-.147	.326	.222	-.099	-.012	.199	.549
電車やバスで隣に黒人が座ると怖い	.543	-.305	.022	.246	.090	.012	.097	.467
国際結婚の離婚の原因は外国人配偶者	.488	-.060	.305	.088	-.023	-.005	.152	.366
ネットコミュニティ活動参加への嫌悪	.443	.046	.130	-.009	.029	-.055	.182	.252
外国人と一緒のサークルや集まりに参加したい	-.051	.783	-.065	.004	.050	.147	-.104	.655
外国人がいたら自分から友達になりにくい	-.050	.773	-.100	.035	.059	.189	.005	.650
外国人労働者が多く集まる食堂で食事できる	-.259	.633	.025	-.094	.150	.043	.026	.502
人種、国籍、文化と関係なく恋人になれる	-.164	.620	.022	-.016	.227	.074	-.106	.480
自分が知らない文化に触れたい	-.075	.593	-.082	.073	.126	.249	-.122	.462
世界市民でありたい	.047	.459	-.168	.001	.205	.155	-.031	.308
結婚移住者は風習やしきたりに従うべき	.239	-.074	.791	.081	-.083	.013	.046	.704
移住希望者はその国の文化や慣習に従うべき	.298	-.113	.641	.078	-.063	-.082	.162	.556
外国人の子は公用語を話せるようになるべき	.247	-.022	.634	.117	-.096	-.075	.120	.507
現地人をもっと理解するべき	.292	-.104	.572	.125	-.149	.005	.157	.486
先進国出身の人と友達になりたい	.107	-.023	.118	.816	-.004	-.039	.140	.712
先進国の人は仕事能力が高い	.204	.006	.063	.735	.068	.062	.036	.596
外国について学ぶなら先進国が良い	-.020	.141	.040	.713	.058	.092	.095	.551
発展途上国の文化は劣っている	.276	-.140	.180	.513	-.016	-.110	.026	.404
肌の色や文化の違う外国人が入るのはよいこと	-.108	.265	-.121	.048	.852	.164	-.058	.854
多様な宗教や文化が入るのはよい	-.011	.203	-.113	.085	.717	.115	-.117	.602
近所に外国人が増えても気にならない	-.165	.418	-.174	.003	.567	.131	-.044	.573
貧困や病気で苦しむ途上国の人を助けたい	-.081	.247	-.098	-.030	.174	.801	.018	.751
不当な待遇の外国人労働者を助けたい	-.184	.432	.031	-.060	.071	.615	-.010	.608
飢餓に苦しむ人のために一食減らせる	-.001	.260	-.027	-.030	.124	.607	-.149	.475
日本国籍を取得しても真の日本人ではない	.298	-.142	.152	.123	-.069	-.041	.771	.747
日本語ができても真の日本人ではない	.249	-.052	.150	.139	-.051	-.078	.665	.558
帰化者（元外国人）に被選挙権を認めない	.314	-.107	.176	.095	-.135	-.038	.502	.421
固有値	3.532	3.475	2.355	2.264	1.882	1.666	1.620	
寄与率	11.394	11.211	7.598	7.302	6.071	5.373	5.226	

※累積因子負荷量 54.175％。因子抽出法：主因子法。回転法：Kaiser の正規化を伴うバリマックス法。
a. 国別 = 日本。b. 8 回の回転で収束。

因子	日本	3 次元
1	差別的固定観念	多様性
2	相互交流行動意思	関係性
3	一方的同化期待	関係性
4	差別的評価	普遍性
5	文化開放性	多様性
6	世界市民行動	普遍性
7	国民アイデンティティ	多様性

Part V 多文化受容性

表11.5 〈韓国〉 回転後の因子行列 [a,b]

	因子						共通性
	1	2	3	4	5	6	
韓国国籍を取得しても真の韓国人ではない	**.781**	.048	.047	.190	.010	-.124	.667
集団活動参加への嫌悪：音楽や公演	**.730**	.359	-.075	-.054	-.087	.087	.685
ネットコミュニティ活動参加への嫌悪	**.693**	.346	-.057	-.014	-.055	-.001	.607
韓国語ができても真の韓国人ではない	**.673**	.030	.040	.226	-.017	-.068	.511
帰化者（元外国人）に被選挙権を認めない	**.616**	.138	-.089	.070	.003	-.105	.423
集団活動参加への嫌悪：宗教的行事	**.614**	.413	-.088	-.026	-.054	-.013	.558
発展途上国の外国人に仕事を任せられない	**.535**	.466	-.034	.209	-.091	-.075	.563
国際結婚の離婚の原因は外国人配偶者	**.455**	.425	-.007	.179	-.043	.020	.422
朝鮮族などは不真面目な気がする	.451	.429	.019	.197	-.051	-.136	.447
途上国出身の人とプールや銭湯に入りたくない	.423	.360	-.264	.383	-.013	.148	.547
発展途上国の文化は劣っている	.413	.300	-.058	.350	-.067	.096	.400
外国人の子は公用語を話せるようになるべき	.171	**.711**	.016	.128	-.022	-.012	.552
移住希望者はその国の文化や慣習に従うべき	.280	**.689**	-.052	.132	-.027	-.019	.574
結婚移住者は風習やしきたりに従うべき	.171	**.634**	.080	.190	.101	-.055	.487
現地人をもっと理解するべき	.339	**.573**	.076	.180	-.071	-.127	.502
外国人労働者が多く集まる食堂で食事できる	-.095	-.054	**.693**	-.110	.160	.155	.554
外国人がいたら自分から友達になりにいく	.081	.133	**.656**	-.019	.204	.204	.538
外国人と一緒のサークルや集まりに参加したい	-.051	.031	**.649**	.054	.193	.092	.473
人種、国籍、文化と関係なく恋人になれる	-.141	.080	**.613**	-.011	.055	.210	.449
自分が知らない文化に触れたい	-.049	-.111	.448	.144	.327	.133	.361
世界市民でありたい	.109	-.060	.386	.091	.243	.128	.248
先進国出身の人と友達になりたい	.172	.231	.021	**.754**	.073	-.033	.659
外国について学ぶなら先進国が良い	.043	.097	.165	**.630**	.205	-.049	.480
先進国の人は仕事能力が高い	.204	.246	-.016	**.620**	-.017	.138	.506
電車やバスで隣に黒人が座ると怖い	.364	.240	-.254	.373	-.011	.209	.438
貧困や病気で苦しむ途上国の人を助けたい	-.013	-.013	.227	.042	**.774**	.143	.673
飢餓に苦しむ人のために一食減らせる	-.130	-.012	.281	.067	**.706**	.038	.600
不当な待遇の外国人労働者を助けたい	-.069	-.005	.370	.068	**.694**	.084	.636
肌の色や文化の違う外国人が入るのはよいこと	-.114	-.066	.348	.037	.111	**.801**	.794
近所に外国人が増えても気にならない	-.117	-.122	.386	.026	.118	**.663**	.631
多様な宗教や文化が入るのはよい	-.013	-.028	.295	.049	.114	**.634**	.505
固有値	4.438	3.197	2.294	2.131	1.987	1.844	
寄与率	14.317	10.312	9.334	6.876	6.411	5.949	

累積因子負荷量：53.198％。因子抽出法：主因子法。回転法：Kaiser の正規化を伴うバリマックス法。

a. 国別 ＝ 韓国。b. 9回の反復で回転が収束

因子	韓国	3つの尺度（次元）
1	国民アイデンティティ 差別的固定観念	多様性
2	一方的同化期待	関係性
3	相互交流行動意思	関係性
4	差別的評価	普遍性
5	世界市民行動	普遍性
6	文化開放性	多様性

「国民アイデンティティ」として抽出された項目は、因子負荷量も含めて日本と韓国の間に大きな違いはない。抽出された3項目は、(1)帰化外国人の市民権の承認に対する躊躇と(2)民族的要素（肌の色や文化の共有）の重視にまとめることができる。法制度上は国民かどうかの判断は「国籍」が基準となる。しかしながら日本も韓国も「単一民族神話」が広く共有されていることから、「国民アイデンティティ」を判断する際に、民族的要素を重視する傾向が示されたものと解釈できる。

韓国では2005年に永住資格を有する19歳以上の外国人に地方選挙権を付与する法案が可決した。アジアでは初めてのことである。結婚移住後に韓国に帰化したフィリピン出身のイ・ジャスミンは、2012年の総選挙で与党セヌリ党から比例代表として立候補し当選した。マスコミが大きく取り上げたこともあり、この設問は韓国人には身近な具体性をもつものであったと思われる。一方の日本では、1995年に最高裁が「永住外国人に対する地方選挙権付与は憲法上禁止されているものではない。……もっぱら国の立法政策上の問題である」と判決の中で明示したものの、いまだに立法化の目途はたっていない。

「差別的固定観念」として抽出された項目は、韓国が4項目であったのに対して、日本では6項目であった。内容は(1)外国人集団に対する脅威と(2)発展途上国出身者に対する偏見にまとめることができる。なお日本では因子負荷量0.5を超えた3項目（人種に対する捉え方）が韓国では0.5以下という違いも見られた。

以上の分析結果から、日本では、差別的固定観念と国民アイデンティティとが、相互に独立し、別個の因子を構成しているのに対し、韓国では、差別的固定観念と国民アイデンティティが強く結びつき、1個の統一した因子を構成していることが日韓の相違として確認できた。

「日韓はともに世界的に稀なほど、伝統的な分類における『民族型ネーション』の理念型に近い存在である」（田辺 2011: 288）と言われてきたが、グローバル化の中でこの理念の変更を共に迫られている。日韓の多文化受容性を考察する上で留意すべき点として、第1に民族をめぐる歴史的経験、第2に多文化・多民族化に向けた社会変動の速度、第3に外国人統合政策の違いをあげることができる。次節以降で具体的に因子分析の結果を検討していく。

第3節　日韓の因子構造と性別・世代効果

　本節では「国民アイデンティティ」と「差別的固定観念」、「相互交流意思」の3因子について考察する。前提に置くのは、世代と性別はこれら3因子に影響を与えていないとする帰無仮説である。

　日本と韓国はともに1990年代に入り、同質性の高い社会状況から多文化・多民族化に向けた大きな社会変動期に入った。しかしながらその起点となる時期には差異がある。第二次世界大戦後に連合国の占領下におかれた日本の場合は、サンフランシスコ講和条約の締結によって主権を回復した1952年を起点とすることができるだろう。韓国の場合は国連に加盟した1992年が重要な転機になる。1990年の在留外国人数をみると、この時点で日本にはすでに107万人の外国人登録者がいたが、韓国はわずかに4万人であった。同質性という点では韓国の方がはるかにその程度が高かったといえる。しかしその後の展開は凄まじい。わずか13年の間に外国人登録者数は4万人から158万人（人口比3.0％）へと38倍に激増した。日本も107万人から212万人（2014年末、人口比1.6％）へと倍増しているが、韓国との比較では漸増という表現になろう。[1]

　1992年に中国との国交が回復すると中国朝鮮族の韓国への移動が始まり、続いてアジアから韓国へ向かう労働者と結婚移住女性の流れが顕著になった。[2] 1997年には国家存亡の危機と言われる経済危機（国際金融機構（IMF）に緊急融資を受けたことで「IMF経済危機」と言われる）に遭遇し、大量

---

[1]　「多文化共生」の議論では外国人登録者数を基礎データとして使うことが多い。しかしながら、日本と韓国にはこのデータに含まれていない駐留米軍の存在にも留意すべきだろう。アメリカ合衆国国防省が公表している国別駐留者数を見ると、日本には36,708人、韓国には28,500人の米兵が駐留している（2011年12月31日現在）。この他に駐留米兵家族と基地で働く外国人もいるが、その数も外国人登録者数には含まれていない。日本の国・地域別外国人登録者数10位は台湾で40,197人（2015年末現在）。駐留米軍関係者の存在がいかに大きなものであるのかを実感させる数字と言えるだろう。

[2]　2014年3月19日付中央日報日本語版によれば、2030年には多文化将兵（国際結婚家族の子どもの兵役従事者）は1万2千人（服務者の4％）になると推計されている。国際結婚家族の増加はエスニシティの多様化を不可逆的に進めることになり、国民アイデンティティを民族から国籍へと変化させる要因となった。

の失業者を生み出すと同時に男性稼ぎ手モデルの弱体化を招いた。この社会変動期を担ったのが金大中政権と盧武鉉政権である。10年に渡るリベラル政権のもとで韓国の外国人政策も大きく展開した。2006年に盧武鉉大統領（当時）による多文化社会への移行が宣言され、2007年に在韓外国人処遇基本法、2008年に多文化家族支援法、2011年には一定の条件のもとで重国籍を認める改正国籍法も施行された。

韓国に比べるとこの間の日本の変化は緩やかなものであった。日本では80年代半ばまで「外国人」の9割は、旧帝国臣民であった人びととその子孫であり、適応支援が必要な存在はインドシナ難民や中国帰国者などに限られていた。日本社会として多文化・多民族化への本格的対応が求められるようになるのは1990年に改正入管法が施行された以降のことである。1995年に起きた阪神・淡路大震災を契機に、被災地の復興支援の現場で外国人住民との共生の課題が意識化されるようになり、2001年には外国人集住都市会議が発足し、2006年には総務省が「地域における多文化共生推進プラン」を策定した。これによって、全国の地方自治体で外国人住民支援・多文化共生施策を策定する流れが生まれた。しかし2008年に発生したリーマンショックによりその勢いを殺がれた感がある。実際には200万人を超える外国人が暮らし、人口減少や人手不足から外国人労働者の存在がなければ維持できない産業分野があるにも関わらず、日本政府は「いわゆる移民政策をとることは全く考えていない」、と移民政策を否定し続けている。

主要な変数に世代と性別を設定したのは、こうした社会変動の影響は、個々人がライフコースのどの時点で、どのような状況下で遭遇したかによって異なるからである（エルダー 1974=1986）。本節でははじめに3つの因子の世代効果について帰無仮説の検証を行なう。次に3因子の指標となる3つの設問についてクロス集計結果を検討し、最後に本調査から導かれる多文化

3　この時期、韓国ではジェンダー再編に大きなインパクトを与える戸主制廃止と家族関係登録法が新設された。戸主制廃止は1958年に家族法が制定されて以来、男女平等を求める人びとにとって最重要課題であった。2005年2月、憲法裁判所が「父を中心に家を編成する戸主制は、家族生活での個人の尊厳と男女平等を規定している憲法に違反する」と判断（春木 2010: 46-47）。同年3月、戸主制廃止を柱とする民法改正案が可決され、同時に導入された身分登録制度によって、韓国社会の基礎単位は制度的には「家族」から「個人」へと変化した（金 2010：15）。施行は2008年1月。
4　2016年1月28日、参院本会議での安倍晋三首相の発言。

施策への示唆についてまとめる。

1. 世代と性別による効果

データを国籍と性別で分割し、世代毎に因子得点の平均値の差を検定した結果、世代と性別の影響はないとする帰無仮説は以下の組み合わせで棄却された。なお、世代については、年齢を10歳刻みで1グループとし、20代から60代までの5グループで比較を行った。

「相互交流行動意思」＝日本人男性（p=.006）、「世界市民行動」＝日本人男性（p=.002）・韓国人男性（p=.000）、「一方的同化期待」＝日本人女性（p=.004）・韓国人女性（p=.102）、「文化開放性」＝日本人女性（p=.034）、「国民アイデンティティ」＝日本人男性（p=.045）・日本人女性（p=.004）、「国民アイデンティティ・差別的固定観念」＝韓国人男性（p=.036）、韓国人女性（p=.027）。これらのグループでは世代間で有意差がある。

図11.1は世代間で有意差が認められた因子について、平均値をプロットすることによって世代間の有意差のおおよその傾向を確認したものである。各グラフの縦軸（y軸）は平均値である。有意差がどのような要因によって生じているかはこの図から読み取ることはできないが、世代毎に平均値に違いがあることが分かる。なお単純に世代順に正あるいは負の相関関係になっているわけでもない点に注目したい。

日本人の「国民アイデンティティ」については、30代男性の平均値が最も高く、一方で30代女性は平均値を下回った。40代の男女も異なる傾向を示した。男女で「国民アイデンティティ」の捉え方に差異があるとみなすことができる。「差別的固定観念」を含む韓国の「国民アイデンティティ」は、30代女性が若干弱い傾向が読み取れる。「一方的同化期待」については、日本人女性のみ有意確率が5％を下回った。韓国は40代女性が他の世代に比べて若干低く、日本では30代・40代女性の「一方的同化期待」が他の世代に比べて高い傾向が見られる。「相互交流行動意思」については日本人男性のみ有意差が見られた。若い世代ほど「相互交流行動意思」は強いと想定したが、20代がもっとも低い結果となった。これらの点が考察する際のポイントになる。

ここまでの分析結果から、世代と性別は「国民アイデンティティ」と「差

第11章 多文化受容性に関する日韓比較調査研究

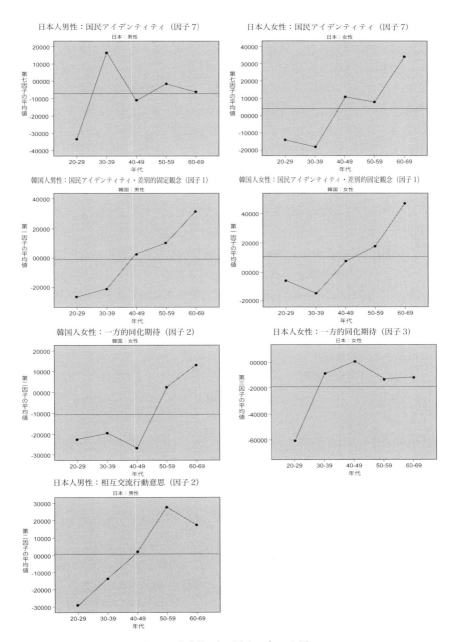

図11.1 有意差のある因子のプロット図

別的固定観念」、「相互交流意志」の3因子に影響を与えていないとの帰無仮説は部分的に棄却され、関係がないとは言えないことが確認できた。

　分析結果を大まかにまとめると、日本と韓国はともに、高齢の世代ほど、国民アイデンティティ、差別的固定観念、一方的同化期待が高く、若い世代ほど、こうした意識を持たない傾向がみられる。また、世代間で多文化共生や移民・外国人の受入に対する意識の相違がみられ、若い世代ほど、移民や外国人に対して受容的な傾向が認められた。

2. 3因子の世代・性別によるクロス集計

　次に3因子と関連の深い設問を3つ選び、世代と性別によるクロス集計から考察する。ここでは先行研究やいくつかの調査結果をもとに、若い世代ほど、「相互交流行動意思」が高く、身体的特徴による一般化については慎重であり、かつ経済発展の程度によって個人の能力を判断する傾向には否定的であろうとの想定のもとに、5％水準で有意とみなされたグループを中心にクロス集計の結果を見ていく。

〈相互交流行動意思〉

　問10-21「学校や職場で外国人がいたら自分から先に友達になろうとする」の設問について、世代と性別の関連を見るためカイ2乗検定を行った。5％水準で有意だったのは、日本人男性（$\chi^2 = 34.334$、df=20、p = .024）と韓国人男性（$\chi^2 = 40.387$、df=20、p = .004）である。カイ2乗に基づく関連度を示すCramerのV係数も日韓共に女性より男性の値の方が高く、「相互交流行動意思」に関しては男性の方が世代による違いが大きい結果になった。

　日本人男性の40代から60代は「そう思う」と回答した割合が12〜13％で拮抗し、「少しそう思う」まで含めると若い世代よりも50代（57.7％）と60代（48.4％）の割合が20ポイントほど高い結果となった。気になる点は、20代男性の「そう思わない」と回答した割合が30.6％と顕著に高く、予想とは異なったことである。

　韓国人男性は各世代ともに「そう思う」と答えた割合が日本よりも高く、外国人との交流に積極的であるように見える。特に20代（21.3％）・30代

第 11 章　多文化受容性に関する日韓比較調査研究

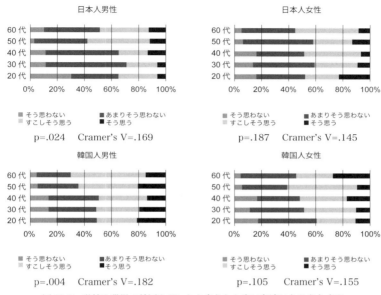

図11.2　学校や職場で外国人がいたら自分から先に友達になろうとする。

(19.5％)・50代（20.6％）の数値が高い。一方で20代・30代・40代男性で「そう思わない」と答えた割合も高く、特に20代男性は日本と同様に「そう思わない」と答えた割合（19.7％）が最も高い結果となった。韓国人女性も予想に反して、若い世代ほど「相互交流行動意思」が弱い傾向がみられる。

〈国民アイデンティティ〉

問10-4「肌の色や文化が違うと、言葉ができても文化に慣れても真の日本人／韓国人として認められない」の設問について、世代と性別の関連を見るためカイ2乗検定を行った。5％水準で有意だったのは日本人女性（$\chi^2 =36.005$、df=20、p = .015）と韓国人男性（$\chi^2 = 31.839$、df=20、p = .045）である。カイ2乗に基づく関連度を示す Cramer の V 係数も日本人は男性より女性の方が、韓国人は女性よりも男性の方が高く、「国民アイデンティティ」に関する世代効果は日本と韓国では性別により異なる結果が得られた。

日本人女性でこの設問に「そう思う」と回答した割合は20代から50代までは10％弱で60代のみ17.3％で顕著に高い結果になった。「少しそう思う」

237

Part V 多文化受容性

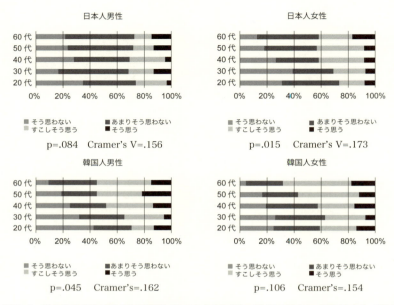

図11.3 肌の色や文化が違うと言葉ができても文化に慣れても真の日本人／韓国人として認められない。

まで加えると40代から60代までが拮抗し、20代・30代との間には10ポイントほどの差がある。「そう思わない」という回答は30代女性が39.0％と高い割合を示したものの、20代女性は31.3％と30代よりも低く想定と異なる結果になった。

韓国人男性の「そう思う」「少しそう思う」を合わせた割合は、若い世代が少なく、世代が上がるごとに身体的特徴を重視するという想定通りの結果であった。ただし20代男性で「そう思う」と回答した割合は13.1％で30代の5.6％と比べて顕著に高く、40代（14.0％）と拮抗する結果となった。「そう思わない」とこの設問を否定する意見は、若い世代ほど強く、世代が上がるほど少ない結果になったのは想定通りである。

有意水準を10％まで引き上げると、日本人男性も韓国人女性も世代効果があるとみなすことができる。韓国人女性も20代が想定に反して「そう思う」（14.3％）と支持する割合が40代とほぼ同じで、30代よりも身体的特徴へのこだわりが強い結果となった。一方で「そう思わない」との回答は20

代（35.0％）と30代（26.4％）が最も高い。同世代の中でも身体的特徴についての評価が多様であることをうかがわせる結果である。日本人男性は30代の反応が想定と異なっている。「そう思う」と回答した割合は13.7％で50代・60代と同程度であった。「そう思わない」と回答した割合は16.7％と一番少なく、日本人男性の30代は身体的特徴を国民の成員条件として重視している傾向が見られる。

〈差別的固定観念〉

問10-12「発展途上国の外国人には仕事を任せられない」の設問について、世代と性別の関連を見るためカイ2乗検定を行った。5％水準で有意だったのは日本人女性（$\chi^2 = 32.739$、df=20、p = .036）のみである。10％水準まで引き上げると韓国人女性（$\chi^2 = 28.998$、df=20、p = .088）も含まれる。カイ2乗に基づく関連度を示すCramerのV係数も日韓共に男性より女性の方が高く、「差別的固定観念」に関しては女性の方が世代による違いが大きい結果になった。

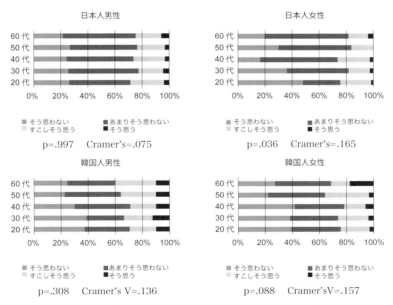

図11.4　発展途上国の外国人には仕事を任せられない。

日本人女性の「そう思う」「少しそう思う」の割合を見ると、想定に反して20代（25.0％）が40代（26.6％）に次いで高い。30代は18.8％である。「そう思わない」と回答した最も少ない世代は40代女性（16.7％）である。この結果からは40代女性は「差別的固定観念」をどちらかといえば受容する傾向が見られる。40代女性は同世代の男性とも異なる傾向を示している。理由のひとつとしては、労働市場における40代女性の相対的に厳しい状況が反映されている可能性が考えられる。

 韓国人女性の50代は他の世代と比べて特徴がある。「そう思う」「少しそう思う」（36.1％）の割合が高く、「そう思わない」（22.2％）と答えた割合は低い。この結果からは50代女性には「差別的固定観念」を受容する傾向があるように見える。韓国では多くの企業が早期退職制度をとっている。このため40代後半から50代は自営業者の割合が約5割とかなり高い（竹ノ下2013: 183）。他方で雇用許可制の下で働く外国人労働者の就労先はほとんどが中小企業である。ここからひとつの想定が成り立つ。50代女性回答者には自営業者の配偶者がかなりの割合で含まれているのではないかということだ。一定条件のもとでの接触機会は、個人の外集団に対する偏見や排外意識を低減させる効果がある（ブラウン 2001）。では雇用者と被雇用者という、非対称的かつ利害葛藤を伴う場合にも接触仮説は有効なのだろうか。就労の場での関連性によって偏見や排外意識にどのような影響がみられるか。この点については、今後の考察課題としたい。

3. 若い世代の多文化受容性意識の両義性

 世代と性別の分析結果からは、若い世代ほど移民や外国人に対して受容的な傾向が認められたが、クロス集計からは20代・30代の回答の一部に想定とは異なる結果が見られた。なぜだろうか。新自由主義が強まる2000年代以降に社会人となった世代にとって、外国人労働者は支援する対象というよりは、むしろ競合する存在として意識化する場面が増えているのではないか。非正規労働者の機能は労働力の調整弁であるため、国民か外国人かの違いは相対的に弱いものになる（塩原2012: 131-135）。

 日本と韓国の若い世代が厳しい雇用状況の中で夢や希望を見出せない一方で、韓国では雇用許可制により約50万人の外国人労働者が働き、日本でも

約90万人の外国人労働者が働いている（2015年10月末）[5]。ここから浮かび上がってくるのは労働市場が分断されている状況である。韓国の雇用許可制は韓国人の応募がない場合に外国人労働者を雇用できる建前になっている。日本の外国人技能実習生制度も建前は途上国への技術移転とされているが、実際は日本人が忌避する分野の労働力不足を安価に補うための制度として利用されている。永吉（2011）は日本版総合的社会調査の2006年度データ（JGSS-2006）の分析から、労働市場の分断が排外意識を強めることを明らかにした。労働市場が分断され外国人労働者とホスト市民が直接競合していない場合でも、低賃金で劣悪な労働条件で働く外国人労働者の存在は、ホスト市民にとって脅威となる。なぜなら外国人労働者の存在がホスト市民の労働条件をも引き下げることになり、ひいては自分たちが外国人労働者に置き換えられてしまうのではないかという潜在的脅威を感じるようになるためである。この指摘は本調査で得られた若い世代の回答の揺れの一部を説明しているように思われる。

4. まとめ

本節の考察から世代と性別が多文化受容性の意識に影響を与えていることが確認できた。本節で注目したのは、若い世代の多文化受容性を巡る傾向に揺れがみられたことである。経済のグローバル化に伴う格差の広がりに対する不満や怨嗟が、外国人への排外志向に向かうことをいかに抑制するかは、日本と韓国が共に向き合う共通の課題といえそうだ。

グローバル化に伴う諸矛盾は移民の受入国と送出国の双方で顕在化している。人の国際移動を生み出す主な要因は経済格差であるが、移動の決定要因はそれほど単純なものでもない。人は限られた条件の中で家族の幸せや自らの人生をより充実したものにしたいと思い、越境を決断する。ここに同じ時代を生きる者同士としての共感を育む可能性を見出すこともできる。そのためには、多文化施策に異なる文化背景をもった人びとが人間同士としての共感やコミットメント（他者の苦しみの原因となっている不正な事態を改善しようとする意識）を高めるための視点を導入する必要がある。施策のターゲットグルー

---

5 厚生労働省「外国人雇用状況の届出状況まとめ（平成27年10月末現在）」、アクセス2016年1月31日。http://www.mhlw.go.jp/stf/houdou/0000110224.html

プを想定する場合には、性別と世代を意識化することも求められるだろう。本節から引き出すべき示唆は、ホスト社会の格差是正政策と多文化施策とを関連づけていくことである。1990年以降に日本と韓国で露わになってきたのは、ホスト社会の非正規雇用者が外国人労働者と同じように使い捨てにされる状況の広がりだからだ。

第4節　多文化受容性意識に対する脅威認知の影響と対人信頼感の効果

　本節では、「一方的同化期待」「差別的評価」「文化開放性」「世界市民行動意思」の4つの因子について考察を行う。第2節でみたように、これら4つの因子の構造は、日本と韓国でほぼ同様の結果となっている。前述のとおり両国は、北米やオーストラリア、ヨーロッパ諸国などの伝統的に移民を受け入れてきた国々と比較すればまだまだ外国人受入の歴史は浅く、長い間「単一民族」からなる同質性の高い社会であるという言説を広く社会で共有していたことや、少子高齢化や外国人労働者受入をめぐる議論の錯綜などといった似通った社会問題を抱えていること（宣　2009）など、外国人をめぐっては同じような社会状況下に置かれているといえよう。外国人への対応に関しては、外国人の流入が本格化し始めたころには、両国ともに草の根レベルでの活動が中心となっており、政府が大きく介入することはなかった。しかしながら、2000年代以降、両国政府の外国人に対する姿勢は別々の方向性を持つものとなっていく。韓国では2006年になると、それまでの「管理」に重点が置かれた外国人政策は「社会統合」を目指すものへと大きく方向転換した。それまで宗教団体や市民運動団体など現場のニーズを把握した団体が担ってきた活動に政府が強く介入するようになり、「官主導の多文化政策」と言われるように、上からの外国人政策が強力に進められていく（第10章）。一方の日本は、2000年代中頃から政府が徐々に国内の外国人に対する政策を整えようとする努力は見られるものの、いまだ外国人住民が多く居住する地域の地方自治体やNPOなど、下からの対応が外国人政策の主導をとっているという状況に大きな変化はない。このように、2000年代以降に両国政府が取ることとなった姿勢は大きく違ったものとなったのだが、こうした方

向性の違いは、日韓のホスト社会における対外国人意識にどのような影響を及ぼしているのだろうか。

　本節では、包摂性／排他性の観点から、ホスト社会の多文化受容性意識の分析を行う。本節で考察を行う４つの因子のうち、「一方的同化期待」の因子については、外国人住民の持つ多様性を尊重するよりも、ホスト社会の文化への同化を強いる点で、排他的な社会統合に影響を与える因子として整理を試みることができる。同様に「差別的評価」の因子についても、先進国出身の人々に対しては寛容になるが、途上国出身者に対しては排他的な姿勢を示す点で、排他的な社会統合に影響を与える因子であると考えられる。他方で、「文化開放性」の因子については、多様な文化に対して開かれた態度を示す点で、包摂的な社会統合に影響を与える因子として分類ができる。同様に「世界市民行動意思」は、他者に対する普遍的な善意を示す点で、包摂的な社会統合に影響を与えると考えられる。

　ホスト社会の外国人に対する包摂性／排他性に関しては、近年様々な観点から研究が進められてきた。包摂的な外国人意識の形成に影響を与える要因として近年着目されているのが、一般的他者に対する信頼感である。対人信頼感が社会統合に与える影響については、アメリカやカナダやヨーロッパなどの国々において研究が積み重ねられており、一般的他者に対する信頼感が社会統合を強めたり、排外感情を抑制したりする効果を持つ（Crepaz 2006）という報告がされている（社会関係資本仮説）。日本の研究でも、永吉（2010）が、信頼感が社会統合に与える影響について分析を行っており、生産年齢人口の割合が低い場合、つまり、外国人住民が職をめぐる競争相手として認識されていない場合に、信頼感が外国人に対して包摂的な社会統合を促進する効果を持ちうると結論づけている[6]。

　一方、排他的な外国人意識に影響を与える要因として広く支持されてきた

6　永吉（2010: 159）によれば、生産年齢人口比率が高く、労働者が十分に足りている地域では、外国人労働者の増加は、職や失業保険等をめぐる競争の激化を意味することとなる。このような稀少な資源をめぐる競争が生じている場合には、文化的に同質な「われわれ」意識が高まり、内集団の結束を強める形での社会統合が促進される。逆に、生産年齢人口比率が低く、労働者が十分に足りていない場合には、外国人労働者の存在は、競争の激化を意味せず、むしろ地域経済の活性化のために必要不可欠な存在として認識され、こうした状況下では信頼感は他者に対して開かれたものとして機能する。

仮説として、移民を社会的地位や文化的統合への脅威として認知することが、排外意識を高めるとする脅威認知仮説（Scheepers et al. 2002）が挙げられる。外国人に対する脅威が排他的な意識に結びつくという仮説は、様々な先行研究で広く支持されてきた。日本における研究でも、Nukaga (2006)により失業不安が排外意識を高めることが報告され、また、永吉（2008）が外国人に対する具体的な脅威認知だけではなく、外国人増加による影響が「わからない」と答える場合など、漠然とした不安も排外意識に影響を及ぼしていることを指摘するなど、脅威認知仮説が日本の文脈にも適応され得ることが示されてきた。

本節では、以上に示した外国人に対する包摂的な意識に影響を与えると考えられる社会関係資本仮説と、排他的意識に影響を与えると考えられる脅威認知仮説に着目し、「対人信頼感」と「脅威認知」が、日本と韓国の多文化受容性意識にどのような影響を与えているのかを比較分析する。

1. 独立変数

本節では一般的他者に対する信頼感の指標として「たいていの人は信頼できる」という設問を用いる。回答は4点尺度で「そう思わない」「どちらかといえばそう思わない」「どちらかといえばそう思う」「そう思う」となっており、信頼感が高いほど点数が高くなるように得点化している。

外国人に対する脅威認知の指標としては、外国人が増えると「仕事が奪われる」「治安が悪くなる」「文化が損なわれる」の3つの項目を用いた。回答は「そう思わない」「あまりそう思わない」「どちらとも言えない」「ややそう思う」「そう思う」の5点尺度で与えられており、点数が高いほど認知される脅威の度合いが高くなるように得点化している。

これらの意識変数に加えて、個人属性（性別、学歴、年代、階層帰属意識、雇用形態）を統制変数として用いる。先行研究の一般的な知見では、学歴や社会的地位や雇用形態は、外国人に対する意識に有意な効果を持っており、学歴が高いほど、社会階層が高いほど、より安定的な職業についているほど排他感情は弱まる傾向が指摘されている（Nukaga 2006）。こうした個人属性の効果の理論的前提となるのは、クィリアン（Quillian 1995）によって提示された集団脅威理論（group threat theory）である。集団脅威理論では、移民の

割合が増加した場合、そしてホスト社会の経済状況が悪い場合に、移民の存在がホスト住民によって脅威として認識され、排外意識を生み出す要因となるとされるが、そうした影響は特に、移民と職業などの面で競合する可能性が高い社会的・経済的に弱い層において高くなるとされ、例えば、ブルーカラー層や低収入層で外国人に対する偏見や敵意が強くなると考えられている（Quillian 1995）。本章では、分析に際して性別、学歴、雇用形態はダミー変数を作成し、性別は男性を1、女性を0とし、学歴は、高学歴であることの効果を確認するため、大卒以上を1、それ以外を0、雇用形態は、正規雇用であることの効果を確認するため、常勤従業員と会社経営者・役員を「正規雇用」1、それ以外を0とした。社会階層については、本節では階層帰属意識を指標として用いることとし、分析結果が読み取りやすいよう、数字が大きくなるほど社会階層が高くなるようにデータを変換している。分析結果では、これら個人属性に関する5項目を独立変数として分析したものをモデル1、個人属性に意識変数を加えて分析したものをモデル2として示す。

2. 結果の検討
〈一方的同化期待〉

　第2節に示したように、「一方的同化期待」は日本では第3因子、韓国では第2因子として抽出される。「同質性が高い」と考えられてきた社会に急激に流入してきた異質な人々に対し、秩序を乱すことなく既存社会に一方的に同化すべきであるとする期待が、両国ともにホスト社会の人々の間で根強く共有されているということを示しているのだろう。因子を構成する質問項目の回答分布（図11.5）をみてみると、日本と比較して韓国は、結婚移住者に対する同化期待がやや高く、外国人の子どもへの韓国語教育を重視する傾向があることがわかる。

　「一方的同化期待」を従属変数とする重回帰分析の結果（表11.6）は、日本のモデル1はP<0.1、その他はP<0.001で統計的に有意であった。日本では、モデル1、モデル2ともに10％水準ではあるものの「雇用形態」が正の相関を示した。つまり、正規に雇用されている人のほうが一方的同化期待を持ちやすい傾向が示されている。集団脅威仮説によれば、安定的な職業についている人ほど、外国人に対して寛容になると考えられるが、本節で得ら

Part V 多文化受容性

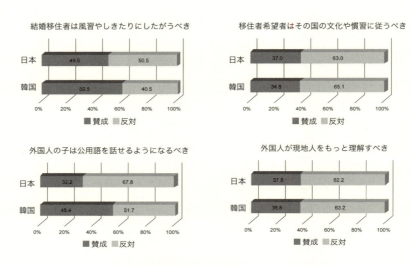

図11.5 「一方的同化期待」因子を構成する質問項目の回答分布

表11.6 「一方的同化期待」の重回帰分析

		日本				韓国			
		モデル1		モデル2		モデル1		モデル2	
		標準化係数	非標準化係数 B	標準化係数	非標準化係数 B	標準化係数	非標準化係数 B	標準化係数	非標準化係数 B
(定数)			-0.257		-0.707		-0.229		-1.651
性別	男=1	-0.133 **	-0.228	-0.126 **	-0.215	0.156 ***	0.276	0.172 ***	0.304
学歴	大卒以上=1	0.039	0.067	0.033	0.056	-0.069	-0.126	-0.046	-0.085
年代		0.053	0.033	0.06	0.037	0.116 **	0.085	0.095 *	0.069
階層帰属意識		-0.002	-0.002	0.02	0.019	-0.036	-0.038	-0.053	-0.056
雇用形態	正規雇用=1	0.078 +	0.139	0.079 *	0.14	0.052	0.093	0.044	0.078
対人信頼感				-0.045	-0.049			0.061	0.075
脅威認知 仕事が奪われる				0.099 *	0.079			0.058	0.056
脅威認知 治安が悪くなる				0.092 *	0.081			0.226 ***	0.223
脅威認知 文化が損なわれる				-0.009	-0.008			0.129 **	0.116
F値		2.087 (P=0.065)		3.202 (P=0.001)		6.002 (P=0.000)		13.646 (P=0.000)	
決定係数		0.017		0.047		0.048		0.172	
自由度調整済決定係数		0.009		0.032		0.04		0.16	
N		600		600		600		600	

*** P<0.001, ** P<0.01, * P<0.05, + P<0.1

れた分析結果は、日本の場合には、安定的な職業についている人の方が排他的な社会統合を望む傾向が示された。会社で正社員として働く人々は、会社組織の中に安定した地位を確保した人たちでもある。そうであるからこそ、正規に雇用者は、「異質な他者」である外国人に対しても、日本社会への適応や同化を強く期待するのではないだろうか。

モデル2では、「仕事が奪われる」が5％水準、「治安が悪くなる」が10％水準で有意となり、仕事と治安、2つの点で脅威を感じる人ほど、「一方的

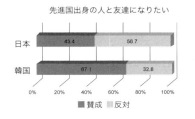
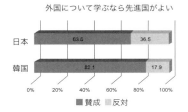
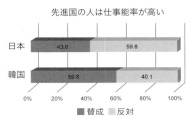

図11.6 「差別的評価」因子を構成する質問項目の回答分布

同化期待」を持ちやすい傾向が示された。外国人に対して既存社会への一方的な同化を求める意識には、仕事を奪われるという脅威が強く影響を与える一方、文化に対する脅威は影響を示さなかった。

韓国の結果は、モデル2で「治安が悪くなる」、「文化が損なわれる」という外国人に対する脅威が強い正の相関を示した。日本の分析結果とは異なり韓国では、外国人に対して同化を期待する心理と仕事が奪われることに対する脅威は関連しておらず、その一方で治安や文化に対する脅威が非常に強い影響を与えている。

〈差別的評価〉

続いて、外国人の出身地域によって示す態度が異なることを表す「差別的評価」因子(ダブルスタンダード)を構成する質問項目の回答分布(図11.6)を比較してみる。全般的に、韓国のほうがそれぞれの質問項目に「賛成である」と答える人の割合が高い。これら単純集計の結果からは、韓国のほうが先進国に対する憧れが大きいと考えることができそうだ。

表11.7に示す重回帰分析の結果では、韓国のモデル1は有効な結果とならなかったが、その他はともにP<0.001と統計的に有意な結果となった。日本の結果を見ると、学歴が統計的に有意な影響を及ぼしている。大卒以上

247

Part V 多文化受容性

表11.7 「差別的評価」の重回帰分析

	日本				韓国			
	モデル1		モデル2		モデル1		モデル2	
	標準化係数	非標準化係数 B	標準化係数	非標準化係数 B	標準化係数	非標準化係数 B	標準化係数	非標準化係数 B
(定数)		-0.181		-1.375		-0.265		-1.215
性別 男=1	0.203 ***	0.333	0.203 ***	0.331	-0.018	-0.032	-0.003	-0.004
学歴 大卒以上=1	-0.15 ***	-0.245	-0.147 ***	-0.241	0.082	0.15	0.102	0.187
年代	0.073	0.043	0.057	0.034	0.021	0.015	-0.006	-0.004
階層帰属意識	-0.012	-0.011	0.01	0.009	0.044	0.046	0.039	0.041
雇用形態 正規雇用=1	-0.014	-0.024	-0.028	-0.048	0.011	0.019	0.005	0.009
対人信頼感			0.009	0.01			-0.019	-0.024
脅威認知 仕事が奪われる			0.081 +	0.062			0.167 ***	0.158
脅威認知 治安が悪くなる			0.107 *	0.09			0.085 +	0.083
脅威認知 文化が損なわれる			0.286 ***	0.24			0.086 +	0.077
F値	7.119 (P=0.000)		17.532 (P=0.000)		1.218 (P=0.299)		6.347 (P=0.000)	
決定係数	0.057		0.211		0.01		0.088	
自由度調整済決定係数	0.049		0.199		0.002		0.074	
N	600		600		600		600	

*** P<0.001, ** P<0.01, * P<0.05, + P<0.1

の人のほうが、そうでない人よりも、差別的評価を持たない傾向が見られる。意識変数を導入したモデル2では、「仕事が奪われる」が10％水準、「治安が悪くなる」が5％水準、「文化が損なわれる」が0.1％水準で正の相関が示された。日本の場合には、特に治安や文化に対する脅威が、先進国出身者と発展途上国出身者とを差別するようなダブル・スタンダードと呼ばれる意識を持つ傾向と強い関連があることが示された。そして、そのような意識は、高等教育を受けることによって抑制され得ることが示唆されている。

一方の韓国の結果は、モデル2で、「仕事が奪われる」が0.1％水準で強い正の相関を示している。10％水準ではあるが、「治安が悪くなる」と「文化が損なわれる」も正の相関を示している。韓国では保護者の教育熱が、学習塾などの私教育や海外留学などへの過剰な投資を加速化させ、経済格差が直接的に教育格差へと結びつくことになり、それが大きな社会問題ともなっている（馬居 2011）。教育と職業をめぐる熾烈な競争的環境のために、人々は、新規に入国する外国人に対してさまざまな脅威を感じる考えに結びついているのではないだろうか。

〈文化開放性〉

次に、「文化開放性」因子について考察を行う。図11.7に示すように、「文化開放性」因子を構成する4つの質問項目では、すべての項目で、韓国の方が肯定的な回答が多くなった。

「文化開放性」因子を従属変数とする重回帰分析（表11.8）では、個人属

第 11 章 多文化受容性に関する日韓比較調査研究

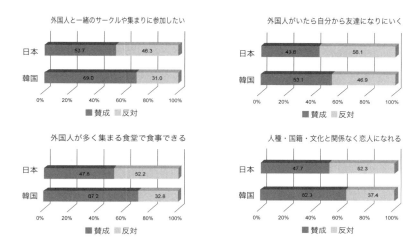

図11.7 「文化開放性」因子を構成する質問項目の回答分布

表11.8 「文化開放性」の重回帰分析

	日本				韓国			
	モデル1		モデル2		モデル1		モデル2	
	標準化係数	非標準化係数 B	標準化係数	非標準化係数 B	標準化係数	非標準化係数 B	標準化係数	非標準化係数 B
(定数)		0.078		1.091		-0.112		0.564
性別　男=1	-0.071	-0.126	-0.075	-0.133	-0.039	-0.069	-0.066	-0.119
学歴　大卒以上=1	0.029	0.052	0.023	0.041	0.023	0.042	0.009	0.017
年代	-0.035	-0.022	-0.036	-0.023	0.009	0.006	-0.01	-0.007
階層帰属意識	-0.024	-0.023	-0.047	-0.046	0.011	0.012	-0.016	-0.018
雇用形態　正規雇用=1	0.057	0.104	0.06	0.109	0.074	0.133	0.076 +	0.137
対人信頼感			0.058	0.065			0.185 ***	0.233
脅威認知　仕事が奪われる			0	-1.48E-05			0.016	0.016
脅威認知　治安が悪くなる			-0.237 ***	-0.216			-0.255 ***	-0.256
脅威認知　文化が損なわれる			-0.135 **	-0.122			-0.09 +	-0.083
F値	0.939 (P=0.455)		9.033 (P=0.000)		0.786 (P=0.560)		10.359 (P=0.000)	
決定係数	0.008		0.121		0.007		0.136	
自由度調整済決定係数	-0.001		0.108		-0.002		0.123	
N	600		600		600		600	

*** P<0.001, ** P<0.01, * P<0.05, + P<0.1

性のみを独立変数としたモデル1は日本、韓国のどちらも統計的に有意とはならなかった。意識変数を入れたモデル2では日韓ともにP<0.000となり、有効な結果が出た。日本では、「治安が悪くなる」と「文化が損なわれる」の2項目が強い負の相関を示しており、これらの脅威認知が、包摂的な社会統合に結びつくと考えられる意識である「文化開放性」を持つことを妨げることが示された。

韓国の場合には、正規雇用であることが10％水準ではあるが、正の相関を示している。また、「対人信頼感」が強い正の相関を、「治安が悪くなる」

249

が強い負の相関を示し、「文化が損なわれる」も10％水準で負の関連性が示された。韓国の場合には、治安に対する不安が外国人に対する否定的な意識につながりやすいものの、人に対する信頼感や、自分自身が安定的な職業についていることが、外国人に対する肯定的な意識の一つである「文化開放性」を持つことを促進するということが示され、先行研究の知見（社会関係資本仮説）を支持する結果となった。

〈世界市民行動意思〉

「世界市民行動意思」は、「貧困や病気で苦しむ途上国の人を助けたい」、「不当な待遇の外国人労働者を助けたい」、「飢餓に苦しむ人のために一食減らせる」という「支援」という意味合いを強く帯びた3項目が一つのまとまった因子として抽出された。この背景には、両国の「外国人支援」の発展経緯が関係していると考えられる。両国ともに共通する外国人をめぐる社会背景として挙げられるのは、80年代または90年年代当初、急激に国内に増加した外国人住民をめぐる様々な事柄に対応してきたのは草の根レベルの活動であったという点である。日韓両国ともに、当初は様々な局面で支援を必要とする外国人住民に対する国レベルの動きは見られなかった。外国人住民が直面する様々な問題に正面から取り組んできたのは、外国人住民に寄り添い活動してきたボランティアによる市民団体やNPOなどであった。こうした活動は「支援」という色彩を強く帯びた性質のものでもあり、両国の外国人に対する政策は、こうした「支援」という概念と共に発展してきたともいえるのである。

「世界市民行動意思」因子を構成する質問項目の回答分布（図11.8）は、日本と韓国では回答の分布に特に偏りが見られた。図11.8に示すように、「貧困や病気で苦しむ途上国の人を助けたい」について肯定的に答えた人の割合は、韓国では79.2％であるのに対して、日本では61.6％、また、「不当な待遇の外国人労働者を助けたい」について肯定的に答えた人の割合は、韓国で85.8％に対して、日本では75.6％、「飢餓に苦しむ人のために1食減らせる」については韓国で87.2％に対して、日本では48.5％に留まった。韓国では民主化を進める過程において、人権という観点が強調されてきた。民主主義の拡散と人権擁護の流れは、外国人関連分野にも大きな影響を与える

第11章 多文化受容性に関する日韓比較調査研究

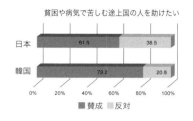
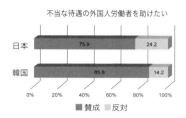
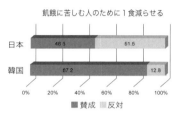

図11.8 「世界市民行動意思」因子を構成する質問項目の回答分布

表11.9 「世界市民行動意思」の重回帰分析

		日本				韓国			
		モデル1		モデル2		モデル1		モデル2	
		標準化係数	非標準化係数 B	標準化係数	非標準化係数 B	標準化係数	非標準化係数 B	標準化係数	非標準化係数 B
(定数)			-0.555		-0.678		-0.41		-0.614
性別	男=1	-0.106 *	-0.173	-0.11 *	-0.181	-0.051	-0.09	-0.052	-0.092
学歴	大卒以上=1	-0.039	-0.063	-0.044	-0.072	0.081 +	0.148	0.077 +	0.142
年代		0.075 +	0.044	0.056	0.033	0.178 ***	0.128	0.165 ***	0.119
階層帰属意識		0.116 **	0.105	0.074 +	0.067	0.004	0.004	-0.008	-0.009
雇用形態 正規雇用=1		-0.077 +	-0.13	-0.07 +	-0.119	-0.006	-0.01	-0.006	-0.011
対人信頼感				0.163 ***	0.172			0.084 *	0.104
脅威認知 仕事が奪われる				-0.146 **	-0.112			0.048	0.045
脅威認知 治安が悪くなる				0.055	0.046			0.015	0.015
脅威認知 文化が損なわれる				0.015	0.013			-0.064	-0.058
F値		6.561 (P=0.000)		6.774 (P=0.000)		4.356 (P=0.001)		3.060 (P=0.001)	
決定係数		0.052		0.094		0.035		0.045	
自由度調整済決定係数		0.044		0.08		0.027		0.03	
N		600		600		600		600	

*** P<0.001, ** P<0.01, * P<0.05, + P<0.1

ようになり、韓国が進める外国人政策では人権が重視されるようになっていったといわれる（宣 2010）。こうした歴史的な事情が、人々の人権意識の高さとして外国人意識にも現れているのだろう。

表11.9にみるように、重回帰分析では、日本のケースで、階層帰属意識が10％水準で正の相関を示した。また、「対人信頼感」が強い正の相関、「仕事が奪われる」という脅威が強い負の相関を示した。これらの結果からは、日本では、階層帰属意識がより高い人のほうが「世界市民行動意思」を持ちやすいということが示され、つまり、集団脅威仮説を支持する結果となっ

た。また、「対人信頼感」が包摂的な外国人意識を促進し、排他感情のうちの「仕事が奪われる」という脅威が、包摂的な意識を持つことを妨げる傾向も示されたことは、それぞれ先行研究の仮説を支持する結果であったといえる。

韓国では、10％水準ではあるが、学歴が正の効果を示している。また、韓国の場合、日本と同様に「対人信頼感」が正の相関を示している一方で、「脅威認知」は普遍的意識とは関連を示していないことも興味深い。

3. まとめ

因子分析の結果からは、ホスト住民の多文化受容性について日本と韓国ではほぼ同様の意識構造を持つと考えられるものの、それぞれを詳細に検討してみると、一つ一つの質問項目の回答分布や外国人意識の規定要因には、日韓で微妙な違いがあることも示された。

本章で示された分析結果をまとめると、「対人信頼感」については、排他的な社会統合に結びつく意識として想定される「一方的同化期待」と「差別的評価」では効果が認められなかったが、日本のケースで、「世界市民行動意思」、韓国のケースで「文化開放性」と「世界市民行動意思」に対して正の相関を示した。つまり、日韓両国で「対人信頼感」が包摂的な社会統合に結びつく可能性のある意識を促進する効果を持つという意味で、社会関係資本仮説が一定程度支持されたといえる。

次に、脅威認知仮説については、「仕事が奪われる」「治安が悪くなる」「文化が損なわれる」といった脅威が、両国のホスト住民の多文化受容性に影響を与えていることが示された。両国間で細かな違いはあるものの、おおまかにいえば、治安や文化に対する脅威は、排他的な意識を持つことを促進したり、寛容な意識を抑制したりする効果を持つ。仕事に関する脅威は、日本の場合には外国人が増えることにより「仕事が奪われる」という脅威を感じていることが、「一方的同化期待」や「差別的評価」といった排他的な意識を助長したり、「世界市民行動意思」という普遍的な善意を抑制したりする効果を持つことが示された。その一方で、韓国の場合には、「仕事を奪われる」という脅威は、唯一「差別的評価」に対して関連性を示すのみで、必ずしも外国人に対する否定的な意識につながったり、寛容な意識を抑制したり

はしないということが示された。韓国では、恒常的な労働力不足の解決策として、2003年に「外国人勤労者雇用等に関する法律」が制定され、2004年には非熟練外国人労働者の受入を開始した。こうした流れの中で、「国内の労働力を雇えない企業が適正規模の外国人労働者を合法的に雇うことを許可する制度」として雇用許可制と呼ばれる新たな労働管理制度が導入されることとなった。雇用許可制は、国内中小企業へ外国人労働者を合法的に受け入れるための制度であり、またその管理システムであるが、その中身には、労働者の権利保障とともに、雇用主に国内労働市場で韓国人を雇用する努力義務を課す労働市場テストや、年間に受け入れる外国人労働者の数の上限を設ける年間クォータ、事業所ごとの外国人雇用の上限を定める事業所別雇用率など、国内労働者との競合を回避するための制度的仕組みも同時に組み込まれている（宣　2010; 2015）。本節の分析の結果は、このような韓国政府の政策が、外国人の流入によりホスト社会の雇用が脅かされることに対する安心材料を提供するものとして、一定の成果を出していると読み取ることもできるであろう。とはいえ、このような細かい違いはみられるものの、全般的には、脅威認知と多文化受容性の関係性は両国でほぼ共通しており、脅威認知仮説が支持されたとみて差し支えないだろう。

　また、韓国では「世界市民行動意思」に示されるような普遍的な意識については肯定的に答える人の割合が日本に比べて圧倒的に高い。その一方で、「結婚移住者は国の風習やしきたりに従うべきだ」や、「外国人の子どもは親の話す言語よりも日本語／韓国語の習得を優先するべきだ」などと考えている人の割合も高く、ここからは、国内にいる外国人住民に対する同化への期待は、日本よりも韓国の方が高いとも読み取れる。つまり、韓国の場合には、世界市民でありたい、世界のどこかで困っている人々を援助したい、という規範的な意識が強く働く一方で、同じ社会の中にいる文化的背景を異にする人々に対する多様性に対しては許容度が低くなり、韓国社会への同化を強いる意識が高いという二面性も指摘できる。このように上からの強力な外国人政策に、一般的なホスト住民の意識が追いついていない面も垣間見えるのである。

　他者に対する一般的な信頼感が、文化的背景の異なる人を受け入れようとする包摂的な姿勢へとつながっていくという可能性が日韓両国で示されたと

いう点は、今後の日本社会の多文化共生に関する研究を進めていく上で、一つの足がかりになるといえよう。

第5節　日本と韓国における多文化受容性と今後の展望

　本章では、今回の調査プロジェクトで実施した質問紙調査の結果にもとづき、日本と韓国における多文化受容性をめぐる人々の意識とその規定要因について考察を行った。今回の調査プロジェクトでは、韓国で先行して取り組まれてきた多文化受容性を人々の意識レベルで測定する試みに依拠し、理論仮説の設定、概念の操作化、質問文の作成を行った。日本と韓国でそれぞれ、因子分析を行い、因子構造を比較した結果、韓国の研究者が提起した理論枠組みとほぼ一貫する結果を日本と韓国の双方で得た。確かに日韓では、国民的アイデンティティと差別的固定観念の因子への帰属の仕方に若干の違いは見られた。しかし、韓国で提起された多文化受容性の理論枠組みは、国民アイデンティティと差別的固定観念という2つの概念が、多様性という1つの上位概念に帰属することを想定しており、韓国の分析結果も、その想定の範囲内であった。以上から、日本と韓国は、多文化受容性についておおむね共通する因子構造を有しており、国際比較に耐えうる尺度であると判断することができる。

　3節以降では、多文化受容性の形成要因について検討を行った。性別と世代による多文化受容性がどのように異なるかを見ると、細かい点では両国の違いはあるものの、おおむね、年齢の高い人ほど、国民アイデンティティや差別的固定観念を支持する傾向が日韓の双方で見られた。4節では、社会関係資本と集団的脅威という2つの仮説にもとづき、社会階層、一般的信頼、外国人の脅威認知という3つの視点から、規定要因について検討した。分析結果を見ると、先行研究にもとづく仮説が想定するように、一般的信頼は、多文化受容性のなかでも異質な他者への受容性を測定する因子を促進する傾向が認められ、外国人の脅威認知は、多文化受容性のうち排外意識を助長する傾向が明らかになった。また、こうした結果は、おおむね日本と韓国で共通して見られた。

　本章の知見を振り返ると、日本と韓国は、戦後の外国人受入や1990年代

以降の移民・外国人受入という点で、大きな相違を見せてはいるものの、多文化受容性とその規定要因という点では、全般的に共通の構造を示していた。日本と韓国という2か国だけで比較すると、確かに両国には移民・外国人受入のスタンスという点で、一定の違いを認めることができるが、人々の意識レベルで観察される多文化受容性とその形成要因という点では、似たような状況にあることが明らかになった。近年、欧米諸国では、大規模な移民・難民の流入と出入国管理やかれらの統合の難しさから、多くの場面で、反移民感情が噴出し、顕著なものとなっている。外国人排斥を主張する政党や政治家も出現し、市民からの一定の支持を得て、議会での議席の獲得へと結びついている。欧米諸国を対象とする先行研究では、移民・難民の増加とかれらに対する経済的脅威やセキュリティへの不安などから、反移民感情の増大などが、しばしば指摘されている（Semyonov et al. 2006）。日本と韓国でも、集団的脅威が、多文化受容性のコインの裏側でもある排外意識を助長しているのであり、そのような現実に私たちは、どのように向き合うべきかが問われている。

　排外意識の増大に向き合うためのヒントとして、本章が注目したのが社会関係資本であり、その指標としての一般的他者信頼であった。外国人や移民に限らず、一般的な他者への信頼感が高い人ほど、日韓で世界市民行動意思が高く、韓国では文化開放性への意識も高いことが、分析を通じて分かった。接触仮説が想定するような、マジョリティが、移民や外国人との間に直接的な交流や、交友関係をもつことだけではなく、マジョリティ自身が豊かな社会関係資本を形成し、他者への一般的な信頼感を高めることは、移民・外国人を草の根レベルで包摂していくときの重要な要素である。様々な場面で、人々が社会関係資本や「つながり」を作る「しかけ」を考えることは、私たちが社会の中で排外意識に対峙し向き合い、どんな背景をもつ人も排除されず、参加できるような社会を作っていくうえでの大切なポイントではないだろうか。

［引用文献］
エルダー・グレン，1974=1986,『大恐慌の子どもたち——社会変動と人間発達』明石書店

金美淑, 2010,「盧武鉉（ノ・ムヒョン）政権の家族政策」伊藤公雄・春木育美・金香男編『現代韓国の家族政策』行路社.
河野啓・原美和子, 2010,「日韓をめぐる現在・過去・未来——日韓市民意識調査から」『放送研究と調査』2010年11月, NHK放送文化研究所.
塩原良和, 2012,『共に生きる——多民族・多文化社会における対話』弘文堂.
宣元錫, 2009,「韓国における外国人政策の新たな展開——外国人の地位と統合政策—」庄司博史編『移民とともに変わる地域と国家』国立民族学博物館調査報告83: 185-206.
————, 2010,「韓国の「外国人力」受入れ政策——雇用許可制を中心に」『総合政策研究』18: 157-169, 中央大学.
————, 2015,「韓国の現実主義移民政策への転換」『自由と正義』66: 31-36.
竹ノ下弘久, 2013『仕事と不平等の社会学』弘文堂.
田辺俊介, 2011,「日韓のナショナル・アイデンティティの概念構造の不変性と異質性の検討——ISSP2003データを用いた多母集団共分散構造分析」『社会学評論』62 (3) 287-299.
永吉希久子, 2008,「排外意識に対する接触と脅威認知の効果——JGSS-2003の分析から」『日本版General Social Survey研究論文集』7: 259-270.
————, 2010,「多文化状況における社会統合に対する信頼感の影響——JGSS-2008の分析から」『日本版General Social Survey研究論文集』10: 149-162.
————, 2011,「日本人の排外意識に対する分断労働市場の影響——JGSS-2006の分析から」『社会学評論』63(1).
春木育美, 2010,「家族法改正と戸主制廃止運動」伊藤公雄・春木育美・金香男編『現代韓国の家族政策』行路社.
馬居政幸, 2011,「海外研究情報 韓国の教育事情」『子ども社会研究』17: 143-169.
ブラウン・R., 1995＝2001,『偏見の社会心理学』北大路書房.
Berry, J. W., 1997, "Immigration, acculturation, and adaptation," *Applied, Psychology,* 46: 5-68.
Berry, J. W., 2004, "Fundamental psychological processes in intercultural, relations" In D. Landis, J. M. Bennett & M. L. Bennett eds., *Handbook of Intercultural Training,* Thousand Oaks, CA: Sage Publications. 166-184.
Berry, J. W., 2005, "Acculturation: Living successfully in two cultures", *International Journal of Intercultural Relations* 16: 413-436.
Crepaz, Markus M.L., 2008, *Trust beyond Borders: Immigration, the Welfare State, and Identity in Modern Societies,* Michigan: The University of Michigan Press.
Nagayoshi, Kikuko., 2009, "Whose size counts? Multilevel Analysis of Japanese Anti-Immigrant Attitudes Based on JGSS-2006"『日本版General Social Survey研究論文集』9: 157-174.
Nukaga, Misako, 2006. "Xenophobia and the Effects of Education: Determinants of Japanese Attitudes toward Acceptance of Foreigners"『日本版General Social Survey研究論文集』5: 191-202.

Quillian, Lincoln, 1995, "Prejudice as a Response to Perceived Group Threat: Population Composition and Anti-Immigrant and Racial Prejudice in Europe," *American Sociological Review*. 60(4): 586-611.

Scheepers, Peer., Merove Gijsberts, and Marcel Coenders, 2002, "Ethnic Exclusionalism in European Countries: Public Opposition to Civil Rights for Legal Migrants as a Response to Perceived Ethnic Threat," *European Sociological Review* 18(1): 17-34.

Semyonov, M., R. Raijman, and A. Gorodzeisky, 2006, "The Rise of Anti-Foreigner Sentiment in European Societies, 1988-2000," *American Sociological Review* 71(3): 426-49.

[参考文献]

〈社会アイデンティティ理論関連文献〉

Brewer, M. B. & Brown, R. J., 1998, Intergroup Relations. In D. T. Gilbert, S. T. Fiske & g. Lindzey, ed. *The Handbook of Social Psychology* (4th ed.(2): 554-94). New York: McGraw-Hill.

Brewer, M. B. & Miller, N., 1996, *Intergroup Relations*, Buckingham. Open University Press.

Sherif, M., 1966, *In Common Predicament: Social Psychology of Intergroup Conflict and Cooperation*, Boston: Houghton-Mifflin.

Tajfel, H. & Turner, J. C., 1986, "An integrative theory of social conflict." In S., Worchel, & W., Austin, ed. *Psychology of Intergroup Relations*, Chicago, IL: Nelson Hall.

Tajfel, H. 1978. *Differentiation between Social Groups: Studies in the social Psychology of Intergroup Relations*, London: Academic Press.

―――――, 1981, Human Groups and Social Categories, Cambridge: Cambridge University Press.

―――――, 1982. Social Identity and Intergroup Relations, Cambridge: Cambridge University Press.

Taylor, D. M. & Moghaddam, F. M., 1987, *Theories of Intergroup Relations: International Social Psychological Perspectives*, New York: Praeger.

Turner, J. C. 1982. "Toward a cognitive redefinition of the social group." In H. Tajfel, ed. *Social Identity and Intergroup Relations*, pp. 15-40. Cambridge, England: Cambridge University Press.

〈文化適応理論関連文献〉

Berry, J. W. 1997. "Immigration, Acculturation, and Adaptation," *Applied Psychology* 46: 5-68.

―――――, 2004, "Fundamental Psychological Processes in Intercultural Relations," In D. Landis, J. M. Bennett, & M. L. Bennett, ed. *Handbook of Intercultural Training*, CA: Sage Publications. 166-184.

―――――, W., 2005. "Acculturaion: Living Successfully in Two Cultures," *International Journal of Intercultural Relations* 16: 413-436.

Berry, J. W. & Kalin, R., 1995, "Multicultural and ethnic attitudes in Canada," *Canadian Journal of Behavioral Science* 27: 310-320.

Berry, J. W., Poortinga, Y. H., Segall, M. H., & Dasen, P. R., 2002, *Cross-Cultural Psychology: Research and Applications*, Cambridge.

Dovidio, J. F., Gaertner, S. L., & Saguy, T., 2007, "Another view of "we": Majority and Minority Group

Perspectives on A Common Ingroup Identity," *European Review of Social Psychology* 18: 296-330.

Holley E. H. and Vicki L. H., 1999, "National Identity: Civic, Ethnic, Hybrid, and Atomized Individuals," *Europe-Asia Studies* Vol. 61 (1).

Verkuyten, M. 2005. "Ethnic Group Identification and group Evaluation among Minority and Majority Group: Testing the Multiculturalism Hypothesis," *Journal of Personality and Social Psychology* 88: 121-138.

〈多文化受容性に関する韓国の参考文献〉

김혜숙 (2007). 우리나라 사람들이 가지는 가치가 소수 집단에 대한 편견적 태도에 미치는 영향. 한국심리학회지 : 사회 및 성격, 21(4), 91-104.

맹진학 (2009), 한국인의 다문화 배제 태도에 영향을 주는 결정요인에 관한 다층분석, 사회복지정책, 36(3), 323-348.

민무숙, 안상수, 김이선, 김금미, 조영기, 류정아 (2010). 한국형 다문화수용성 진단도구 개발 연구. 사회통합위원회.

송미영 (2010). 한국의 다문화의식 : 다문화 수용성의 원인분석, 한국민족연구원 민족연구, 41, 74-194.

양계민 (2009). 한민족정체성과 자민족중심주의가 청소년의 다문화수용성에 미치는 영향. 한국청소년연구, 20(4), 387-421.

양애경, 이선주, 최훈석 (2007). 여성결혼이민자에 대한 지역사회의 수용성 연구. 한국여성정책 연구원.

오계택 (2007). 외국인 근로자에 대한 한국인 근로자의 인식. 노동리뷰. 11, 59-68.

윤인진, 송영호 (2007). 한국인의 소수자 및 다문화 관련 태도의 비교분석. 한국사회학회 사회학대회 논문집, 857-868.

이명진, 최유정, 최샛별 (2010). 다문화사회와 외국인에 대한 사회적 거리. 조사연구. 11(1), 63-85.

황정미, 김이선, 이명진, 최현, 이동주 (2007). 한국사회의 다민족·다문화 지향성에 대한 조사연구. 한국여성정책연구원.

第12章　日本と韓国のナショナル・アイデンティティとゼノフォビア
――日韓多文化受容性調査データの実証的研究から――

原田慎太郎

　2014年、人手不足が懸念されている建築、介護、農業などの分野において外国人を積極的に受け入れることが決定した。1990年の改定入管法（出入国管理及び難民認定法）の施行以降、日本の外国人受入は拡大の路を歩んできた。此度の政府の方針発表に続いて、日本における外国人受入は、今後より一層拡大することが予見される。それに伴い、外国人受入によって生じる様々な問題についても目を向けていかなければならなくなるだろう。例えば、移民の定住の問題や、教育や社会保障をはじめとした権利の問題などがマイノリティ側には存在する。一方で、マジョリティ側には、彼らが抱えるゼノフォビア（外国人嫌悪：Xenophobia）の問題などが存在する。社会に目を向けてみると、外国人への負の感情を胸の内に秘めるだけではなく、顕在化させる動きも昨今では見られる。ヨーロッパやアメリカでは、移民を悪魔化し経済停滞や社会秩序の混乱の元凶とみなす極右の台頭が見られる。特にアメリカでは、2016年の大統領選挙にて、移民に対してきわめて攻撃的である保守党のトランプ氏が就任するなど、外国人に対する排外的な動きが強まっている。日本においても例外ではなく、「在日特権を許さない市民の会」などによるヘイトスピーチ運動が見られる。これらを鑑みるに、マジョリティ側が抱えるゼノフォビアは外国人受入にあたって回避できない大きな問題といえよう。そのため、ここまでの章の多くで、マイノリティ側の問題について語られてきたが、本章では、マジョリティ側の問題、とくにゼノフォビアについて述べたい。

1　『朝日新聞』2014.4.4朝刊参照。

第1節　ナショナル・アイデンティティとゼノフォビア

　多くの先行研究では、ゼノフォビアは、ナショナル・アイデンティティと関連付けて説明されてきた。それは、これらがともにナショナリズムの要素として考えられてきたことが大きい。ナショナリズムの基本的な性格は、特殊主義と普遍主義のある種矛盾した2つからなる（大澤／塩原他 2014）。特殊主義とは領域内の「われわれ」と領域外の「かれら」を区分する考え方であり、それが攻撃的な性格を伴うとゼノフォビアとして現出する。また、普遍主義とは領域内においては「われわれ」という平等なものたちの結合がなされるという考え方であり、これはナショナル・アイデンティティとみなされる。実際に、ナショナリズムの古典的な研究を分析しても同様の考えが見られる。1990年代に入ると、ナショナリズムの要素であるナショナル・アイデンティティの実証的研究が見られることになった（Hjerm 1998，真鍋 1999，田辺 2001）。彼らによる1995年のISSPの実証的なデータを用いた研究では、定量的にナショナル・アイデンティティとゼノフォビアの関連が示されることになり、それまでの理論が裏付けされることになった。しかし、ナショナル・アイデンティティとゼノフォビアの間の相関が示されたが、両者の関係性がどのようなものであるかをめぐっては、意見が異なっている。

　実証研究において、ヒエルム（Hjerm 1998）は「○○人であるために重要な要素」、つまりは自他を区分する「ネーションの範域基準（成員条件）」をナショナル・アイデンティティと置き、それがゼノフォビアとどのような関係を有するか述べた。イグナティエフ（1993＝1996）やスミス（1991＝1998）と同様に、彼は「ネーションの範域基準（成員条件）」が「民族的なもの」と「市民的なもの」に二分されると考え、前者はゼノフォビアとの相

2　例えば、ゲルナー（1983＝2000）は、ナショナリズムについて次のように考えている。彼によれば、農耕社会から産業社会へと移り変わる過程で、文化がエリートの少数派にだけではなく全人口に波及し文化的同質性が促進され、ナショナリズムが生まれた。そのナショナリズムが生まれて初めて、人々の中に「民族」という意識が芽生え、一種のナショナル・アイデンティティが構築される。そして、「民族」という意識は統一的集団として、自己決定し、社会や文化を保持するように動き、その集団外に位置するものを排外するよう働きかける。ゲルナーの考えるナショナリズムのプロセスの中には、普遍主義と特殊主義が同時に存在していることが、ここからもうかがえる。

関が強く、後者は相対的に相関が弱くなると結論づけた。田辺（2001）も「ネーションの範域基準（成員条件）」と「排外性」という因子を用いて、両者の関係性を述べた。しかし、ヒエルムとは異なり、「ネーションの範域基準（成員条件）」を二分することはできず、一つの因子とみなし、それ自体がゼノフォビアと相関をもつとした[3]。約言するならば、ヒエルムは、ナショナル・アイデンティティである特定の「ネーションの範域基準（成員条件）」をもつことが必ずしもゼノフォビアと結びつくとは考えず、田辺は、特定の「ネーションの範域基準（成員条件）」をもつこと自体がゼノフォビアに結びつくと考えた[4]。

このような違いは地域間の差が大きく影響しているにすぎず、どちらも正しいといえよう。ヒエルムの分析対象としていたヨーロッパやオーストラリアは、1995年当時すでに移民を多く受け入れていた国であり、外国人の受入が公的に進み始めたばかりの1995年当時の日本とくらべて、多文化的な意識が強かった。そのため、ヒエルムのケースでは「市民的なもの」をネーションの区別とする場合においては、ゼノフォビアとの相関が比較的弱かったという結果がでた。データが20年近く経過している現在、外国人の受入が進みつつある日本のナショナル・アイデンティティとゼノフォビアの関係性は変化していることが推測される。これを、日本よりも移民政策に力を入れ、多文化主義政策までをも導入している韓国と比較することで細かい分析結果をみたい。

またヒエルム、田辺の両者はゼノフォビアを一因子として、ナショナル・

---

3 なお田辺は、ナショナル・アイデンティティは「ネーションの範域基準（成員条件）」をはじめとする6つの下位概念から構成されるとしており、「排外性」という因子でゼノフォビアもこの下位概念に位置づけた。その6つの下位概念間には、相関があることが示され、本文で記述したように「ネーションの範域基準（成員条件）」と「排外性」にも相関があるとされた。ヒエルムと田辺の間には、ナショナル・アイデンティティの考えにも違いが見られた。しかしながら、本章においては、あくまでネーションの区別とゼノフォビアの関係性を分析することに重きを置くため、ナショナル・アイデンティティを「○○人であるために重要な要素」から成り立っているとするヒエルムの考えを用いることとする。

4 ヒエルムのようにナショナル・アイデンティティとゼノフォビアの関係性が別概念として現れると主張する立場に近いものとしては、クヌーセン（Knudsen 1997）がいる。また、田辺のようにナショナル・アイデンティティとゼノフォビアが同一概念として現れると主張する立場については、ゼノフォビアと形容できる「対外国人寛容性意識」という概念を、ナショナル・アイデンティティの一部とみなす真鍋（1999）がいる。

アイデンティティとの関係を分析している。ゼノフォビアという大きな枠組みで関係性を分析したことも違いに影響を及ぼしたと推測する。ゼノフォビアには「治安が悪くなる」や「自国の文化が消える」など様々な要素があり、こうした要素を個別に分析し、その関係を調べていけば、ある要素の場合は「関係性が別概念である」、他の要素では「関係性が同一概念である」というように分析結果が現れるのではないかと推測する。つまり、特定の要素では、当時のデータにおいても日本とヨーロッパの共通性も見出せる可能性があったのではなかろうか。日本と韓国を分析する本章においても、単なる差異を言及するのではなく、共通点も見出したいと考える。そのため、ゼノフォビアという大きな因子のみの関係性だけではなく、ゼノフォビアを形成する要素を個別に分析し、その関係性をも分析する。ナショナル・アイデンティティが「市民的なもの」であろうと「民族的なもの」であろうとゼノフォビアと結びつく形で、その関係性が現れるのか、それとも「市民的なもの」とは結びつきにくく、「民族的なもの」とは結びつきやすい形で現れるのか。前者を田辺型、後者をヒエルム型と置き、日本と韓国における関係性を分析する。

第2節　データと分析手法

　本章で使用するのは、先の章においても用いられた「日韓多文化受容性調査」で得られたデータである。その中の「Q12：外国人増加に対する意識」の設問と、「Q13：日本人／韓国人であるために重要な要素」の設問を、それぞれゼノフォビアとナショナル・アイデンティティを分析するための変数として用いる。これは、ゼノフォビアとナショナル・アイデンティティの関係性を分析する先行研究において、用いられてきた尺度とおおよそ一致する。例えば、1995年のISSPのデータを用いたヒエルムと田辺は、ゼノフォビア（田辺に関しては、「排外性」）を示す尺度として、「定住外国人や移民の増加に対する意識」を分析し、ナショナル・アイデンティティ（田辺に関しては、「ネーションの範域基準（成員条件）」）を示す尺度として、「○○人であるために重要な要素」を分析した。

　さて、それぞれの設問を詳細に見ていく。Q12の設問は、「現地人の職が

奪われる」、「自国の治安が悪くなる」、「自国の文化が損なわれる」、「現地人の賃金が下がる」、「国や自治体の財政負担が増える」の5つから構成されている。これらの回答は日本、韓国ともに、1. そう思わない、2. あまりそう思わない、3. どちらとも言えない、4. ややそう思う、5. そう思う、で構成されており、回答の数字が大きくなればなるほど、ゼノフォビアが強いと解釈することができる。続いて、Q13の設問を詳細に見ると、「国籍」、「人種」、「宗教」、「言語」、「親の国籍」、「出生地」、「成育地」、「教育の場所」、「現住地」、「自身がそう思うこと」[5]の10の質問から構成されている。日本、韓国ともに、1. 重要ではない、2. あまり重要ではない、3. どちらとも言えない、4. すこし重要だ、5. 重要だ、で構成されている。回答の数字が大きくなればなるほど、回答者はそれを、ネーションを区分する要素として重要なものとしてみなし、その要素によって「日本人／韓国人」が区別されると考えていると解釈することができよう。

　続いて本章におけるデータの分析だが、まず日本、韓国のナショナル・アイデンティティの因子分析を行い、どのような要素でナショナル・アイデンティティが構成されているかを分析する。Q13であるこの設問はQ12と比べて多く、分析の合理化、簡略化を考えると、因子分析によって、10の設問を共通因数でくくり、ナショナル・アイデンティティをとらえやすくしたほうが良いと判断した。Q13の10の設問は、スミスやイグナティエフが述べ、ヒエルムが示したように、「民族的なもの」と「市民的なもの」としておおよそ2つの概念に分けることができると推測される。だが「民族的なもの」と「市民的なもの」の区分は、どのような基準で考えることができるのだろうか。ヒーター（1999＝2012）は、ネーションに属するか否かを区分する考え方は2つの起源が存在し、法的・政治的かつ領域的に国籍を定義したフランスと、エスノカルチュラルかつ伝統的に国籍を定義したドイツに分けることが可能であったと述べる。ドイツのように「先天的」に市民であるか、それともフランスのように「後天的」に市民になるかという軸で、ネーションの範囲は考えられてきた。したがって、本章においても「生得性」と「獲得性」という基準から、個別の設問が「民族的なもの」、あるいは「市民的なもの」であるかを仮定していきたい。

5　本章においては、アイデンティティと呼称する。

上記の基準によれば、生得性をもつ「人種」、「親の国籍」、「出生地」は「民族的なもの」と結びつきやすいと考えられる。一方、獲得性をもつ「現住地」、「アイデンティティ」は「市民的なもの」と結びつきやすいといえる。残りの5つの「国籍」、「宗教」、「言語」、「成育地」、「教育の場所」は曖昧な変数だ。例えば、国籍を血統主義（属人主義）で規定し、生まれにFolk（民族）を結びつけるならば、「国籍」は生得性をもつゆえ「民族的なもの」として考えることができる。一方、出生地主義（属地主義）で国籍を規定するならば、生まれとFolk（民族）は結びつきにくく、自身でどの国に属するかを決める獲得性が強くなる。それゆえ「国籍」は「市民的なもの」といえるだろう。「宗教」や「言語」、「成育地」、「教育の場所」に関しても、国籍同様に、Folk（民族）に結びつくものとして考えるならば、それらは「民族的なもの」であり、逆にFolk（民族）と結びつかず、社会参加の過程の上で、それらを獲得していくことができると考えるならば、それらは「市民的なもの」であるといえる。

因子分析によって検出された日本・韓国のナショナル・アイデンティティの概念構成を変数化し、続いてそれら変数と「外国人の増加に対する意識」の変数の関係性を、単回帰分析を用いて分析する。それを踏まえると、本章での単回帰分析上の従属変数と独立変数の設定は次のようになる。まず従属変数は、「外国人の増加に対する意識」である。これら5つの設問はそれぞれゼノフォビアを示す変数として、従属変数に用いる。また、これら5つの変数は、1つのゼノフォビアという因子にまとめることができよう。したがって、「外国人の増加に対する意識」の因子分析によって、検出された因子を変数化し、それも従属変数として用いる。つまり、仮説通りの結果なら、6つの従属変数を回帰分析では分析することになる。次に独立変数は、ナショナル・アイデンティティを示す「日本人／韓国人であるために重要な要素」の因子を変数化したものである。先に述べたように、これは日本・韓国ともに2つの因子を変数化したものになるだろう。

しかし、「日本人／韓国人であるために重要な要素」だけを独立変数として用いるならば、ナショナル・アイデンティティとゼノフォビア間の疑似相関である可能性を排除することができない。それゆえ、ナショナル・アイデンティティとゼノフォビアの間に相関が検出された場合、疑似相関である可能

性も考慮し、独立変数に個人属性を加え、重回帰分析を行う。その際に用いる個人属性であるが、「年齢」、「性別」、「最終学歴」の3項目をその対象とした。これら個人属性を独立変数に加えた重回帰分析においても、ナショナル・アイデンティティの効果に変化が見らなかった場合、ナショナル・アイデンティティとゼノフォビアの間には疑似相関がないと判断できる。

第3節　日本の因子分析結果

　先述のようにQ13の「日本人であるために重要な要素」を因子分析し、その概念構成がどのような形式で成り立っているかを検討した。抽出する因子数に関しては、固有値1.0以上のものを説明力が高いものとし、2つの因子を抽出するのを適当と判断した。抽出された因子に対して、「バリマックス（直交）回転」をかけた結果が、表12.1で示されている。

　さて、抽出された因子を個別に見ていくと、第1因子では、「国籍」(0.588)、「人種」(0.781)、「宗教」(0.733)、「親の国籍」(0.730)、「出生地」(0.708)の因子負荷量が大きい。特に、「人種」や「親の国籍」、「出生地」など生得的な項目に関する因子負荷量の大きさが目立つ。「国籍」に関しては、日本においては1952年に国籍法にて、血統主義が定められて以来、現在までもそれが続けられている状態であるため、生得的な項目の中に現れてきたと考えられる。こうしたことから、この項目に共通するのは、ネーションの範囲を民族的・生得的にとらえられるものとして現れてきた変数であるといえる。つまり、第1因子については、「民族的なもの」と解釈することができる。「宗教」に関しては、獲得的とも解釈できそうだが、「民族的なもの」と

6　ただし、紙幅の関係上、単回帰分析と重回帰分析の値の間に重大な大きな差異が見られない限り、重回帰分析の結果に関しては、簡単なデータを脚注に記すだけとする。したがって、基本的には、重回帰分析結果を詳細に表にまとめることは割愛する。

7　科研研究会で実施された多文化受容性調査の「最終学歴」の設問項目は、「中学校」、「高校」「短期大学・高等専門学校」、「大学以上」からなっている。本章における重回帰分析に用いるのは、「中学校」を基準にした、3つのダミー変数である。つまり、「中学校」を0と置き、「高校」を1と置いたダミー変数、「中学校」を0と置き、「短期大学・高等専門学校」を1と置いたもの、「中学校」を0と置き、「大学以上」を1と置いたもの、である。

8　抽出された2つの因子は「市民的なもの」と「民族的なもの」と予想でき、それらは互いに無相間と考えられるため、バリマックス（直交）回転を選択した。

Part V 多文化受容性

表12.1 日本における成員条件の因子分析

変数	因子1	因子2	共通性
成員条件（国籍）	*0.588*	0.400	0.506
成員条件（人種）	*0.781*	0.294	0.696
成員条件（宗教）	*0.733*	-0.073	0.543
成員条件（言語）	0.460	*0.570*	0.536
成員条件（親の国籍）	*0.730*	0.409	0.700
成員条件（出生地）	*0.708*	0.502	0.754
成員条件（成育地）	0.577	*0.633*	0.734
成員条件（教育の場所）	0.504	*0.695*	0.737
成員条件（現住地）	0.243	*0.778*	0.665
成員条件（アイデンティティ）	-0.002	0.827	0.684
固有値	3.38	3.17	6.55
寄与率	33.8	31.7	65.5

注1）因子抽出法は、主成分分析のバリマックス回転。
注2）下線並びにイタリックは、各指標の因子の所属を示す。

して現れた以上、日本の場合、生得性をもったものであると考えられる傾向にある。神道の最高権威である天皇陛下が日本民族の代表であることから、宗教と民族との結びつきが推測される。

　一方、第2因子では、「言語」(0.570)、「成育地」(0.633)、「教育の場所」(0.695)、「現住地」(0.778)、「アイデンティティ」(0.827) の因子負荷量が大きい。「現住地」や「アイデンティティ」の因子負荷量が大きいことから、第2因子が市民的・獲得的な性質をもつ「市民的なもの」と解釈できる。先述のように「言語」や「成育地」、「教育の場所」に関しては、生得性を持ち、民族的なものとも合致する非常に曖昧なものである。しかし、これら項目が「市民的なもの」として現れてきた以上、日本では「言語」や「成育地」、「教育の場所」というものは民族との結びつきは薄く、獲得できるものであると考えられる傾向にある。以上のように、ネーションの成員条件を2つの次元によって人々はとらえていることを示しており、仮説のように、ナショナル・アイデンティティが「民族的なもの」と「市民的なもの」の2つの構成要素から成立していることが示された。

第4節　韓国の因子分析結果

　韓国においても、Q13の「韓国人であるために重要な要素」を因子分析し、その概念構成がどのような形式で成り立っているのかを検討した。日本

表12.2 韓国における成員条件の因子分析

変数	因子1	因子2	因子3	共通性
成員条件（国籍）	0.187	***0.779***	0.271	0.715
成員条件（人種）	0.321	***0.785***	-0.070	0.724
成員条件（宗教）	0.238	***0.630***	-0.410	0.621
成員条件（言語）	0.198	***0.655***	0.434	0.656
成員条件（親の国籍）	***0.695***	0.463	-0.008	0.697
成員条件（出生地）	***0.841***	0.276	0.010	0.784
成員条件（成育地）	***0.868***	0.144	0.219	0.822
成員条件（教育の場所）	***0.808***	0.242	***0.175***	0.742
成員条件（現住地）	0.522	0.137	***0.535***	0.578
成員条件（アイデンティティ）	0.122	0.035	***0.874***	0.780
固有値	3.12	2.44	1.56	7.12
寄与率	31.2	24.4	15.6	71.2

注1）因子抽出法は、主成分分析のバリマックス回転。
注2）下線及びイタリックは、各指標の因子の所属を示す。

　同様、抽出する因子に関しては、説明力の高いと判断できる固有値1.0の因子を選択し、3つの因子を抽出した。抽出された因子に対しては、日本同様、「バリマックス（直交）回転」をかけた。その結果が、表12.2に示されている。

　韓国においては、仮説と異なり、3つの因子が抽出された。第1因子には、「親の国籍」(0.695)、「出生地」(0.841)、「成育地」(0.868)、「教育の場所」(0.808)が、第2因子には、「国籍」(0.779)、「人種」(0.785)、「宗教」(0.630)、「言語」(0.655) が、第3因子には、「現住地」(0.535)と「アイデンティティ」(0.874)が現れた。この抽出された3つの因子だが、民族的・生得的、あるいは市民的・獲得的という観点で考えると、さらに2つに区分できる。結論を先に述べると、第1因子、第2因子が前者、そして第3因子が後者というように分けることができる。理由としては、第1因子、第2因子で民族性・生得性と強く結びつく「人種」、「親の国籍」、「出生地」が検出され、第3因子で非-民族性・獲得性と強く結びつく「現住地」、「アイデンティティ」が検出されたからである。つまり、韓国においては、「民族的なもの」が2つの概念で構成されているといえる。

　抽出された因子を個別に見ていくと、「親の国籍」や「出生地」の因子負荷量の大きさから、第1因子を生得的な項目から構成される民族的なネーションの範囲ととらえることができる。中でも特筆すべきなの

は、「親の国籍」という項目が、他の「出生地」、「成育地」、「教育の場所」とともに含まれていることである。「親の国籍」をはじめとして、他の3項目は親族から与えられるものであり、親族というFolk（民族）に結びつくと考えられる。例えば、個人の生まれは、もちろん家族に依存する。他にも、成長する場所や教育の場所は、親や家族の生活環境に依存するととらえることも可能だ。したがって、この第1因子を「家族・親族と結びつく民族的なもの」と解釈する。第2因子は、「国籍」や「人種」の因子負荷量の大きさから、第1因子同様、生得的な項目から構成される民族的なネーションの範囲といえる。第2因子は、第1因子とは異なり、家族・親族よりも広い韓民族というFolk（民族）と結びつくと考えられる。したがって、第2因子を「韓民族と結びつく民族的なもの」と解釈する。「宗教」や「言語」は、獲得的と解釈することもできる曖昧な項目だが、韓国にとって儒教やハングルによって韓民族の歴史は作られてきたという背景もあるため、このような結果が見られたのであろう。第3因子は、「現住地」と「アイデンティティ」から構成されるため、「市民的なもの」と判断してよい。

　以上から、韓国の場合、仮説とは異なり、3つの概念によって、ナショナル・アイデンティティが構成されていることが示された。「なぜ韓国では3つの因子を抽出できたのか」、特に「民族的なもの」がさらに2つに区分できることについて、さらなる言及ができると考えられる。だが紙幅の関係上、本章の目的であるナショナル・アイデンティティとゼノフォビアの関係性に言及できなくなる恐れがあるため割愛する。仮説と異なり3つの因子でナショナル・アイデンティティが構成されるという結果となったが、韓国の人々も「民族的なもの」と「市民的なもの」でネーションの範囲を決定づけていることは、少なくともデータから読み取れそうである。したがって、日本同様に、ナショナル・アイデンティティが「民族的なもの」と「市民的なもの」の混在であるという先行研究の考えと、一致したとみなしてよいだろう。

第5節　回帰分析の分析結果

　本章では、前章で抽出した因子を独立変数とし、Q13である外国人増加

に対する意識の各設問項目、「職が奪われる」、「治安が悪くなる」、「自国の文化が損なわれる」、「現地人の賃金が下がる」、「財政負担が増える」と、それら各設問項目の因子分析によって抽出された「ゼノフォビア」[9]の計6項目を従属変数に置き、それぞれの関係性がどのようになっているか単回帰分析を利用して分析する。先述の通り、前章で抽出された5つの因子をそれぞれ独立変数に置いて分析するだけでは、独立変数と従属変数の間の相関が疑似相関である可能性を排除することができないため、独立変数に抽出因子以外に個人属性である「年齢」、「性別」、「学歴」の設問を置いた重回帰分析も行う。しかしながら、紙幅の関係上、単回帰分析と重回帰分析に大きな差異が見られない限り、簡単なデータを脚註として記すだけとする。また、相関・無相関の判断軸とする数値は、標準化係数が0.2以下の時とする[10]。

　Q12の「職が奪われる」と、Q13から抽出された因子との単回帰分析の結果は、表12.3にまとめられている[11]。日本においては、第1因子、第2因子ともに、標準化係数の値がそれぞれ0.262、0.242となっており、「職が奪われる」の項目との相関が見られる。第1因子が「民族的なもの」、第2因子が「市民的なもの」と結論付けた本章では、少なくとも「職が奪われる」の項目に関しては、「民族的なもの」であろうと、「市民的なもの」であろうと、ナショナル・アイデンティティを有する場合、日本に外国人が増加した際、彼らに職を奪われてしまうという意識を有する傾向にあるといえる。一方、韓国の場合、第1因子、第2因子は、それぞれ標準化係数の値が0.233、0.320となっており、相関が見られる。しかしながら、第3因子に関しては、

9　紙幅の関係上、本章では詳しいデータは省く。日本、韓国ともに説明力の高さから固有値1.0の因子を選定した。Q13の「外国人増加に対する意識」を因子分析すると、どちらの国も固有値1.0以上の因子は一つしか抽出されず、一つの因子から多文化受容性調査における「外国人増加に対する意識」が構成していることが示された。また、「外国人増加に対する意識」の各設問項目は、それぞれ「職が奪われる」、「治安が悪くなる」、「自国の文化が損なわれる」、「現地人の賃金が下がる」、「財政負担が増える」といった、マイナスの意識で構成されていることがわかる。したがって、この抽出された因子を、「ゼノフォビア」と呼ぶことは適切であるといえる。

10　0.0～0.2という数値は、相関関係において、相関なしと判断される数値であり、本章もその考えに則り、0.2を判断軸として用いる。

11　「職が奪われる」の重回帰分析の結果は、以下のようになった。日本の第1因子、第2因子における標準化係数の値は、それぞれ0.266、0.242で、韓国の第1因子、第2因子、第3因子は、それぞれ0.222、0.296、0.114という結果が検出された。いずれにしても、単回帰分析と大きく結果の変わるものではなかった。

Part V　多文化受容性

表12.3　「職を奪われる」を従属変数とした単回帰分析

		第1因子	第2因子	第3因子
日本	決定係数	0.069	0.058	-
	自由度調整済み決定係数	0.067	0.057	-
	N	599	599	-
	標準化係数	**0.262**	**0.242**	-
	非標準化係数	**0.279**	**0.258**	-
韓国	決定係数	0.054	0.103	0.010
	自由度調整済み決定係数	0.053	0.101	0.008
	N	599	599	599
	標準化係数	**0.233**	**0.320**	***0.100**
	非標準化係数	**0.217**	**0.298**	***0.093**

注1）* 5%水準で有意

　0.100となっており、ほとんど相関がない。加えて、5%水準で有意であるため、この点を考慮すると第3因子と「職が奪われる」の間には相関がないといってもよいであろう。したがって、韓国における「職が奪われる」の項目に関しては、ナショナル・アイデンティティを有したとしても、それが「市民的なもの」であるならば、人々は外国人によって職が奪われるという意識を持ちにくい。つまりこの項目において、日本の場合、ナショナル・アイデンティティと「職が奪われる」の関係は田辺型であり、韓国の場合、ヒエルム型であるといえる。

　Q12の「治安が悪くなる」と、Q13から抽出された因子との単回帰分析の結果は、表12.4にまとめられている[12]。結果を見ると、日本において、「民族的なもの」である第1因子、「市民的なもの」である第2因子は、標準化係数の値が0.317、0.299と高く、ともに相関があるといえる。したがって、どのようなナショナル・アイデンティティを有しても、外国人に対して治安を悪化させるという意識を有するという結果が見られる。一方、韓国の場合、第1因子、第2因子、第3因子の結果は、それぞれ0.243、0.297、0.189となっている。「民族的なもの」である第1因子、第2因子は標準化係数の値が0.2より高く、「治安が悪くなる」の項目との相関が見られる。「市民的なもの」である第3因子に関しては、標準化係数の値は低く、「治安が

---

[12] 「治安が悪くなる」の重回帰分析の結果は、以下のようになった。日本の第1因子、第2因子における標準化係数の値は、それぞれ0.319、0.300で、韓国の第1因子、第2因子、第3因子は、それぞれ0.237、0.296、0.187という結果が検出された。いずれにしても、単回帰分析と大きく結果の変わるものではなかった。

表12.4 「治安が悪くなる」を従属変数とした単回帰分析

		第1因子	第2因子	第3因子
日本	決定係数	0.100	0.089	–
	自由度調整済み決定係数	0.099	0.088	–
	N	599	599	–
	標準化係数	**0.317**	**0.299**	–
	非標準化係数	**0.307**	**0.29**	–
韓国	決定係数	0.059	0.088	0.036
	自由度調整済み決定係数	0.058	0.087	0.034
	N	599	599	599
	標準化係数	**0.243**	**0.297**	**0.189**
	非標準化係数	**0.218**	**0.266**	**0.170**

悪くなる」の項目との相関はないといえる。しかしながら、基準値である0.2に標準化係数の値が非常に近いため、相関はないと一蹴することは難しい。そのため、相対的に見て、第1因子、第2因子よりも第3因子の相関の度合いは弱いという表現が適切である。ただし数値を見るならば、結果として、「市民的なもの」であるナショナル・アイデンティティとこの項目は結びつきにくいと判断できる。つまり、「治安が悪くなる」という項目においても、明確な数値が見られたわけではないが、先のように日本は田辺型、韓国はヒエルム型といえる。

Q12の「自国の文化が損なわれる」と、Q13から抽出された因子の単回帰分析の結果は、表12.5にまとめられている[13]。日本に関しては、「民族的なもの」である第1因子、「市民的なもの」である第2因子の標準化係数が、それぞれ0.375、0.069の結果を見せた。第1因子は、「自国の文化が損なわれる」の項目との関係が見られ、第2因子は、標準化係数の値が低いことと10％水準で有意ということを考慮すると、「自国の文化が損なわれる」の項目との相関はないといえる。この項目においては、「民族的なもの」と「市民的なもの」で、外国人に対する意識との結びつきが異なるということを示している。続いて、韓国であるが、「民族的なもの」である第1因子、第2因子はそれぞれ0.319、0.328と値が大きく、「自国の文化が損なわれる」の項

13　「自国の文化が損なわれる」の重回帰分析の結果は、以下のようになった。日本の第1因子、第2因子における標準化係数の値は、それぞれ0.375、0.074で、韓国の第1因子、第2因子、第3因子は、それぞれ0.314、0.328、0.043という結果が検出された。いずれにしても、単回帰分析と大きく結果の変わるものではなかった。

表12.5 「自国の文化が損なわれる」を従属変数とした単回帰分析

		第1因子	第2因子	第3因子
日本	決定係数	0.140	0.005	–
	自由度調整済み決定係数	0.139	0.003	–
	N	599	599	–
	標準化係数	**0.375**	***0.069**	–
	非標準化係数	**0.365**	***0.067**	–
韓国	決定係数	0.102	0.108	0.001
	自由度調整済み決定係数	0.100	0.106	−0.001
	N	599	599	599
	標準化係数	**0.319**	**0.328**	****0.031**
	非標準化係数	**0.313**	**0.322**	****0.030**

注1) ** 10%水準で有意
注2) *** 有意確率が10%を超えた

目との相関はある。しかしながら、「市民的なもの」である第3因子においては、有意確率が10%を大きく超え、「自国の文化が損なわれる」の項目との関係性はないと判断できる。日本同様に、「民族的なもの」と「市民的なもの」で外国人に対する意識との結びつきが変化する。この項目に関しては、日本、韓国ともに「民族的なもの」のナショナル・アイデンティティの度合いが大きくなると、それに伴い「自国の文化が損なわれる」という意識も強くなり、その一方で「市民的なもの」のナショナル・アイデンティティと「自国の文化が損なわれる」という意識との関係性は見られない。つまり先の2つの項目とは異なり、日本、韓国ともにヒエルム型である。

　Q12の「現地人の賃金が下がる」と、Q13から抽出された因子との単回帰分析の結果は、表12.6にまとめられている[14]。日本に関しては、第1因子が0.259、第2因子が0.196となっている。第1因子は、標準化係数の値が0.2を超えていることから、「民族的なもの」であるナショナル・アイデンティティとの相関が見られる。第2因子は、標準化係数の値が基準の0.2に限りなく近い。相関がないと言い切ることは難しいが、相対的に「民族的なもの」よりも「市民的なもの」である第2因子の値は低く、「現地人の賃金が下がる」の項目との相関も、あるとしても低いといえる。あくまで数値を

---

14 「現地人の賃金が下がる」の重回帰分析の結果は、以下のようになった。日本の第1因子、第2因子における標準化係数の値は、それぞれ0.269、0.201で、韓国の第1因子、第2因子、第3因子は、それぞれ0.320、0.319、0.019という結果が検出された。いずれにしても、単回帰分析と大きく結果の変わるものではなかった。

第 12 章　日本と韓国のナショナル・アイデンティティとゼノフォビア

表12.6　「現地人の賃金が下がる」を従属変数とした単回帰分析

		第1因子	第2因子	第3因子
日本	決定係数	0.067	0.038	−
	自由度調整済み決定係数	0.065	0.037	−
	N	599	599	−
	標準化係数	0.259	0.196	−
	非標準化係数	0.254	0.192	−
韓国	決定係数	0.105	0.105	0.000
	自由度調整済み決定係数	0.103	0.104	−0.001
	N	599	599	599
	標準化係数	0.324	0.324	*0.016
	非標準化係数	0.312	0.313	*0.015

注1) *** 有意確率が10%を超えた

　判断すると、日本において、この項目では「民族的なもの」と「市民的なもの」で外国人に対する意識が異なることを示している。一方、韓国の場合、「民族的なもの」である第1因子と第2因子では、その値が0.324、0.325と高く、「市民的なもの」である第3因子では、有意確率10%が超えた。「民族的なもの」であるナショナル・アイデンティティと「現地人の賃金が下がる」の項目との相関はあるが、「市民的なもの」との相関はないと判断できる。日本以上にはっきりとした数値で現れていることから、「民族的なもの」と「市民的なもの」で外国人に対する意識は大きく異なっているといえる。日本、韓国ともに数値に差があるものの、「民族的なもの」であるナショナル・アイデンティティは「現地人の賃金が下がる」の項目との相関を見せ、「市民的なもの」は相関を見せないことから、日本、韓国ともにヒエルム型であると判断できる。

　Q12の「財政負担が増える」と、Q13から抽出された因子との単回帰分析の結果は、表12.7にまとめられている。[15] 日本の場合、標準化係数の値は、「民族的なもの」である第1因子で0.258、「市民的なもの」である第2因子で0.238となっている。「民族的なもの」と「市民的なもの」で、「財政負担が増える」の項目との関係性に大きな違いは見られず、どちらも標準化係

15　「財政負担が増える」の重回帰分析の結果は、以下のようになった。日本の第1因子、第2因子における標準化係数の値は、それぞれ0.260、0.237で、韓国の第1因子、第2因子、第3因子は、それぞれ0.251、0.331、0.132という結果が検出された。いずれにしても、単回帰分析と大きく結果の変わるものではなかった。

Part V 多文化受容性

表12.7 「財政負担が増える」を従属変数とした単回帰分析

		第1因子	第2因子	第3因子
日本	決定係数	0.067	0.057	–
	自由度調整済み決定係数	0.065	0.055	–
	N	599	599	–
	標準化係数	**0.258**	**0.238**	–
	非標準化係数	**0.251**	**0.232**	–
韓国	決定係数	0.066	0.116	0.019
	自由度調整済み決定係数	0.065	0.114	0.018
	N	599	599	599
	標準化係数	**0.257**	**0.340**	***0.140**
	非標準化係数	**0.239**	**0.316**	***0.130**

注1) * 0.1% 水準で有意

数の値が0.2を超えることから「財政負担が増える」の項目と相関があるといえる。一方、韓国の場合、「民族的なもの」である第1因子、第2因子の標準化係数の値は、それぞれ0.257、0.340と数値が高く、「財政負担が増える」の項目との相関が見られた。しかし、「市民的なもの」である第3因子の標準化係数の値は、0.140と相対的に低く、その数値も0.1%水準で有意であることから、「財政負担が増える」の項目との相関はほとんど見られないといえる。韓国においては、「民族的なもの」と「市民的なもの」でこの項目との関係性は異なる結果が見られた。以上から、日本の場合は「民族的なもの」、「市民的なもの」を問わず、ナショナル・アイデンティティと「財政負担が増える」の項目との相関が見られ、韓国の場合は「民族的なもの」とこの項目には相関が見られるが、一方で「市民的なもの」との相関はほとんど見られない。それゆえ、この項目においては、日本は田辺型であり、韓国はヒエルム型であると言ってよい。

　Q12のすべての項目を因子抽出し、それを変数化した「ゼノフォビア」と、Q13を因子抽出し、変数化したものとを単回帰分析した結果は、表12.8にまとめられている。[16] 日本の場合、標準化係数の値が、「民族的なもの」である第1因子で0.377、「市民的なもの」である第2因子で0.271であ

---

16 「ゼノフォビア」の重回帰分析の結果は、以下のようになった。日本の第1因子、第2因子における標準化係数の値は、それぞれ0.382、0.273で、韓国の第1因子、第2因子、第3因子は、それぞれ0.340、0.397、0.125という結果が検出された。いずれにしても、単回帰分析と大きく結果の変わるものではなかった。

表12.8 「ゼノフォビア」を従属変数とした単回帰分析

		第1因子	第2因子	第3因子
日本	決定係数	0.142	0.073	−
	自由度調整済み決定係数	0.141	0.072	−
	N	599	599	−
	標準化係数	**0.377**	**0.271**	−
	非標準化係数	**0.377**	**0.271**	−
韓国	決定係数	0.121	0.166	0.014
	自由度調整済み決定係数	0.120	0.165	0.013
	N	599	599	599
	標準化係数	**0.348**	**0.407**	***0.120**
	非標準化係数	**0.348**	**0.407**	***0.120**

注1) * 1%水準で有意

るという結果が見られた。「民族的なもの」、「市民的なもの」、そのどちらも標準化係数の値が0.2を超え、「ゼノフォビア」との相関があるといえる。第2因子の値が、第1因子の値よりも相対的に低くなったのは、「自国の文化が損なわれる」と「現地人の賃金が下がる」の項目において、第2因子の標準化係数の値が0.2を下回り、ヒエルム型になったことに起因する。ゼノフォビアとの関係性という観点でみると、日本は「民族的なもの」と「市民的なもの」の間に大きな差異はなく、そのどちらもが相関の関係性を有する。5つの項目のうち「職が奪われる」、「治安が悪くなる」、「財政負担が増える」の項目で田辺型を見せ、ヒエルム型であった「現地人の賃金が下がる」の項目では第2因子の標準化係数が2.0に近く田辺型に近似する様相も見せたことから、ゼノフォビアそれ自体とナショナル・アイデンティティとの関係性が田辺型になったことは妥当である。一方、韓国の場合、標準化係数の値が、「民族的なもの」である第1因子、第2因子ではそれぞれ0.348、0.401、「市民的なもの」である第3因子では0.120という結果が見られた。第1因子、第2因子の標準化係数の値は0.2を超えるため、ゼノフォビアとの相関があるといえる。しかし、第3因子の標準化係数の値は0.2を下回り、加えてそれが1%水準で有意であることを考えると、ゼノフォビアとの相関はないといえる。韓国は、ゼノフォビアを形成する5つの項目すべてにおいて、相関の関係性が「民族的なもの」には見られるが、「市民的なもの」には見られないというヒエルム型であったことからも、ゼノフォビアそれ自体との関係性がヒエルム型になったことは妥当である。

第6節　おわりに

　本章では、ナショナル・アイデンティティとゼノフォビアの関係性を、調査データを用いて、定量的に分析してきた。まず、ナショナル・アイデンティティは、当初の仮説通りの結果が見られた。日本は、ナショナル・アイデンティティを表すQ13の因子分析の結果、抽出された因子は2つであり、その因子も「民族的なもの」と「市民的なもの」を示していた。韓国は、抽出された因子は3つであったものの、その因子を分析すると、3つの因子の2つの因子が「民族的なもの」に包括でき、結果として「民族的なもの」と「市民的なもの」の2つに大別できた。ナショナル・アイデンティティとゼノフォビアの関係性においても、当初の仮説の通りのものであった。つまりナショナル・アイデンティティが「民族的なもの」と「市民的なもの」のどちらでもゼノフォビアと結びつく場合と、「民族的なもの」であれば、ゼノフォビアと結びつくが、「市民的なもの」であれば、ほとんど結びつかない場合が混在した。現在のナショナル・アイデンティティとゼノフォビアの様相を分析するという目的は達成できたといえよう。

　紙幅の関係上、定量的な分析に終始してきた本章であるが、定量的な分析を通して様々な疑問点、検討すべき点が顕在化した。例えば、そもそもナショナル・アイデンティティが、日本では2つの因子から成り、韓国では3つの因子から成るという違いが生まれたのだろうか。他にも、ナショナル・アイデンティティとゼノフォビアの関係性が、田辺型である場合とヒエルム型である場合の違いはどのようなものなのか、など様々な議論の余地がある。現れ出た数値の背景を詳細に調べる定性的な分析の必要性が感じられる結果でもあった。今後は、より定性的な分析にフォーカスし、より骨太な議論にする必要性がある。

［文献］
アンダーソン，ベネディクト，(2006＝2007，白石隆・白石さや訳)『想像の共同体』書籍工房早山．
イグナティエフ，マイケル，(1993＝1996，幸田敦子訳)『民族はなぜ殺し合うのか——新ナショナリズム6つの旅』河出書房新社．

大澤真幸／塩原良和他，2014，『ナショナリズムとグローバリズム────越境と愛国のパラドクス』新曜社．
ゲルナー，アーネスト，(1983＝2000，加藤節監訳)『民族とナショナリズム』岩波書店．
スミス，D. アンソニー，(1986＝1999，巣山靖司他訳)『ネイションとエスニシティ────歴史社会学的考察』名古屋大学出版．
────，(1991＝1998，高柳先男訳)『ナショナリズムの生命』晶文社．
田辺俊介，2001，「日本のナショナル・アイデンティティ────1995 ISSP: National Identity データの実証的検討から────」『社会学評論』52(3): 398-412．
────，2011，「日韓のナショナル・アイデンティティの概念構造の不変性と異質性の検討────ISSP2003 データを用いた多母集団共分散構造分析────」『社会学評論』62(3): 284-300．
ヒーター，デレク，(1999＝2012，田中俊郎／関根政美訳)『市民権とは何か』岩波書店．
真鍋一史，1999，「ナショナル・アイデンティティの構造────ISSP 国際比較調査のデータ解析」『関西学院大学社会学部紀要』82: 145-156．
Hjerm, Mikael, 1998, "National Identities, National Pride and Xenophobia: A Comparison of Four Western Countries," *Acta Sociologica*, 41: 335-347.
Knudsen, Kund, 1997, "Scandinavian Neighbours with Different Character? Attitudes toward Immigrants and National Identity in Norway and Sweden," *Acta Sociologica*, 40: 223-243.

資料1：多文化受容性調査票
資料2：多文化受容性調査単純集計結果

資料1 「多文化受容性」調査票（日本版）

＊以下ではインターネット調査用レイアウト版ではなく、調査票本体を掲載する。なお、韓国調査票は「日本」を「韓国」に変え、韓国の実情を踏まえて一部変更している（該当箇所に注記）。

<u>調査へのご協力のお願い</u>

　本調査は最近関心が高まっている外国人と多文化に関する一般の方の考えや行動について調べるものです。質問に対してあなたの普段の考えやご自身の行動に合うものを選んでお答えください。この調査に正しい、間違えといった正解があるものではありません。普段感じているものを正直にお答えください。

　調査結果は日本の多文化に関する研究に活用されます。あなたのプロフィールやお答えした内容は統計的にのみ処理され、研究以外の目的には使用されません。答えにくいものがあるかもしれませんが、普段の考えをありのままお答えいただきますようお願い申し上げます。

<u>ご回答にあたってのお願い</u>

　この調査にご協力いただくのはご本人様です。世間一般の考えではなく、ご自身のお答えをお答えください。「その他」にあてはまる場合は、ご面倒でもその内容を具体的にご記入ください。

S1　あなたの性別をお答えください。
　　1．男性　　2．女性

S2　あなたの年齢をお答えください。
　　満＿＿＿才

Q1　あなたは結婚していますか。
　　1．既婚（有配偶）　2．既婚（離別）　3．既婚（死別）　4．未婚

Q2　あなたの現在のお住まいは、次のうちどれにあたりますか。
　　1．持ち家：一戸建て　　2．持ち家：分譲マンション
　　3．民間の借家、賃貸マンション・アパート　　4．賃貸の公団・公営住宅
　　5．社宅・寮・官舎・公舎　　6．その他（具体的に＿＿＿＿＿＿＿＿＿）

資料１：多文化受容性調査票

Ｑ３　あなたは、以下のお付き合いを、近所にお住まいの人たちと、どの程度なさっていますか。

	１．全くしない	２．あまりしない	３．ときどきする	４．よくする
１．お茶や食事を一緒にする	1	2	3	4
２．趣味活動を一緒にする	1	2	3	4
３．いろいろなことを相談し合う	1	2	3	4

Ｑ４　次のそれぞれの項目について、あなたはどのように思いますか。

	１．そう思わない	２．どちらかといえばそう思わない	３．どちらかといえばそう思う	４．そう思う
１．たいていの人は、信用できる	1	2	3	4
２．機会があれば、たいていの人は自分のために他人を利用する	1	2	3	4
３．たいていの人は、自分のことだけを考えている	1	2	3	4

あなたの外国訪問経験についてうかがいます。

Ｑ５　あなたは外国を訪問したことがありますか。
　　　１．ある　　２．ない

Ｑ６　あなたが訪問した外国の訪問国の総数を入力してください。
　　　約＿＿＿＿ヶ国

Ｑ７　あなたが外国を訪問した際の形態をすべて選択してください。
　　　１．仕事　　２．旅行　　３．留学　　４．家族滞在　　５．その他（具体的に＿＿＿＿＿）

Ｑ８　あなたの外国人や外国との関わりについてうかがいます。各項目について当てはまるものを選択してください。

	１．ほとんどない	２．あまりない	３．少しある	４．よくある
１．エスニック料理をよく食べますか。	1	2	3	4
２．日本に住んでいる外国人に関する新聞、TV等の報道について関心を持っていますか。	1	2	3	4
３．日本に住んでいる外国人の状況について聞いたことがありますか。	1	2	3	4

Q9 あなたは、次の外国人とどの程度お付き合いがありますか。一番お付き合いのある方についてご回答ください。

	1．家族ぐるみの付き合いがある	2．友達としての付き合いがある	3．あいさつ程度の付き合いがある	4．顔を見たことがある	5．全く関わりがない
1．欧米諸国出身者	1	2	3	4	5
2．中国・韓国出身者（＊韓国版では「中国・日本」）	1	2	3	4	5
3．その他アジア諸国出身者	1	2	3	4	5
4．中南米諸国出身者	1	2	3	4	5
5．アフリカ諸国出身者	1	2	3	4	5

Q10 あなたは、日本社会に住んでいる外国人住民について普段どのように思い、または行動しますか。各項目について、当てはまるものを選択してください。

	1．全くそう思わない	2．そう思わない	3．あまりそう思わない	4．すこしそう思う	5．そう思う	6．強くそう思う
1．日本に多様な宗教や文化が入るのはよいことだ	1	2	3	4	5	6
2．日本に肌の色や文化が違う外国人がたくさん入るのはよいことだ	1	2	3	4	5	6
3．近所に外国人が増えても気にならない	1	2	3	4	5	6
4．肌の色や文化が違うと、日本語ができて日本文化になれても真の日本人として認められない	1	2	3	4	5	6
5．日本生まれでない外国人は、日本国籍を取得しても真の日本人として認められない	1	2	3	4	5	6
6．外国人が日本国籍を取得したら、選挙権（投票できる権利）は認めても、被選挙権（国会議員や市長などの候補になれる権利）は認めるべきではない	1	2	3	4	5	6
7．日本に住んでいる外国人が、母国語によるインターネット・コミュニティを作って活動するのは気にならない	1	2	3	4	5	6
8．日本に住んでいる外国人だけが集まって自国の音楽や踊り、公演を楽しむのを見ると、嫌な感じがする	1	2	3	4	5	6
9．外国人だけが集まって宗教的な行事を行うことは嫌な感じがする	1	2	3	4	5	6
10．日本で働いている日系人（日系ブラジル人など）は、仕事をまじめに取り組まない気がする（＊韓国版では「韓国系外国人（中国朝鮮族）」）	1	2	3	4	5	6
11．国際結婚の夫婦が離婚するのは、日本人より外国人配偶者に問題があるからだと思う	1	2	3	4	5	6

資料 1：多文化受容性調査票

	1	2	3	4	5	6
12. 発展途上国出身の外国人には信頼して仕事を任せられない	1	2	3	4	5	6
13. 日本人が外国人を理解するより、外国人が理解するためにもっと努力すべきだ	1	2	3	4	5	6
14. 外国人の子どもは親の話す言語よりも日本語を話せるようになることが先だ	1	2	3	4	5	6
15. 日本に移住を希望する外国人は、自分の文化を捨てて日本の文化や慣習に従うべきだ	1	2	3	4	5	6
16. 日本人と結婚した外国人は、日本側の風習やしきたりに従うべきだ	1	2	3	4	5	6
17. 外国人への差別や排斥を主張する集会やデモを行うことは、認められるべきだ	1	2	3	4	5	6
18. 電車やバスで隣に白人より黒人が座った時のほうが怖い感じがする	1	2	3	4	5	6
19. 発展途上国出身の外国人と一緒のプールや銭湯に入るのをためらう	1	2	3	4	5	6
20. チャンスがあれば、外国人と一緒のサークルや集まりに加入したい	1	2	3	4	5	6
21. 学校や職場で外国人がいたら、自分から先に友達になろうとする	1	2	3	4	5	6
22. 外国人労働者が多く集まる食堂に入って食事することをなんとも思わない	1	2	3	4	5	6
23. 相手の人種、国籍、文化と関係なく、恋人として付き合える	1	2	3	4	5	6

Q11　あなたは普段、外国人、外国文化、外国の出来事についてどう思いますか。
　　　各項目についてご自身の考えに近いものを選択してください。

	1．全くそう思わない	2．そう思わない	3．あまりそう思わない	4．すこしそう思う	5．そう思う	6．強くそう思う
1．外国の言語や文化を学ぶなら、先進国のものを学びたい	1	2	3	4	5	6
2．先進国の人は発展途上国の人より仕事能力が高いと思う	1	2	3	4	5	6
3．外国人と友達になるなら、出来れば先進国出身の人がよい	1	2	3	4	5	6
4．発展途上国の文化は先進国に比べて劣っている	1	2	3	4	5	6
5．自分がよく知らない文化に触れてみたい	1	2	3	4	5	6
6．私は日本国民であるよりも、世界市民として生きたい	1	2	3	4	5	6
7．飢餓に苦しむ外国の人たちに食糧を支援するために、自分の食事を1回減らしてもよい	1	2	3	4	5	6
8．職場で不当な待遇を受ける外国人労働者がいたら助けたい	1	2	3	4	5	6
9．貧困や病気で苦しむ発展途上国の人びとのために募金したい	1	2	3	4	5	6

Q12　あなたは日本に住む外国人の増加と関連して、以下の項目についてどう思いますか。各項目についてご自身の考えに近いものを選択してください。

外国人が増えると……

	1．そう思わない	2．あまりそう思わない	3．どちらとも言えない	4．ややそう思う	5．そう思う
1．日本人の仕事が奪われる	1	2	3	4	5
2．治安が悪くなる	1	2	3	4	5
3．異文化の影響で日本文化が損なわれる	1	2	3	4	5
4．日本人の賃金が下がる	1	2	3	4	5
5．国や自治体の財政負担が増える	1	2	3	4	5

Q13　日本人であるためには、以下の要素はどの程度重要だと思いますか。

	1．重要ではない	2．あまり重要ではない	3．どちらとも言えない	4．すこし重要だ	5．重要だ
1．国籍	1	2	3	4	5
2．人種	1	2	3	4	5
3．宗教	1	2	3	4	5
4．言語	1	2	3	4	5
5．親が日本人	1	2	3	4	5
6．日本生まれ	1	2	3	4	5
7．日本育ち	1	2	3	4	5
8．日本で学校教育を受けること	1	2	3	4	5
9．現在日本に住んでいること	1	2	3	4	5
10．自分自身が日本人だと思うこと	1	2	3	4	5

Q14　あなたが最後に通学した（または現在通学している）学校は次のどれにあたりますか。（中退も卒業と同様にお答えください）。
　　1．中学校　　2．高校　　3．短期大学・高等専門学校（＊韓国版では「専門大学」）
　　4．大学以上

Q15　5年後のあなたの暮らし向きは今より良くなると思いますか。それとも悪くなると思いますか。
　　　1．よくなる　　2．少しよくなる　　3．変わらない　　4．少し悪くなる　　5．悪くなる

Q16　仮に現在の日本社会全体を5つの層に分けた場合、あなたご自身はどれに当てはまると思いますか。あなたの気持ちにもっとも近いものを選択してください。
　　　1．上　　2．中の上　　3．中の下　　4．下の上　　5．下の下

あなたのお仕事についてうかがいます。
Q17　あなたは、現在どのような形態でお仕事をされていますか。
　　　1．フルタイム従業員（常勤従業員）　　　　　2．パート・アルバイト
　　　3．臨時雇用（契約社員・派遣社員）・嘱託　　4．自営業
　　　5．家族の経営する会社や事業の従業員・手伝い　6．会社の経営者・役員
　　　7．学生　　　　　　　　　　　　　　　　　　8．現在仕事をしていない

Q18　あなたの就労先事業所の規模を選択してください。
　　　1．1－29人　　2．30－299人　　3．300人以上　　4．官公庁

Q19　あなたは現在どのような仕事を主にしていますか。
　　　1．専門職（弁護士、医師、芸術家、スポーツ選手、宗教家、税理士、研究者など）
　　　2．専門・技術職（教員、看護師、エンジニア、保育士、社会福祉士など）
　　　3．管理職（会社役員、課長以上の管理職、議員、駅長など）
　　　4．事務職（総務・企画事務、経理事務、営業事務、ワープロオペレータ、校正など）
　　　5．販売職（小売店主、販売員、セールスマン、外交員、外回りの営業など）
　　　6．生産工程・労務職（工場作業員、建築作業員、大工、家具職員、清掃員、トラック運転手など）
　　　7．サービス業（料理人、理容師、クリーニング職、ウェーター、タクシー運転手など）
　　　8．保安職（警官、自衛官、守衛など）
　　　9．農林漁業（農業、畜産、林業、漁業、植木職、造園師など）
　　　10．その他（具体的に_____）

Q20　あなたの現在の居住地を選択してください。(韓国版では韓国の広域自治体)

　　1．北海道　　2．青森県　　3．岩手県　　4．宮城県　　5．秋田県　　6．山形県
　　7．福島県　　8．茨城県　　9．栃木県　　10．群馬県　　11．埼玉県　　12．千葉県
　　13．東京都　14．神奈川県　15．山梨県　16．長野県　17．新潟県　18．富山県
　　19．石川県　20．福井県　21．岐阜県　22．静岡県　23．愛知県　24．三重県
　　25．滋賀県　26．京都府　27．大阪府　28．兵庫県　29．奈良県　30．和歌山県
　　31．鳥取県　32．島根県　33．岡山県　34．広島県　35．山口県　36．徳島県
　　37．香川県　38．愛媛県　39．高知県　40．福岡県　41．佐賀県　42．長崎県
　　43．熊本県　44．大分県　45．宮崎県　46．鹿児島県　47．沖縄県

Q21　あなたの現在の居住地の人口規模を選択してください。

　　1．人口100万人以上の政令指定都市　(韓国版では「特別市、広域市、特定市」)
　　2．人口50～100万人未満の市／区
　　3．人口10～50万人未満の市／区　　　4．その他の市／区（人口10万人未満）
　　5．町村（郡部）

Q22　あなたは、18歳を迎えて以降（高校卒業後）に都道府県を越えて居住地を移動したことがありますか。

　　1．ある　　2．ない

Q23　あなたが、18歳を迎えて以降（高校卒業後）に都道府県を越えて居住地を移動した理由をすべて選択してください。

　　1．進学のため　　2．就職のため　　3．転勤や仕事のため
　　4．結婚や子どもの教育など家族の事情で　　5．その他（具体的に＿＿＿＿＿＿＿＿）

Q24　あなたが15歳（中学3年生）の頃に住んでいた地域の人口規模はどのくらいですか。

　　1．人口100万人以上の政令指定都市　（韓国版では「特別市、広域市、特定市」)
　　2．人口50～100万人未満の市／区
　　3．人口10～50万人未満の市／区　　　4．その他の市／区（人口10万人未満）
　　5．町村（郡部）

Q25　あなたは主にどの政党を支持しますか。(韓国版では調査時点の政党)
　　1．自由民主党　　2．民主党　　3．公明党　　4．日本維新の会　　5．みんなの党
　　6．日本共産党　　7．結いの党　　8．生活の党　　9．社会民主党　　10．新党改革
　　11．支持政党なし

Q26　過去一年間の世帯収入(生計をともにしている家族全体の収入)は税込で次のどれに当たりますか。(韓国版では円×10のウォン)
　　1．なし(0円)　　2．150万円未満　　3．150万～300万円未満
　　4．300万～500万円未満　　5．500万～700万円未満　　6．700万～900万円未満
　　7．900万～1200万円未満　　8．1200万～1500万円未満　　9．1500万円以上
　　10．わからない／答えたくない

　アンケートはこれで終わりです。ご協力ありがとうございました。
　回答漏れがないか確認し、よろしければ「送信」ボタンをクリックしてください。

資料2：多文化受容性調査単純集計結果 （解答数値は左欄が日本、右欄が韓国）

[TABLE001]

RESULT_QUOTA	回答セル	N	%	N	%
	単一回答				
1	男性20代	49	8.2	61	10.2
2	男性30代	66	11.0	72	12.0
3	男性40代	61	10.2	79	13.2
4	男性50代	59	9.8	73	12.2
5	男性60代	64	10.7	20	3.3
6	女性20代	48	8.0	56	9.3
7	女性30代	64	10.7	68	11.3
8	女性40代	60	10.0	77	12.8
9	女性50代	60	10.0	72	12.0
10	女性60代	69	11.5	22	3.7
	全体	600	100.0	600	100.0

[TABLE002]

S1	あなたの性別をお答えください。	N	%	N	%
	単一回答				
1	男性	299	49.8	305	50.8
2	女性	301	50.2	295	49.2
	全体	600	100.0	600	100.0

[TABLE003]

Q1	あなたは結婚していますか。	N	%	N	%
	単一回答				
1	既婚（有配偶）	377	62.8	369	61.5
2	既婚（離別）	34	5.7	21	3.5
3	既婚（死別）	9	1.5	3	0.5
4	未婚	180	30.0	207	34.5
	全体	600	100.0	600	100.0

資料２：多文化受容性調査単純集計結果

[TABLE004]

Q2	あなたの現在のお住まいは、次のうちどれにあたりますか。 単一回答	N	%
1	持ち家：一戸建て	313	52.2
2	持ち家：分譲マンション	95	15.8
3	民間の借家、賃貸マンション・アパート	146	24.3
4	賃貸の公団・公社住宅	27	4.5
5	社宅・寮・官舎・公舎	18	3.0
6	その他（具体的に [ ]）	1	0.2
	全体	600	100.0

別表：

N	%
88	14.7
325	54.2
145	24.2
13	2.2
13	2.2
16	2.7
600	100.0

[TABLE005]

Q3	あなたは、以下のお付き合いを、近所にお住まいの人たちと、どの程度なさっていますか。 単一回答	全体	1 全くしない	2 あまりしない	3 ときどきする	4 よくする
1	お茶や食事を一緒にする	600 100.0	399 66.5	105 17.5	76 12.7	20 3.3
2	趣味活動を一緒にする	600 100.0	432 72.0	79 13.2	69 11.5	20 3.3
3	いろいろなことを相談し合う	600 100.0	346 57.7	122 20.3	110 18.3	22 3.7

別表：

全体	1 全くしない	2 あまりしない	3 ときどきする	4 よくする
600 100.0	191 31.8	118 19.7	219 36.5	72 12.0
600 100.0	228 38.0	163 27.2	156 26.0	53 8.8
600 100.0	204 34.0	140 23.3	203 33.8	53 8.8

[TABLE006]

Q4	次のそれぞれの項目について、あなたはどのように思いますか。 単一回答	全体	1 そう思わない	2 どちらかといえばそう思わない	3 どちらかといえばそう思う	4 そう思う
1	たいていの人は、信用できる	600 100.0	106 17.7	212 35.3	271 45.2	11 1.8
2	機会があれば、たいていの人は自分のために他人を利用する	600 100.0	72 12.0	281 46.8	219 36.5	28 4.7
3	たいていの人は、自分のことだけを考えている	600 100.0	29 4.8	174 29.0	314 52.3	83 13.8

別表：

全体	1 そう思わない	2 どちらかといえばそう思わない	3 どちらかといえばそう思う	4 そう思う
600 100.0	53 8.8	275 45.8	245 40.8	27 4.5
600 100.0	26 4.3	203 33.8	326 54.3	45 7.5
600 100.0	13 2.2	152 25.3	363 60.5	72 12.0

[TABLE007]

Q5	あなたは外国を訪問したことがありますか。単一回答	N	%
1	ある	422	70.3
2	なし	178	29.7
	全体	600	100.0

[TABLE008]

Q7	あなたが外国を訪問した際の形態をすべて選択して下さい。複数回答	N	%
1	仕事	90	21.3
2	旅行	398	94.3
3	留学	35	8.3
4	家族滞在	21	5.0
5	その他（具体的に []）	4	0.9
	全体	422	100.0

[TABLE007 続き]

		N	%
1	ある	451	75.2
2	なし	149	24.8
	全体	600	100.0

		N	%
1		151	33.5
2		413	91.6
3		41	9.1
4		30	6.7
5		5	1.1
		451	100.0

[TABLE009]

Q8	あなたの外国人や外国との関わりについてお尋ねします。各項目について当てはまるものを選択してください。単一回答	全体	1 ほとんどない	2 あまりない	3 少しある	4 よくある
1	エスニック料理をよく食べますか。	600 100.0	291 48.5	164 27.3	126 21.0	19 3.2
2	日本に住んでいる外国人に関する新聞、TV等の報道について関心を持っていますか。	600 100.0	127 21.2	183 30.5	238 39.7	52 8.7
3	日本に住んでいる外国人の状況について聞いたことがありますか。	600 100.0	190 31.7	196 32.7	189 31.5	25 4.2
4	地域の外国人との国際交流イベントに参加したことはありますか。	600 100.0	426 71.0	110 18.3	57 9.5	7 1.2

		全体	1 ほとんどない	2 あまりない	3 少しある	4 よくある
		600 100.0	53 8.8	199 33.2	289 48.2	59 9.8
		600 100.0	33 5.5	198 33.0	311 51.8	58 9.7
		600 100.0	34 5.7	157 26.2	350 58.3	59 9.8
		600 100.0	255 42.5	242 40.3	93 15.5	10 1.7

資料２：多文化受容性調査単純集計結果

[TABLE010]

Q9	あなたは、次の外国人とどの程度お付き合いがありますか。一番お付き合いのある方についてご回答ください。単一回答	全体	1 家族ぐるみの付き合いがある	2 友達としての付き合いがある	3 あいさつ程度の付き合いがある	4 顔は見たことがある	5 全く関わりがない
1	欧米諸国出身者	600 100.0	16 2.7	35 5.8	51 8.5	122 20.3	376 62.7
2	中国・韓国出身者	600 100.0	16 2.7	40 6.7	62 10.3	123 20.5	359 59.8
3	その他アジア諸国出身者	600 100.0	8 1.3	27 4.5	53 8.8	106 17.7	406 67.7
4	中南米諸国出身者	600 100.0	3 0.5	12 2.0	20 3.3	80 13.3	485 80.8
5	アフリカ諸国出身者	600 100.0	2 0.3	8 1.3	13 2.2	70 11.7	507 84.5

	全体	1 家族ぐるみの付き合いがある	2 友達としての付き合いがある	3 あいさつ程度の付き合いがある	4 顔は見たことがある	5 全く関わりがない
	600 100.0	23 3.8	63 10.5	105 17.5	134 22.3	275 45.8
	600 100.0	25 4.2	93 15.5	99 16.5	133 22.2	250 41.7
	600 100.0	14 2.3	63 10.5	113 18.8	126 21.0	284 47.3
	600 100.0	5 0.8	26 4.3	42 7.0	101 16.8	426 71.0
	600 100.0	5 0.8	14 2.3	39 6.5	90 15.0	452 75.3

[TABLE011]

Q10 あなたは、日本社会に住んでいる外国人住民について普段どのように思い、また行動しますか。各項目について、当てはまるものを選択してください。

単一回答

		全体	1 まったくそう思わない	2 そう思わない	3 あまりそう思わない	4 すこしそう思う	5 そう思う	6 強くそう思う
1	日本に多様な宗教や文化がたくさんあるのはよいことだ。	600 / 100.0	25 / 4.2	43 / 7.2	181 / 30.2	231 / 38.5	112 / 18.7	8 / 1.3
2	日本に肌の色や文化が違う外国人がたくさん入るのはよいことだ。	600 / 100.0	19 / 3.2	41 / 6.8	200 / 33.3	234 / 39.0	97 / 16.2	9 / 1.5
3	近所に外国人が増えても気にならない。	600 / 100.0	36 / 6.0	84 / 14.0	204 / 34.0	169 / 28.2	95 / 15.8	12 / 2.0
4	肌の色や文化が違うと、日本語ができて日本文化になじめても真の日本人として認められない。	600 / 100.0	51 / 8.5	98 / 16.3	250 / 41.7	138 / 23.0	50 / 8.3	13 / 2.2
5	日本生まれでない外国人は、日本国籍を取得しても真の日本人として認められない。	600 / 100.0	55 / 9.2	130 / 21.7	243 / 40.5	129 / 21.5	37 / 6.2	6 / 1.0
6	外国人が日本国籍を取得したら、選挙権（投票できる権利）は認めても被選挙権（国会議員や市長などの候補になれる権利）は認めるべきではない。	600 / 100.0	58 / 9.7	106 / 17.7	230 / 38.3	130 / 21.7	44 / 7.3	32 / 5.3
7	日本に住んでいる外国人が、母国語によるインターネット・コミュニティをつくって活動するのは気に入らない。	600 / 100.0	76 / 12.7	103 / 17.2	239 / 39.8	105 / 17.5	64 / 10.7	13 / 2.2
8	日本に住んでいる外国人だけが集まって目国の音楽や踊り、公演を楽しむのを見ると、嫌な感じがする。	600 / 100.0	103 / 17.2	143 / 23.8	241 / 40.2	84 / 14.0	19 / 3.2	10 / 1.7
9	外国人だけが集まって宗教的な行事を行うことは違和感じがする。	600 / 100.0	51 / 8.5	102 / 17.0	219 / 36.5	147 / 24.5	51 / 8.5	30 / 5.0
10	日本で働いている日系人（日系ブラジル人など）は、仕事にまじめに取り組まないような気がする。	600 / 100.0	48 / 8.0	91 / 15.2	328 / 54.7	107 / 17.8	23 / 3.8	3 / 0.5
11	国際結婚の夫婦が離婚するのは、日本人が外国人配偶者に問題があるからだと思う。	600 / 100.0	63 / 10.5	116 / 19.3	315 / 52.5	87 / 14.5	16 / 2.7	3 / 0.5
12	発展途上国出身の外国人には信頼して仕事を任せられない。	600 / 100.0	53 / 8.8	110 / 18.3	299 / 49.8	117 / 19.5	13 / 2.2	8 / 1.3
13	外国人が外国人を理解するより、外国人が日本人を理解するために努力すべきだ。	600 / 100.0	34 / 5.7	66 / 11.0	273 / 45.5	175 / 29.2	35 / 5.8	17 / 2.8
14	外国人の子どもは親の話す言語よりも日本語を話せるようになることが先だ。	600 / 100.0	44 / 7.3	83 / 13.8	280 / 46.7	157 / 26.2	25 / 4.2	11 / 1.8
15	日本に移住を希望する外国人は、自分の文化を捨てて日本の文化に慣習に従うべきだ。	600 / 100.0	49 / 8.2	89 / 14.8	240 / 40.0	183 / 30.5	33 / 5.5	6 / 1.0
16	日本人と結婚した外国人は、日本側の選挙やしきたりに日本の文化にしたがうべきだ。	600 / 100.0	30 / 5.0	63 / 10.5	210 / 35.0	247 / 41.2	42 / 7.0	8 / 1.3

	全体	1 まったくそう思わない	2 そう思わない	3 あまりそう思わない	4 すこしそう思う	5 そう思う	6 強くそう思う
1	600 / 100.0	27 / 4.5	45 / 7.5	94 / 15.7	234 / 39.0	181 / 30.2	19 / 3.2
2	600 / 100.0	16 / 2.7	41 / 6.8	132 / 22.0	268 / 44.7	129 / 21.5	14 / 2.3
3	600 / 100.0	25 / 4.2	61 / 10.2	121 / 20.2	211 / 35.2	154 / 25.7	28 / 4.7
4	600 / 100.0	34 / 5.7	111 / 18.5	186 / 31.0	189 / 31.5	74 / 12.3	6 / 1.0
5	600 / 100.0	45 / 7.5	122 / 20.3	186 / 31.0	164 / 27.3	72 / 12.0	11 / 1.8
6	600 / 100.0	63 / 10.5	134 / 22.3	179 / 29.8	140 / 23.3	60 / 10.0	24 / 4.0
7	600 / 100.0	69 / 11.5	167 / 27.8	204 / 34.0	108 / 18.0	45 / 7.5	7 / 1.2
8	600 / 100.0	98 / 16.3	176 / 29.3	201 / 33.5	84 / 14.0	36 / 6.0	5 / 0.8
9	600 / 100.0	69 / 11.5	153 / 25.5	185 / 30.8	117 / 19.5	60 / 10.0	16 / 2.7
10	600 / 100.0	47 / 7.8	148 / 24.7	182 / 30.3	151 / 25.2	49 / 8.2	23 / 3.8
11	600 / 100.0	77 / 12.8	155 / 25.8	221 / 36.8	117 / 19.5	23 / 3.8	7 / 1.2
12	600 / 100.0	50 / 8.3	149 / 24.8	220 / 36.7	132 / 22.0	42 / 7.0	7 / 1.2
13	600 / 100.0	45 / 7.5	112 / 18.7	222 / 37.0	141 / 23.5	56 / 9.3	24 / 4.0
14	600 / 100.0	35 / 5.8	100 / 16.7	175 / 29.2	195 / 32.5	76 / 12.7	19 / 3.2
15	600 / 100.0	57 / 9.5	122 / 20.3	212 / 35.3	143 / 23.8	49 / 8.2	17 / 2.8
16	600 / 100.0	28 / 4.7	78 / 13.0	137 / 22.8	244 / 40.7	93 / 15.5	20 / 3.3

資料2：多文化受容性調査単純集計結果

	計												
	600	100.0	88	14.7	92	15.3	162	27.0	157	26.2	82	13.7	19	3.2
	600	100.0	67	11.2	102	17.0	182	30.3	181	30.2	58	9.7	10	1.7
	600	100.0	67	11.2	119	19.8	210	35.0	141	23.5	51	8.5	12	2.0
	600	100.0	21	3.5	55	9.2	110	18.3	249	41.5	139	23.2	26	4.3
	600	100.0	18	3.0	56	9.3	207	34.5	224	37.3	77	12.8	18	3.0
	600	100.0	17	2.8	45	7.5	135	22.5	223	37.2	150	25.0	30	5.0
	600	100.0	23	3.8	63	10.5	140	23.3	200	33.3	142	23.7	32	5.3

No.	項目	計												
17	外国人への差別や排斥を主張する集会やデモを行うことは、認められるべきだ。	600	100.0	71	11.8	97	16.2	236	39.3	154	25.7	35	5.8	7	1.2
18	電車やバスで隣に白人より黒人のほうが座った時の怖い感じがする。	600	100.0	63	10.5	63	10.5	216	36.0	206	34.3	42	7.0	10	1.7
19	発展途上国出身の外国人と一緒のプールや銭湯に入るのをためらう。	600	100.0	90	15.0	121	20.2	275	45.8	92	15.3	17	2.8	5	0.8
20	チャンスがあれば、外国人と一緒のサークルや集まりに加入したい。	600	100.0	33	5.5	47	7.8	198	33.0	217	36.2	86	14.3	19	3.2
21	学校や職場で外国人がいたら、自分から先に友達になろうとする。	600	100.0	23	3.8	51	8.5	263	43.8	198	33.0	53	8.8	12	2.0
22	外国人労働者が多く集まる食堂に入って食事することをなんとも思わない。	600	100.0	16	2.7	57	9.5	240	40.0	167	27.8	97	16.2	23	3.8
23	相手の人種、国籍、文化と関係なく、恋人として付き合える。	600	100.0	25	4.2	65	10.8	224	37.3	181	30.2	84	14.0	21	3.5

[TABLE012]

Q11 あなたは普段、外国人、外国文化、外国の出来事についてどう思いますか。各項目について自身の考えに近いものを選択してください。単一回答

	全体	1 まったくそう思わない	2 そう思わない	3 あまりそう思わない	4 すこしそう思う	5 そう思う	6 強くそう思う
1 外国の言語や文化を学ぶなら、先進国のものを学びたい。	600 100.0	13 2.2	29 4.8	177 29.5	259 43.2	96 16.0	26 4.3
2 先進国の人は発展途上国の人より仕事能力が高いと思う。	600 100.0	18 3.0	41 6.8	279 46.5	195 32.5	56 9.3	11 1.8
3 外国人と友達になるなら、出来れば先進国出身の人がよい。	600 100.0	19 3.2	41 6.8	280 46.7	195 32.5	55 9.2	10 1.7
4 発展途上国の文化は先進国に比べて劣っている。	600 100.0	44 7.3	106 17.7	301 50.2	117 19.5	23 3.8	9 1.5
5 自分がよく知らない文化に触れてみたい。	600 100.0	19 3.2	31 5.2	155 25.8	249 41.5	109 18.2	37 6.2
6 私は日本国民であるよりも、世界市民として生きたい。	600 100.0	62 10.3	72 12.0	262 43.7	142 23.7	42 7.0	20 3.3
7 飢餓に苦しむ外国の人たちに食糧を支援するために、自分の食事を1回減らしてもよい。	600 100.0	35 5.8	49 8.2	225 37.5	214 35.7	59 9.8	18 3.0
8 職場で不当な待遇を受ける外国人労働者がいたら助けたい。	600 100.0	13 2.2	10 1.7	122 20.3	304 50.7	127 21.2	24 4.0
9 貧困や病気で苦しむ発展途上国の人々のために募金したい。	600 100.0	30 5.0	30 5.0	171 28.5	277 46.2	79 13.2	13 2.2

	全体	1 まったくそう思わない	2 そう思わない	3 あまりそう思わない	4 すこしそう思う	5 そう思う	6 強くそう思う
1	600 100.0	9 1.5	28 4.7	70 11.7	233 38.8	212 35.3	48 8.0
2	600 100.0	11 1.8	60 10.0	170 28.3	237 39.5	104 17.3	18 3.0
3	600 100.0	10 1.7	50 8.3	137 22.8	254 42.3	122 20.3	27 4.5
4	600 100.0	56 9.3	108 18.0	223 37.2	151 25.2	55 9.2	7 1.2
5	600 100.0	3 0.5	20 3.3	77 12.8	252 42.0	201 33.5	47 7.8
6	600 100.0	16 2.7	49 8.2	148 24.7	218 36.3	128 21.3	41 6.8
7	600 100.0	8 1.3	17 2.8	52 8.7	214 35.7	206 34.3	103 17.2
8	600 100.0	5 0.8	13 2.2	67 11.2	269 44.8	189 31.5	57 9.5
9	600 100.0	11 1.8	16 2.7	98 16.3	271 45.2	168 28.0	36 6.0

資料２：多文化受容性調査単純集計結果

[TABLE013]

Q12 あなたは日本に住む外国人の増加と関連して、以下の項目についてどう思いますか。各項目についてご自身の考えに近いものを選択してください。外国人が増えると……。単一回答

		全体	1 そう思わない	2 あまりそう思わない	3 どちらとも言えない	4 ややそう思う	5 そう思う
1	日本人の仕事が奪われる。	600 / 100.0	55 / 9.2	177 / 29.5	197 / 32.8	130 / 21.7	41 / 6.8
2	治安が悪くなる。	600 / 100.0	20 / 3.3	66 / 11.0	197 / 32.8	236 / 39.3	81 / 13.5
3	異文化の影響で日本文化が損なわれる。	600 / 100.0	53 / 8.8	195 / 32.5	227 / 37.8	100 / 16.7	25 / 4.2
4	日本人の賃金が下がる。	600 / 100.0	43 / 7.2	168 / 28.0	234 / 39.0	125 / 20.8	30 / 5.0
5	国や自治体の財政負担が増える。	600 / 100.0	24 / 4.0	86 / 14.3	239 / 39.8	188 / 31.3	63 / 10.5

全体	1 そう思わない	2 あまりそう思わない	3 どちらとも言えない	4 ややそう思う	5 そう思う
600 / 100.0	17 / 2.8	101 / 16.8	215 / 35.8	222 / 37.0	45 / 7.5
600 / 100.0	9 / 1.5	86 / 14.3	204 / 34.0	246 / 41.0	55 / 9.2
600 / 100.0	24 / 4.0	159 / 26.5	213 / 35.5	164 / 27.3	40 / 6.7
600 / 100.0	27 / 4.5	195 / 32.5	219 / 36.5	126 / 21.0	33 / 5.5
600 / 100.0	15 / 2.5	93 / 15.5	214 / 35.7	225 / 37.5	53 / 8.8

[TABLE014]

Q13 日本人であるためには、以下の要素はどの程度重要だと思いますか。
単一回答

		全体	1 重要ではない	2 あまり重要ではない	3 どちらとも言えない	4 すこし重要だ	5 重要だ
1	国籍	600 / 100.0	36 / 6.0	108 / 18.0	139 / 23.2	176 / 29.3	141 / 23.5
2	人種	600 / 100.0	46 / 7.7	133 / 22.2	210 / 35.0	141 / 23.5	70 / 11.7
3	宗教	600 / 100.0	71 / 11.8	168 / 28.0	219 / 36.5	116 / 19.3	26 / 4.3
4	言語	600 / 100.0	26 / 4.3	72 / 12.0	156 / 26.0	215 / 35.8	131 / 21.8
5	親が日本人	600 / 100.0	51 / 8.5	130 / 21.7	200 / 33.3	143 / 23.8	76 / 12.7
6	日本生まれ	600 / 100.0	51 / 8.5	120 / 20.0	229 / 38.2	137 / 22.8	63 / 10.5
7	日本育ち	600 / 100.0	43 / 7.2	102 / 17.0	185 / 30.8	175 / 29.2	95 / 15.8
8	日本で学校教育を受けること	600 / 100.0	35 / 5.8	98 / 16.3	192 / 32.0	192 / 32.0	83 / 13.8
9	現在日本に住んでいること	600 / 100.0	32 / 5.3	90 / 15.0	190 / 31.7	183 / 30.5	105 / 17.5
10	自分自身が日本人だと思うこと	600 / 100.0	18 / 3.0	40 / 6.7	110 / 18.3	183 / 30.5	249 / 41.5

		全体	1 重要ではない	2 あまり重要ではない	3 どちらとも言えない	4 すこし重要だ	5 重要だ
1	国籍	600 / 100.0	30 / 5.0	80 / 13.3	146 / 24.3	257 / 42.8	87 / 14.5
2	人種	600 / 100.0	54 / 9.0	114 / 19.0	234 / 39.0	166 / 27.7	32 / 5.3
3	宗教	600 / 100.0	90 / 15.0	159 / 26.5	224 / 37.3	106 / 17.7	21 / 3.5
4	言語	600 / 100.0	26 / 4.3	53 / 8.8	157 / 26.2	280 / 46.7	84 / 14.0
5	親が日本人	600 / 100.0	51 / 8.5	98 / 16.3	208 / 34.7	200 / 33.3	43 / 7.2
6	日本生まれ	600 / 100.0	45 / 7.5	122 / 20.3	226 / 37.7	168 / 28.0	39 / 6.5
7	日本育ち	600 / 100.0	35 / 5.8	90 / 15.0	184 / 30.7	230 / 38.3	61 / 10.2
8	日本で学校教育を受けること	600 / 100.0	33 / 5.5	88 / 14.7	215 / 35.8	218 / 36.3	46 / 7.7
9	現在日本に住んでいること	600 / 100.0	25 / 4.2	56 / 9.3	171 / 28.5	260 / 43.3	88 / 14.7
10	自分自身が日本人だと思うこと	600 / 100.0	7 / 1.2	17 / 2.8	93 / 15.5	215 / 35.8	268 / 44.7

資料2：多文化受容性調査単純集計結果

[TABLE015]

Q14	あなたが最後に通学した（または現在通学している）学校は次のどれにあたりますか。(中退も卒業と同様にお答えください) 単一回答	N	%
	単一回答	6	1.0
1	中学校	7	1.2
2	高校	157	26.2
3	短期大学・高等専門学校	145	24.2
4	大学以上	291	48.5
	全体	600	100.0

（補足集計）

	N	%
無回答	6	1.0
中学校	112	18.7
高校	99	16.5
短期大学・高等専門学校／大学以上	383	63.8
全体	600	100.0

[TABLE016]

Q15	5年後のあなたの暮らしむきは今より良くなると思いますか、それとも悪くなると思いますか。 単一回答	N	%
1	よくなる	39	6.5
2	少しよくなる	98	16.3
3	変わらない	244	40.7
4	少し悪くなる	139	23.2
5	悪くなる	80	13.3
	全体	600	100.0

（補足集計）

	N	%
よくなる	181	30.2
変わらない	208	34.7
少し悪くなる	122	20.3
悪くなる	71	11.8
無回答	18	3.0
全体	600	100.0

[TABLE017]

Q16	仮に現在の日本社会全体を5つの層に分けた場合、あなたご自身はどれに当てはまると思いますか。あなたの気持ちに最も近いものを選択してください。 単一回答	N	%
1	上	7	1.2
2	中の上	157	26.2
3	中の下	262	43.7
4	下の上	126	21.0
5	下の下	48	8.0
	全体	600	100.0

（補足集計）

	N	%
無回答	9	1.5
上・中の上	123	20.5
中の下	324	54.0
下の上	104	17.3
下の下	40	6.7
全体	600	100.0

[TABLE018]

Q17 あなたは、現在どのような形態でお仕事をしていますか。
単一回答

		N	%		N	%
1	フルタイム従業員（常勤従業員）	218	36.3	296	49.3
2	パート・アルバイト	73	12.2	33	5.5
3	臨時雇用（契約社員・派遣社員・嘱託）	33	5.5	41	6.8
4	自営業主	44	7.3	47	7.8
5	家族の経営する会社や事業の従業員・手伝い	3	0.5	14	2.3
6	会社の経営者・役員	4	0.7	11	1.8
7	学生	19	3.2	45	7.5
8	現在仕事をしていない	206	34.3	113	18.8
	全体	600	100.0	600	100.0

[TABLE019]

Q18 あなたの就労先事業所の規模を選択してください。
単一回答

		N	%	N	%
1	1-29人	134	35.7	193	43.7
2	30-299人	111	29.6	141	31.9
3	300人以上	101	26.9	87	19.7
4	官公庁	29	7.7	21	4.8
	全体	375	100.0	442	100.0

[TABLE020]

Q19 あなたは、現在どのような仕事を主にしていますか。
単一回答

		N	%	N	%
1	専門職（弁護士、医師、看護師、芸術家、スポーツ選手、宗教家、税理士、研究者、など）	28	7.5	32	7.2
2	専門・技術職（教員、会社役員、エンジニア、保育士、社会福祉士、など）	82	21.9	70	15.8
3	管理職（会社役員、課長以上の管理職、議員、駅長、など）	28	7.5	54	12.2
4	事務職（総務・企画事務、経理事務、営業事務、ワープロオペレータ、校正、など）	100	26.7	179	40.5
5	販売職（小売店主、セールスマン、外交員、外回りの営業、など）	36	9.6	28	6.3
6	生産工程・労務職（工場作業員、建築作業員、大工、家具職人、など）	40	10.7	18	4.1
7	サービス業（料理人、理容師、クリーニング職、ウェイター、タクシー運転手、など）	49	13.1	43	9.7
8	保安業（警官、自衛官、守衛、など）	4	1.1	11	2.5
9	農林漁業（農業、畜産、林業、漁業、植木職、造園師、など）	1	0.3	1	0.2
10	その他（具体的に[ ]）	7	1.9	6	1.4
	全体	375	100.0	442	100.0

資料２：多文化受容性調査単純集計結果

[TABLE021]

Q20	あなたの現在の居住地を選択してください。(日本) 単一回答	N	%
1	北海道	37	6.2
2	青森県	8	1.3
3	岩手県	3	0.5
4	宮城県	13	2.2
5	秋田県	3	0.5
6	山形県	8	1.3
7	福島県	4	0.7
8	茨城県	11	1.8
9	栃木県	8	1.3
10	群馬県	6	1.0
11	埼玉県	32	5.3
12	千葉県	28	4.7
13	東京都	98	16.3
14	神奈川県	51	8.5
15	山梨県	3	0.5
16	長野県	8	1.3
17	新潟県	10	1.7
18	富山県	9	1.5
19	石川県	8	1.3
20	福井県	4	0.7
21	岐阜県	6	1.0
22	静岡県	7	1.2
23	愛知県	36	6.0
24	三重県	5	0.8
25	滋賀県	5	0.8
26	京都府	17	2.8
27	大阪府	51	8.5
28	兵庫県	23	3.8
29	奈良県	9	1.5
30	和歌山県	5	0.8
31	鳥取県	0	0.0
32	島根県	0	0.0
33	岡山県	8	1.3
34	広島県	6	1.0
35	山口県	6	1.0
36	徳島県	7	1.2
37	香川県	5	0.8
38	愛媛県	4	0.7
39	高知県	4	0.7
40	福岡県	24	4.0
41	佐賀県	0	0.0
42	長崎県	4	0.7
43	熊本県	3	0.5
44	大分県	4	0.7
45	宮崎県	1	0.2
46	鹿児島県	6	1.0
47	沖縄県	2	0.3
	全体	600	100.0

Q20	あなたの現在の居住地を選択してください。(韓国) 単一回答	N	%
1	ソウル特別視	209	34.8
2	釜山広域市	37	6.2
3	大邱広域市	26	4.3
4	仁川広域市	47	7.8
5	光州広域市	17	2.8
6	大田広域市	24	4.0
7	蔚山広域市	8	1.3
8	京畿道	129	21.5
9	江原道	12	2.0
10	忠清北道	9	1.5
11	忠清南道	16	2.7
12	全羅北道	14	2.3
13	全羅南道	10	1.7
14	慶尚北道	15	2.5
15	慶尚南道	25	4.2
16	済州特別自治道	2	0.3
	全体	600	100.0

[TABLE022]

Q21 あなたの現在の居住地の人口規模を選択してください。（日本）
単一回答

		N	%
1	人口100万人以上の政令指定都市	203	33.8
2	人口50～100万人未満の市/区	107	17.8
3	人口10～50万人未満の市/区	159	26.5
4	その他の市/区（人口10万人未満）	91	15.2
5	町村（郡部）	40	6.7
	全体	600	100.0

Q21 あなたの現在の居住地の人口規模を選択してください。（韓国）
単一回答

		N	%
1	特別市, 広域市, 特定市	382	63.7
2	人口50～100万人の市	100	16.7
3	人口10～50万人の市	80	13.3
4	その他の市（人口10万人未満）	14	2.3
5	町村（郡部）	24	4.0
	全体	600	100.0

[TABLE023]

Q22 あなたは、18歳を迎えた以降（高校卒業後）に都道府県を超えて居住地の移動をしたことがありますか。
単一回答

		N	%
1	ある	362	60.3
2	ない	238	39.7
	全体	600	100.0

	N	%
	292	48.7
	308	51.3
	600	100.0

[TABLE024]

Q23 あなたが、18歳を迎えた以降（高校卒業後）に都道府県を超えて居住地を移動した理由を全て選択してください。
複数回答

		N	%
1	進学のために	147	40.6
2	就職のために	116	32.0
3	転勤や仕事のために	108	29.8
4	結婚や子どもの教育など家族の事情で	98	27.1
5	その他（具体的に[]）	7	1.9
	全体	362	100.0

	N	%
	83	28.4
	110	37.7
	72	24.7
	74	25.3
	4	1.4
	292	100.0

資料２：多文化受容性調査単純集計結果

	N	%
	352	58.7
	74	12.3
	86	14.3
	27	4.5
	61	10.2
	600	100.0

[TABLE025]

Q24	あなたが15歳（中学3年生）の頃に住んでいた地域の人口規模はどのくらいですか。 単一回答	N	%
1	人口100万人以上の政令指定都市	155	25.8
2	人口50～100万人未満の市/区	98	16.3
3	人口10～50万人未満の市/区	169	28.2
4	その他の市/区（人口10万人未満）	89	14.8
5	町村（郡部）	89	14.8
	全体	600	100.0

[TABLE026]

Q25	あなたは主にどの政党を支持しますか。 単一回答	N	%
1	自由民主党	126	21.0
2	民主党	20	3.3
3	公明党	13	2.2
4	日本維新の会	18	3.0
5	みんなの党	3	0.5
6	日本共産党	18	3.0
7	結いの党	0	0.0
8	生活の党	6	1.0
9	社会民主党	1	0.2
10	新党改革	0	0.0
11	支持政党なし	395	65.8
	全体	600	100.0

[TABLE027]

Q26	過去一年間の世帯収入（生計をともにしている家族全体の収入）は税込みで次のどれにあたりますか。（日本）単一回答	N	%
1	なし（0円）	11	1.8
2	150万円未満	34	5.7
3	150万～300万円未満	61	10.2
4	300万～500万円未満	135	22.5
5	500万～700万円未満	79	13.2
6	700万～900万円未満	67	11.2
7	900万～1200万円未満	58	9.7
8	1200万～1500万円未満	18	3.0
9	1500万円以上	11	1.8
10	わからない/答えたくない	126	21.0
	全体	600	100.0

Q26	過去一年間の世帯収入（生計をともにしている家族全体の収入）は税込みで次のどれにあたりますか。（韓国）単一回答	N	%
1	なし（0ウォン）	1	0.2
2	1500万ウォン未満	34	5.7
3	1500万～3000万ウォン未満	98	16.3
4	3000万～5000万ウォン未満	190	31.7
5	5000万～7000万ウォン未満	138	23.0
6	7000万～9000万ウォン未満	63	10.5
7	9,000万～12,000万ウォン未満	24	4.0
8	12,000万～15,000万ウォン未満	13	2.2
9	15,000万ウォン以上	10	1.7
10	わからない/答えたくない	29	4.8
	全体	600	100.0

あとがき

　「はじめに」にもあるように、本書は編者代表である渡戸一郎が主導した2012年度〜14年度の科研費研究の成果である。しかし私たちの研究プロジェクトの端緒は、2007年度の「協働実践研究プログラム」の開始にまで遡る。同プログラムは発足して間もなかった東京外国語大学多言語・多文化教育研究センターによって、研究者と実践者の垣根を越えて多文化社会における問題解決に取り組むという趣旨で開始された。渡戸はその中心となり、ひとつの研究班のリーダーを務めた（東京外国語大学多言語・多文化教育研究センター編　2008, 2009）。2009年度に同プログラムは第2ステージとして再編されたが、渡戸は引き続きチームを主導して実践研究活動を行った（東京外国語大学多言語・多文化教育研究センター編　2011）。

　東京都町田市、神奈川県相模原市、横浜市鶴見区などの地域での調査に根ざしつつ、他の地域や諸外国の事例との比較を織り交ぜた研究活動は大変充実したものであった。外国人住民支援や多文化共生の推進に取り組む実践者との協働も進められ、その成果は各地域における行政や現場の具体的な実践に反映され、一定の成果を収めた。こうした活動は非常に刺激的であると同時に、メンバーが立場やキャリアの違いを超えて自由に議論し協働する、開かれた雰囲気に満ちていた。主宰する渡戸の人柄もあり、会合の後の懇親会も和やかで楽しいものであった。

　2010年度をもって協働実践研究プログラムとしての活動は終了したが、プログラムに参加していた中堅・若手の研究者たちの間に、それまでの活動によって生まれた知見とネットワークをさらに発展させていきたいという機運が生まれた。またそれまで焦点をあてていた日本の地域社会を越え、アジアを中心に諸外国における多文化化の状況や移民支援活動、あるいは関連政策等に範囲を広げて調査研究を行うことになった。こうして再び渡戸が中心となって準備し、新たなメンバーを加えて申請・採択されたのが、本書の基盤となった科研費研究なのである。

　こうした経緯からもわかるように、私たちの研究活動は主宰者のトップダ

ウンによって体系的に「統合」された体制で進められたわけではない。メンバー個々人の研究関心や動機を尊重し、それぞれが主体的に個々の調査研究を進めつつ、全体としての一体性を高めることが目指された。まさにそれは、本書が主題とする「編入」的な組織運営のあり方だった。ひとりひとりの「下からの」動機に委ねるこのようなやり方には、1冊の本をつくるうえでの難しさがあることは確かだし、マネジメントが常にうまくいったわけでもない。それでも、調査や会合、その後の懇親の場はいつも刺激的で楽しい雰囲気に満ちていた。とりわけ協働実践研究プログラム当時から参加していたメンバーにとって、10年間に及ぶ活動の集大成として本書を世に問えたのは感慨深い。私たちの活動の中心であった渡戸の長年にわたる多大な尽力に、他の編者をはじめとする寄稿者一同から改めて感謝をお伝えしたい。

　こうした背景を持つ本書であるので、刊行に際して謝辞を申し述べたい方々も数多くいる。そのすべての名前をここに記すことはできないが、まずはインタビューやフィールドワーク、そしてアンケート調査にご協力いただいた方々すべてに、深く御礼申し上げたい。また、共同研究のきっかけを与えてくれた東京外国語大学多言語・多文化教育研究センターの当時の関係者諸氏、本書には寄稿していないが協働実践研究プログラムや科研費研究プロジェクトに参画された方々にも、感謝の念をお伝えしたい。ハーベスト社の小林達也社長には本書の出版をご快諾いただき、編集に際してご助言を賜ったことに御礼申し上げたい。

　最後に、本書の寄稿者たちの努力と熱意に、編者として改めて感謝の念をお伝えしたい。本書の刊行を契機に、新たな協働の輪が広がっていくことを願っている。

2017年5月

編者一同

［参考文献］
東京外国語大学多言語・多文化教育研究センター編、2008、『越境する市民活動――外国人相談の現場から』(シリーズ多言語・多文化協働実践研究3) 東京外国語大学多言語・多文化教育研究センター.

東京外国語大学多言語・多文化教育研究センター編、2009、『越境する市民活動と自治体の多文化共生政策──外国につながる子どもの支援活動から』(シリーズ多言語・多文化協働実践研究8) 東京外国語大学多言語・多文化教育研究センター．

東京外国語大学多言語・多文化教育研究センター編、2011、『地域における越境的な「つながり」の創出に向けて──横浜市鶴見区にみる多文化共生の現状と課題』(シリーズ多言語・多文化協働実践研究12) 東京外国語大学多言語・多文化教育研究センター．

索引
(50音順)

あ行

アイデンティティ　70, 79, 110, 125, 132, 140, 153, 156, 263, 264
　　エスニック——　xiii
　　国民／ナショナル——　xv, xvi, 227, 231-234, 260, 262, 264, 265, 270, 271-276
　　個人——　222
　　社会——　222
　　日系——　34
アスピレーション（達成願望）　xii, 96, 102, 105, 108, 111, 140
安倍（晋三）総理大臣　197
アベノミクス　196

異質な他者　xii, 89, 90
移住システム　9-11, 116, 118, 128
一方的同化期待　227-229, 230, 242, 243, 245, 252
居場所　xii, 51, 54, 83, 91, 92
移民国家　7, 79
移民政策／移民統合政策　xiii, 3, 4, 95, 142, 161, 178, 184, 188, 189, 195, 198, 199, 205
移民選別　6
移民ネットワーク　9
因子分析　xvi, 226, 231, 254, 263, 265, 266
インドシナ難民　xii, 79, 99, 101

エスニック国家　13, 15
エスニック（移民）・コミュニティ　xii, xiii, 8, 9, 14, 17, 56, 95, 116, 131, 140, 145
　　韓国（人）——　51, 54
エスニックスクール　xiii, 140, 157
エスニック・ビジネス　xi, 46, 48
エンパワーメント　xi, 54, 61, 71, 217

温情主義　206

か行

外国人
　　——介護福祉士　191, 196
　　——看護師　191, 196
　　——集住地域／地区　xii, 89, 114, 138, 140, 214
　　——集住都市会議　121, 162
　　——住民　138
　　——政策　4, 242
　　——労働者政策　186, 187, 188
学習言語　xii, 98
「家族第一（Families First）プログラム」／Families NSW　66, 67
学校選択　80, 89
家庭内言語　98
関係性　225
韓国語教育　210, 213, 214
帰化モデル　12
起業　45, 50, 51, 54, 55
技能実習／——生／——制度　5, 132, 185, 187, 199, 241
教育達成　xii, 96, 99, 121, 121
脅威認知　xv, 242, 244, 252, 254
協働　161, 162, 170, 179
居留問題を考える会　23, 33

継承語　107, 110→日本語継承
結婚経路　29
研修・技能実習生／——制度　188, 196

公教育　80
高度人材／——ポイント制度　xiv, 190, 191, 195, 200, 201
国際移住／——移動　ix, x
国際結婚移住女性／結婚移住女性／移住女性　x, xi, 22, 23, 25, 27, 36, 47, 51, 48, 49, 61, 65-68, 71, 72, 73, 205, 207, 208, 213, 232, 253
国籍法　25
国民アイデンティティ→アイデンティティ
コミュニティ
　　——感覚（Sense of community）　78, 92
　　——形成　90
雇用許可制度　2

さ行

在韓外国人基本法　3, 29, 221, 233
サイドドア　4, 5
在留管理制度　5

307

差別的固定概念　xv, 227-232, 234, 237, 239
参政権モデル　12

支援（者）／団体　xii, 73, 96-98, 106, 110, 148, 168, 169, 171
自己肯定感　157
市民権／市民権モデル　11
社会関係資本　xv, 84, 90, 105, 108, 243, 255
社会参加　54, 72
就学前児童／就学前児童に関するナショナル・アジェンダ（National Agenda for Early Childhood）　61, 65, 70
重国籍　39, 40, 41
週末コミュニティ日本語教室　70
就労準備研修　120
受験／受験勉強　137, 146, 153
主体化／主体的な貢献　91, 92
出入国管理及び難民認定法（入管法／――法制）／入国管理（入管／――局／――体制）　5, 137, 165, 188, 255
準拠共同社会（reference community）　11
準集住地域　xiii, 165
人権モデル　13
人口減少　xiv, 184, 185, 189, 200
人的資本　95, 139

正規雇用　249
世界市民意識（行動意思）　223, 250-253, 255
セクショナリズム　xiii, 169, 171, 172, 174, 188, 200
世代
　　――二世（第二世代）　xii, xiii, 95-97, 109, 110, 111, 115, 123, 125, 132, 133, 138, 140, 156, 157
　　―― 1.5 世（1.5 世世代）xii, 95, 101, 102
　　――と性別　234, 236, 254
ゼノフォビア（Xenophobia: 外国人嫌悪）　xv, 259, 264, 265, 274, 275
選択（的）型文化変容（Selective acculturation）　xiii, 139

早期介入（early intervention /early childhood intervention）　61, 62
相互交流意思　228-230, 236, 237

た行
第三国定住／――難民プログラム xiv, 4, 185, 189, 191, 193, 195, 200, 201
第二言語　97, 133

台北日本語授業校　34, 35
多文化
　　――家族支援法／事業／センター　xiv, 3, 29, 32, 209-213, 221, 233
　　――共生（社会）　48, 147, 157
　　――共生（推進）プラン　124, 161, 162, 165, 167, 169
　　――主義　79, 80, 89, 93
　　――受容性　xv, 221-224, 240, 254, 255
　　――モデル　13
多民族帝国　15
多様性　78, 81, 83, 225
ダブル・リミテッド　98, 123

地域構造　163
地方分権（分権改革）162
中国朝鮮族　2
中等教育学校　80, 81

定住（化）　xii, 119, 128, 149
　　――意志　51
適応
　　――過程　7, 115
　　――教育　79

統一教会　31, 32
同化理論／――主義　7, 215
統合（integration）／社会統合／統合政策　ix, x, 3, 78, 95, 96, 133, 160, 205, 252
特殊主義　260

な行
ナショナリズム　260
ナショナル・アイデンティティ→アイデンティティ
難民／――支援／――政策／――法　5, 78-80, 85, 87, 93

二重国籍モデル　12
日系アイデンティティ→アイデンティティ
日系人帰国支援事業　114
（日系）ブラジル人　xiii, 114, 116, 117, 119, 120, 122, 123, 125, 126, 129, 137, 138, 140, 143-147, 149, 150-157, 163, 164, 166
日本語教育　167
日本語継承　33, 34 →継承語
ニューカマー　30, 31, 49, 95

ネオリベラリズム（新自由主義）　16, 89, 161

308

ネオリベラルな多文化主義　xii, 89

は行
排外主義／性　xv, 261

非正規労働者／職員　xii, 133, 177
貧困／排除・貧困　132, 160, 161

福祉レジーム　161
普遍主義／性　225, 226, 260
プレイグループ（playgroup）　xi, 61, 71-73
　　コミュニティ・――（community playgroup）　62-64, 73
　　サポート付き――（supported playgroup）　63, 66
　　早期介入――（early intervention playgroup）　62, 67, 73
　　日本人コミュニティ・――　63
文化資本　xii, 27, 96
分節同化／――理論（segmented assimilation／―― thory）　8, 139
分離　xiv, 214, 215

ベトナム人／――難民／――系住民　96, 101, 102, 106
編入／編入モード（mode of incorporation）　ix-x, xii, 1, 8-11, 22, 31, 37, 61, 74, 95, 114-116, 130, 131, 138, 139, 140, 142, 161

包摂／排他性　243
訪問就業制度　2
母語　80, 87, 98
ホスト（社会）　xii, 22, 37, 96, 110, 111, 139, 149, 204
ポスト国民国家モデル　12
ポルテス，アレハンドロ（Portes, Alejandro）　ix, 8, 96, 115, 138

ま行
マーシャル，トーマス（Marshall, Thomas）　11

や行
より強いファミリーとコミュニティーズ戦略（Stronger Families and Communities Strategy）　65

ら行
ライフコース　23, 39, 233

ライフチャンス　133

離婚　xi, 45, 49, 50, 51, 53, 55, 56, 58, 164
リーマンショック　114, 117, 122, 164, 168
ローカル・ガバナンス（LG）　161 -164, 170, 173, 178
ローカル・シティズンシップ　xii, xiii, 161, 178
ロールモデル　xii, 110

英語
CALD（Culturally and Linguistically Diverse）　63, 66
EPA（Economic Partnership Agreement）　185, 189, 191, 193, 195, 200, 201
IEC（Intensive English Centre）　xi , 78, 80-86, 87, 88
NESB（Non English Speaking Background）　63, 66
NPO　163, 170, 171, 173, 174, 177, 250
OECD　96
SaCC（School as Community Centres）　67

編著者紹介

〈編集代表〉
渡戸一郎(わたど いちろう)
明星大学人文学部 教授。日本都市社会学会常任理事、移民政策学会元会長。
主な編著:『都市的世界/コミュニティ/エスニシティ』(明石書店、2003年)、『先端都市社会学の地平』(ハーベスト社、2006年)、『在留特別許可と日本の移民政策』(明石書店、2007年)、『多民族化社会・日本—〈多文化共生〉の社会的リアリティを問い直す』(明石書店、2010年) など

〈編者〉(執筆順)
塩原良和(しおばら よしかず)
慶應義塾大学法学部 教授
主な著作:『分断と対話の社会学—グローバル社会を生きるための想像力』(慶應義塾大学出版会、2017年、単著)、『共に生きる—多民族・多文化社会における対話』(弘文堂、2012年、単著)、『変革する多文化主義へ—オーストラリアからの展望』(法政大学出版局、2010年、単著) など

長谷部美佳(はせべ みか)
東京外国語大学世界言語社会教育センター 特任講師
主な著作:「エスニック・コミュニティと行政の役割—外国籍住民が「主体」になるために」川村千鶴子編『多文化「共創」社会入門』(慶応義塾大学出版会、2016年)、『多文化社会読本:ヘイトスピーチに抗して多言語多文化を生きる』(東京外国語大学出版会、2016年、編著)、「外国人家事代行スタッフの導入とその背景—日本女性の社会進出が「有償外国人労働者」を導入しなかったことから考える」『季刊 家計経済研究』第109号(家計経済研究所、2016年)

明石純一(あかし じゅんいち)
筑波大学人文社会系 准教授
主な著作:『入国管理政策—「1990年体制」の成立と展開』(ナカニシヤ出版、2010年、単著)、『移住労働と世界的経済危機』(明石書店、2011年、編著)、『「グローバル人材」をめぐる政策と現実』(明石書店、2015年、共編著)

宣 元錫(ソン ウォンソク)
韓国生まれ、中央大学総合政策学部 兼任講師
主な著作:『異文化間介護と多文化共生』(明石書店、2007年、共編著)、『移民受入の国際社会学』(名古屋大学出版会、2017年、共著) など

〈執筆者〉(執筆順)
武田里子（たけだ　さとこ）
大阪経済法科大学アジア太平洋研究センター　客員研究員
主な著作：『ムラの国際結婚再考』(めこん、2011年、単著)、「震災以後の『農村花嫁』」（『現代思想』9月号、青土社、2013年）、『東アジアにおける日本人結婚移住女性の歴史的考察』(科研報告書、2017年、単著)　など

林　徳仁（リム　ドクイン）
東京大学総合文化研究科博士後期課程
主な著作：Ijichi, Noriko / Kato, Atsufumi / Sakurada, Ryoko (Eds.) *Rethinking Representations of Asian Women-Changes, Continuity, and Everyday Life*, Palgrave, 2015 (co-author) など

松本浩欣（まつもと　ひろよし）
工学院大学附属中学校・高等学校　教諭
東京外国語大学　非常勤講師
主な著作：「オーストラリア中等教育における『校則』の運用―エスノグラフィを中心として」『東京大学大学院教育学研究科教育行政学論叢』vol.31（2011年）、「多文化化する学校を形作る枠組みとしての「校則」の研究―オーストラリアの中等教育学校を事例として」『日本私学教育研究所紀要』第50号（2014年）　など

能勢桂介（のせ　けいすけ）
立命館大学生存学研究センター　客員研究員
主な著作：「移民の若者の社会的排除―トランスナショナルなステップファミリーの場合」(『生存学』Vol.6、生活書院、2013年)、「若年日系ブラジル人の包摂と排除のプロセス―準集住地域の調査から」(『移民政策研究』Vol.7、明石書店、2015年)　など

山本直子（やまもと　なおこ）
大阪経済法科大学アジア太平洋研究センター　客員研究員
主な著作：塩原良和/稲津秀樹編『社会的分断を越境する』(青弓社、2017年、共著)　など

竹ノ下弘久（たけのした　ひろひさ）
慶應義塾大学法学部　教授
主な著作：『仕事と不平等の社会学』(弘文堂、2013年、単著)、『越境する家族社会学』(学文社、2014年、共編著)、『勉強と居場所―学校と家族の日韓比較』(勁草書房、2013年、共編著)

原田慎太郎（はらだ　しんたろう）
慶應義塾大学大学院法学研究科修士課程修了
コンサルティング会社勤務

変容する国際移住のリアリティ————
「編入モード」の社会学

発　行 ——2017年8月1日　第1刷発行
定　価 ——定価はカバーに表示
　　© 編集代表 ——渡戸一郎
　　　発行者 ——小林達也
　　　発行所 ——ハーベスト社
　　　　　　　〒188-0013　東京都西東京市向台町2-11-5
　　　　　　　電話　042-467-6441
　　　　　　　振替　00170-6-68127
　　　　　　　http://www.harvest-sha.co.jp
印刷・製本　㈱平河工業社
落丁・乱丁本はお取りかえいたします。
Printed in Japan
ISBN4-86339-090-4 C3036
© WATADO Ichiro, 2017

本書の内容を無断で複写・複製・転訳載することは、著作者および出版者の権利を侵害することがございます。その場合には、あらかじめ小社に許諾を求めてください。
視覚障害などで活字のまま本書を活用できない人のために、非営利の場合にのみ「録音図書」「点字図書」「拡大複写」などの製作を認めます。その場合には、小社までご連絡ください。